LEO BUSCAGLIA

LEBEN
Lieben
LERNEN

Brücken bauen, nicht Barrieren

Deutsche Erstausgabe

GOLDMANN VERLAG

Aus dem Amerikanischen übertragen von
Hans Jürgen Baron von Koskull
Titel der Originalausgabe: Living, Loving & Learning
Originalverlag: Charles B. Slack, Inc./
Holt, Rinehart and Winston, New York

Der Goldmann Verlag
ist ein Unternehmen der Verlagsgruppe Bertelsmann

Made in Germany · 4. Auflage · 5/91
© der Originalausgabe 1982 by Leo F. Buscaglia, Inc.
© der deutschen Ausgabe 1984 by Wilhelm Goldmann Verlag,
München
Umschlagentwurf: Design Team München
Satz: IBV Lichtsatz KG, Berlin
Druck: Elsnerdruck, Berlin
Verlagsnummer: 10362
Lektorat: Annemarie Ruhland/SK
Herstellung: Klaus D. Voigt/sc
ISBN 3-442-10362-2

Inhalt

Vorwort

Nikos Kazantzakis sagt, der ideale Lehrer bietet sich seinen Schülern als Brücke an und lädt sie ein, über diese Brücke zu gehen. Wenn er ihnen so den Flußübergang ermöglicht hat, reißt er die Brücke ab und ermutigt sie, eigene Brücken zu bauen.

Die in diesem Buch abgedruckten Vorträge stellen solche Brücken dar. Sie enthalten Ideen, Vorstellungen und Gefühle, und es hat mir große Freude bereitet, sie mit meinen Schülern zu teilen. Ich habe sie in dem Bewußtsein gehalten, daß sie akzeptiert, freudig aufgenommen, ignoriert oder abgelehnt werden konnten. Darauf kam es nicht an.

Ich habe sie hier für diejenigen noch einmal aufgeschrieben, die sie nicht gehört haben oder die sich zum zweiten Mal mit diesen Gedanken beschäftigen wollen.

Ich freue mich, meine Ideen mit anderen teilen zu können. Daß Tausende bereit gewesen sind, mir zuzuhören, bedeutet mir mehr, als ich sagen kann. Es waren zehn aufregende Jahre des Wachsens und des Teilens mit anderen. Wenn ich zurückblicke, dann habe ich nichts zu bedauern, und ich weiß, daß neue Erfahrungen vor mir liegen; denn ich bin entschlossen, auch weiterhin Brücken zu bauen.

Leo Buscaglia

Einführung

Ich bin Mr. Webster zu aufrichtigem Dank verpflichtet. Er schreibt in seinem ehrwürdigen Lexikon der englischen Sprache, »eine Einführung bereitet den Weg für eine Ansprache oder ein Buch«. Das ist eine treffliche Definition. Und es freut mich, daß ich schon so oft den Vorzug gehabt habe, für Leo Buscaglia – seine Vorträge und seine Bücher – »den Weg zu bereiten«.

Bei einer anderen Gelegenheit habe ich geschrieben: »Er ist ein vielseitig begabter Mann – Lehrer und Schüler, Schriftsteller und Leser, Redner und Zuhörer.« Aber seine größte Begabung scheint im Lehrberuf zu liegen. Leo ist ein begeisterter und aufrichtiger Lehrer, und für alles, was er seinen Schülern zu vermitteln sucht, ist er selbst das beste Beispiel. Er will ihnen sagen: »Wenn ihr nur zuhören wollt, dann will ich euch zeigen, wie reich und ehrenhaft das Leben sein kann!«

Ob im Hörsaal, auf dem Teppich vor dem Kamin in seinem Wohnzimmer oder irgendwo am Strand, er bemüht sich überall, seine Schüler aus allen Altersklassen und Schichten der Bevölkerung zu erziehen – *anzuleiten*. Die jungen Leute an der University of Southern California haben ihm mehr als einmal den Titel des besten Lehrers des Jahres verliehen, und junge Leute *wissen*, warum sie so etwas tun.

Eine Freundin und ich haben Leo einmal am Flugplatz abgeholt, und als er zur Gepäckausgabe ging, kam ein älterer Herr auf mich zu und fragte: »Wer ist dieser Mann? Ich bin im Flugzeug neben ihm gesessen. Wer ist das?« Nachdem ich ihm eine kurze Schilderung von Leo gegeben hatte, seufzte er und sagte: »Ich wußte, er ist ein ganz besonderer Mensch. Er korrigierte die schriftlichen Arbeiten seiner Schüler, und unter jede einzelne schrieb er so etwas wie ›schön!‹ – ›phantastisch!‹ – ›wundervoll!‹ Niemand hat jemals

9

so etwas unter meine Arbeiten geschrieben – und wie sehr hätte ich mich darüber gefreut!« Dieser nette alte Herr hatte einen richtigen Lehrer an der Arbeit gesehen, einen Mann, der seinem Lehrberuf Ehre macht und der dafür von seinen Kollegen und Studenten geachtet wird.

Die gleiche Hingabe und Leidenschaft finden wir in seinen Büchern. Nach der Lektüre seines Ratgebers für Eltern behinderter Kinder, *The Disabled and their Parents: A Counseling Challenge*[1], sagte ein Student: »Es ist das einzige Lehrbuch, das mich zu Tränen gerührt hat.« Von dem 1972 erschienenen *Love*[2] bis zu seinem jüngsten, 1978 herausgekommenen Werk *Personhood*[3] sind alle seine Bücher sorgfältig ausgearbeitete Wunderwerke an Gelehrsamkeit, voll Wärme und Begeisterung – und sie vermitteln seinen Unwillen angesichts so vieler in ›stiller Verzweiflung‹ vertaner und verdorbener Menschenleben.

Im Laufe der Jahre, die ich Leo kenne, bin ich immer wieder gefragt worden: »Ist er wirklich immer so?« Das ist eine aufrichtige und komplexe Frage, und ich muß feststellen, daß sich meine Antwort darauf geändert hat. Früher habe ich spontan mit »Ja« geantwortet, aber heute muß ich sagen, »Ja – und Nein«.

Ja, denn er braucht keine große oder kleine Zuhörerschaft, um überschwenglich, nachdenklich, humorvoll und klug zu sein. Ja, denn das Interesse für alle menschlichen Belange, das seine Zuhörer spüren, ist intensiv und aufrichtig. Ja, denn er selbst empfindet das gleiche Vergnügen wie seine Zuhörer im kleinen und im großen Kreis. Ja, denn es macht ihn immer ungeduldig zu sehen, wenn andere ihre körperlichen und geistigen Gaben verkümmern lassen. Ja, denn er ist zutiefst davon überzeugt, »daß wir so viel mehr sind, als wir scheinen«. Und ja, denn eines seiner Lieblingsworte ist – JA! (Das beweist ein Brief, den ich einmal von ihm erhalten habe. Er lautet: »Liebe Betty Lou, ja, ja, ja! Alles Liebe, Leo.«)

Aber – er ist nicht immer »so«, denn wenn er das wäre, dann

---

[1] in wörtlicher Übersetzung: Behinderte Kinder und ihre Eltern: eine Herausforderung für Berater
[2] in wörtlicher Übersetzung: Liebe
[3] erscheint unter dem Titel *Ganz Mensch sein* 1985 in der Reihe GOLDMANN NEW AGE

wäre er nichts weiter als ein großartiger Schauspieler – gefragt, beliebt, ungeheuer unterhaltend, aber nur mit einer einzigen Botschaft. Und nichts würde den Tatsachen mehr widersprechen. Leos Botschaft gründet sich auf universale Wahrheiten, aber sie verändert sich ständig, sie erweitert sich, sie nimmt neue Dimensionen an und geht immer mehr in die Tiefe, sie fordert uns alle immer wieder von neuem heraus.

Woher kommt dieses ständige Wachstum? Wo liegt die Quelle? Es sind Menschen – alte und neue Freunde. Und es sind Bücher – und die Zauberer, die sie schreiben. Es ist die Natur – das Urbild allen Wandels, allen Wachstums und aller Schönheit. Es sind seine Lehrer, die großen Mystiker der östlichen Kulturen – und seine Schüler – und die Kinder. Es ist die Musik der Sphären! Leo ist für mich wie ein großes Stück Löschpapier; nichts entgeht dem scharfen Blick seiner wachsamen Augen, seinem durchdringenden Intellekt und seinem großzügigen Herzen.

Er ist so überzeugt von der Herrlichkeit eines Lebens, das sich ständig verändert, daß er mit seiner Begeisterung jeden aus seiner bequemen Selbstzufriedenheit aufrüttelt. Ich erinnere mich an eine Begegnung mit Leo in Atlantic City. Wir waren nach einer Konferenz am späten Nachmittag noch einmal zusammengekommen. Ich erzählte ihm stolz und wahrscheinlich etwas großspurig von allem, was ich getan hatte, seit wir uns zum letzten Mal gesehen hatten. Er hörte mir geduldig zu, sah mich mit seinen glänzenden Augen an und sagte: »Betty Lou, du solltest aufhören, all das zu tun, was du so gut kannst, und es mit etwas ganz Neuem versuchen.« Nach Hause zurückgekehrt, gab ich alles auf, womit ich mich bisher beschäftigt hatte, und stürzte mich in eine Reihe neuer und etwas riskanter Unternehmungen – und erlebte eine herrliche Zeit! Ob ich auf Leo höre? Aber selbstverständlich, und seit ich mit ihm befreundet bin, empfehle ich jedem, ihm aufmerksam zuzuhören, und zwar mit dem Verstand und mit dem Herzen.

Nein, er ist nicht immer »so«. Sonst müßte man annehmen, er bedürfe ständig der Anregung durch die vielen Menschen, die sich überall um ihn versammeln. Ich kenne niemanden, der so rasch von der Bildfläche verschwinden kann wie Leo und dabei so große Strecken zurücklegt, wenn er glaubt, Energie auftanken, sein Bewußtsein schärfen und seine Lebenskräfte erneuern zu müssen. Dann zieht er sich vielleicht am Abend in die Einsamkeit seiner Wohnung zurück, verbringt einen Sommer in einer einsamen Holzhütte an einem Fluß in Oregon oder geht für ein ganzes Jahr auf irgendeine Insel, um nachzudenken und sich mit den Gedanken der weisen Männer zu beschäftigen, die er als seine Lehrer betrachtet. Er ist eine ganz eigenständige Persönlichkeit, und wenn er sich in die Einsamkeit zurückzieht, dann ist das weniger eine Flucht *vor* etwas als vielmehr eine Bewegung auf etwas zu, eine Begegnung mit etwas Neuem. Er nutzt diese Zeit, um die Sinne zu wecken und zu erfrischen und sich auf ein weiteres spirituelles und intellektuelles Wachstum vorzubereiten.

Die Frage: »Ist er wirklich immer ›so‹?« legt die Vermutung nahe, dieser Mann könne ein Mythos sein. Das ist er nicht. Aber er ist ein ganzer Mensch, ein sehr menschlicher Mensch, der gelegentlich stolpert und Fehler macht wie wir alle, der so wie wir unter den Komplexitäten dieses bürokratischen 20. Jahrhunderts leidet, der wie wir Augenblicke der inneren Verzweiflung kennt, der wie wir angesichts der großen und kleinen Unmenschlichkeiten zornig werden kann. *Anders als wir* scheint er seine eigene Menschlichkeit, die Schwächen und Unvollkommenheiten und die Komödie, die das Menschsein ausmacht, zu genießen.

Ich habe von dem Mann und nicht vom Inhalt dieses wichtigen Buchs gesprochen, wenngleich ich letzteres besser kenne als den Verfasser. Allerdings lernt man auch ihn zum Teil kennen, wenn man sich intensiv mit dem Buch beschäftigt hat. Ich möchte die einzigartige Qualität des Inhalts für sich selbst sprechen lassen und ihm nur dadurch »den Weg bereiten«, daß ich sage: Machen Sie sich auf ein wunderbares Abenteuer gefaßt, wenn Sie jetzt zusammen mit Leo das Fest des Lebens feiern.

Betty Lou Kratoville

Die Liebe
und ihr Einfluß auf das
menschliche Verhalten

Ich freue mich immer sehr, wenn jemand, der mich vorstellt, meinen Namen richtig ausspricht. Ich rede gern über ihn; denn er gehört zu den schönen italienischen Namen, die jeden Buchstaben des Alphabets enthalten. Er heißt B-u-s-c-a-g-l-i-a und wird ganz normal ausgesprochen. Sehr lustig war es, als ich einmal ein Ferngespräch anmeldete. Die Nummer war besetzt, und das Mädchen in der Vermittlung sagte mir, sie werde zurückrufen, sobald die Leitung frei sei. Als das Telefon wieder läutete und ich abhob, sagte sie: »Würden sie bitte Dr. Box Car sagen, daß das angemeldete Gespräch da ist?« Ich sagte: »Soll das vielleicht Dr. Buscaglia heißen?« Sie erwiderte: »Sir, es könnte fast alles heißen.«

Heute will ich mit Ihnen über die Liebe sprechen, und das Thema heißt »Liebe im Hörsaal«. Sie sind wirklich sehr mutig gewesen, mir zu erlauben, zu Ihnen zu kommen und mit Ihnen über die Liebe im Hörsaal zu reden. Gewöhnlich erwartet man von mir, daß ich das Thema irgendwie umschreibe. Sie wissen schon: »Die Liebe, Komma, und ihr Einfluß auf das menschliche Verhalten«. Das klingt dann sehr wissenschaftlich, und niemand braucht sich zu fürchten. Es ist immer wieder dasselbe, wenn ich meine Vorlesungen über die Liebe halte; alle meine Kollegen kichern und fragen mich mit verschmitztem Lächeln: »He, veranstalten Sie am Samstag ein Praktikum?« Ich versichere ihnen, daß ich das nicht tue.

Ich möchte Ihnen erzählen, wie ich auf die Idee gekommen bin, ein Seminar über die Liebe im Hörsaal zu veranstalten. Vor etwa fünf Jahren führte ich ein erstes Gespräch mit unserem Dekan an der »School of Education«[1]. Er legt sehr großen Wert auf äußere Formen und sitzt hinter einem beeindruckenden großen Schreib-

---

[1] in wörtlicher Übersetzung: Pädagogische Hochschule

tisch. Ich hatte gerade meine Stelle als Direktor für Erziehungsfragen in einem großen Schulbezirk in Kalifornien aufgegeben; denn ich hatte festgestellt, daß ich einfach kein Verwaltungsbeamter bin, sondern ein Lehrer und daß ich zurück in den Hörsaal wollte. Ich setzte mich, und er fragte: »Buscaglia, was werden Sie nach fünf Jahren tun?« Ohne zu zögern, sagte ich: »Ich möchte einen Kursus über die Liebe abhalten.« Er sah mich schweigend an, und es entstand eine längere Pause – so wie jetzt hier. Dann räusperte er sich und sagte: »Und was noch?«

Zwei Jahre später habe ich tatsächlich einen solchen Kursus geleitet. Ich hatte 20 Schüler. Heute sind es 200, und 600 stehen auf der Warteliste. Bei Beginn der letzten Vorlesungsreihe waren alle Plätze innerhalb der ersten 20 Minuten belegt. Das zeigt Ihnen, mit welcher Begeisterung und welchem Interesse ein Kursus zum Thema Liebe aufgenommen wird.

Es erstaunt mich immer wieder, daß der für den Lehrplan verantwortliche Ausschuß jedesmal, wenn er zusammentritt, um die Ziele der amerikanischen Erziehung festzulegen, die Selbstverwirklichung an die erste Stelle setzt. Aber ich habe noch niemals erlebt, daß im ganzen Unterrichtsbetrieb von der Grundschule bis zur Universität (graduate school) jemals Themen behandelt worden wären wie »Wer bin ich?« oder »Was ist meine Aufgabe im Leben?« oder »Welche Verantwortung habe ich gegenüber meinen Mitmenschen?« oder etwa »Die Liebe«. Soweit ich weiß, sind wir die einzige Lehranstalt im Lande und vielleicht auf der ganzen Welt, in der das Fach »Liebe« gelehrt wird, und ich bin der einzige Professor, der verrückt genug ist, es zu tun.

Ich bin nicht hier, um zu lehren, sondern um zu lernen. Wir setzen uns alle auf einen großen Teppich und reden stundenlang miteinander. Gewöhnlich dauert das bis tief in die Nacht, aber wir nutzen mindestens die zwei dafür vorgesehenen Stunden und tauschen unsere Erfahrungen aus, und dabei geht es um die Behauptung, daß Liebe lernbar ist. Psychologen, Soziologen und Anthropologen sagen uns schon seit Jahren, daß man Liebe lernen kann. Sie ist nicht etwas, das einfach spontan geschieht. Ich denke, wir glauben das aber, und deshalb haben wir so viele Schwierigkeiten mit zwischenmenschlichen Beziehungen. Doch wer lehrt uns zu lieben?

Erst einmal die Gesellschaft, in der wir leben, aber sie verändert sich. Unsere Eltern haben uns lieben gelehrt. Sie sind unsere ersten Lehrer, aber sie sind nicht immer die besten. Vielleicht erwarten wir von unseren Eltern, daß sie vollkommen sind. Kinder wachsen immer in der Erwartung auf, daß ihre Eltern vollkommen seien, und sind dann sehr enttäuscht und desillusioniert und wirklich *böse,* wenn sie feststellen, daß diese armen menschlichen Wesen alles andere sind als das. Vielleicht ist es ein Zeichen dafür, daß wir erwachsen geworden sind, wenn wir erkennen, daß diese beiden Menschen, dieser Mann und diese Frau, ganz gewöhnliche menschliche Wesen sind wie wir selbst, daß sie Stimmungen unterworfen sind, falsche Vorstellungen haben, zärtlich sein, Freud und Leid empfinden, lachen und weinen können, und wenn wir uns damit abfinden, daß sie einfach nur menschliche Wesen sind. Und das Wichtige daran ist, daß wir, wenn wir tatsächlich von diesen Menschen und von dieser Gesellschaft das Lieben gelernt haben, es auch wieder verlernen und neu lernen können. Und das berechtigt uns zu großen Hoffnungen. Wir alle haben Grund zur Hoffnung, aber irgendwann müssen wir lernen zu lieben. Ich glaube, vieles liegt in uns selbst beschlossen, und nichts, was ich Ihnen sagen werde, wird überraschend neu für Sie sein. Was Sie feststellen werden, ist, daß jemand den Mut hat, aufzustehen und es zu sagen und damit vielleicht *Sie* zu veranlassen zuzugeben: »Auch ich empfinde es so, und ist es denn so falsch, so zu empfinden?«

Es ist sehr interessant, aber vor fünf Jahren, als ich anfing von der Liebe zu sprechen, war ich sehr einsam. Ich kann mich noch an eine erregte Diskussion mit einem Kollegen von einer anderen Universität über die Bedeutung von Verhaltensveränderungen und Affekten erinnern, und einige von Ihnen haben das miterlebt. Nachdem ich mich lautstark und leidenschaftlich über die Liebe ausgelassen hatte, sagte mir dieser Herr: »Buscaglia, Sie sind vollkommen belanglos.« Ich glaube, ich bin tatsächlich das einzige völlig belanglose menschliche Wesen, das ich kenne. Und das ist eine herrliche Sache! Aber ich bin jetzt nicht mehr so allein, denn immer mehr Menschen wenden sich den menschlichen Gefühlen zu und beschäftigen sich intensiv damit.

Ganz entscheidend hat mich das Buch von Leonard Silberman,

Crisis in the Classroom[1] beeinflußt. Wenn Sie es noch nicht gelesen haben, dann tun Sie es; es ist phantastisch. Wahrscheinlich wird es sich als eines der wichtigsten Bücher über Erziehungsfragen erweisen. Es steht schon jetzt auf der Bestsellerliste. Wer sich für Kinder interessiert, muß das Buch von Silberman lesen, auch die Eltern. Es gehört in die Hand eines jeden Erziehers. Es ist das Ergebnis eines dreijährigen Forschungsauftrags, den das Carnegie-Institut dem bedeutenden Soziologen und Psychologen Leonard Silberman erteilt hat, um das heutige amerikanische Erziehungssystem zu untersuchen. Er kommt darin zu dem Schluß, daß wir angesichts der Tatsache, daß das amerikanische Erziehungssystem allen Schichten der Bevölkerung eine Chance gibt, im Lesen, Schreiben und Rechnen recht gute Ergebnisse erzielen. Aber wir versagen kläglich, wenn es darum geht, den einzelnen zu einem tüchtigen menschlichen Wesen zu erziehen. Wir müssen uns nur umsehen, um das zu erkennen. Die Betonung liegt offensichtlich auf der falschen Silbe.

In meinem ersten Jahr an der Universität von Südkalifornien unterrichtete ich eine Gruppe von Studenten. Es ist etwas Erstaunliches – Sie kennen sicher dieses Gefühl – man spürt die Schwingungen, die von den Zuhörern ausgehen. Es geschieht etwas zwischen einem selbst und den Zuhörern, wenn man *zu ihnen* spricht und nicht nur *auf sie* einredet. Es wäre wunderbar, wenn wir uns einmal in einer kleinen Gruppe zusammensetzen könnten, um uns wirklich auszusprechen und uns näherzukommen. Das wäre sehr viel besser als alle diese Riesenveranstaltungen. Aber wissen Sie, da gibt es doch unter den Zuhörern immer wieder bestimmte Gesichter, die einem auffallen, bestimmte Körper, die Schwingungen aussenden. Sie erreichen einen, und man erreicht sie. Wenn man mal Unterstützung braucht, dann konzentriert man sich auf sie und empfängt ein Lächeln, das sagt: »Sprechen Sie nur weiter, mir gefällt, was Sie sagen.« Dann fühlt man sich wieder sicher. In der Gruppe, von der ich gesprochen habe, gab es einen solchen Menschen, ein schönes junges Mädchen. Sie saß immer etwa in der

[1] in wörtlicher Übersetzung: Krise im Klassenzimmer

sechsten Reihe und nickte mir zu. Wenn ich etwas erklärte, dann sagte sie: »O ja!« Ich spürte ihre Zustimmung. Und dann schrieb sie sich etwas auf, und ich dachte: »Jetzt habe ich wirklich Kontakt mit ihr – zwischen uns entwickelt sich etwas Wunderbares. Das muß gut werden; sie lernt etwas.« Dann fehlte sie eines Tages. Ich konnte mir nicht vorstellen, was geschehen war, und sah mich immer wieder nach ihr um, aber sie war nicht da. Schließlich fragte ich die Betreuerin der Studentinnen, und sie sagte: »Haben Sie es noch nicht gehört?« Dieses junge Mädchen, das so glänzende Arbeiten geschrieben hatte, das so überragend intelligent war und so schöpferisch, wie man es sich gar nicht vorstellen kann, war nach Pacific Palisades gefahren an eine Stelle, wo die Klippen steil zum Meer abfallen. Sie hatte ihren Wagen geparkt, war an den Rand der Klippen gegangen, hinuntergesprungen, und ihr Körper war unten auf den Felsen zerschellt. Ich kann mich noch immer nicht darüber beruhigen, und ich dachte mir: Was hat es für einen Sinn, daß wir die Menschen mit Tatsachen vollstopfen und vergessen, daß es lebendige Menschen, menschliche Wesen sind?

Carl Rogers hat kürzlich etwas darüber gesagt, wie wir das Wichtigste versäumen:

> Sie wissen, ich glaube nicht daran, daß jemals irgend jemand andere Menschen irgend etwas gelehrt hat. Ich bezweifle die Wirksamkeit des Lehrens. Das einzige, was ich weiß, ist, daß jeder, der lernen will, auch lernen wird. Ein Lehrer ist vielleicht eine Person, die einem das Lernen erleichtert. Er bezeichnet die Dinge und zeigt den Menschen, wie aufregend und wunderbar sie sind, und fordert sie auf zu essen.

Mehr kann man nicht tun – man kann niemanden zum Essen zwingen, was es auch sei. Kein Lehrer hat je irgend jemandem etwas beigebracht. Die Menschen lernen selbst. Das Wort »educator« (Erzieher) kommt aus dem Lateinischen. »Educare« heißt führen, anleiten. Und das bedeutet es auch, führen, selbst von etwas begeistert sein, selbst begreifen und dann das Zeug vor anderen ausbreiten und sagen: »Schau, wie wunderbar das ist. Komm und iß mit mir davon.« Denken Sie daran, was Auntie Mame gesagt hat: »Das

Leben ist ein Festbankett, und die meisten verdammten Narren verhungern.« Ich habe mir das auch überlegt, und es ist leichter geworden für mich, weil sich immer mehr Menschen wie Silberman äußern und das, was ich zu sagen habe, nicht mehr ganz so verrückt klingt.

Der große Soziologe Sorokin sagt in der Einführung zu seinem Buch *The Ways And Power Of Love*[1]:

> Der wache Verstand, unser Verstand, weigert sich entschieden, an die Macht der Liebe zu glauben. Wir halten sie für eine Illusion – wir nennen das Selbsttäuschung, eine Droge, die den Verstand betäubt, idealistische Vorstellungen und unwissenschaftliche Illusionen. Wir sind gegen alle Theorien voreingenommen, die zu beweisen versuchen, daß die Macht der Liebe andere positive Kräfte weckt und das menschliche Verhalten und die Persönlichkeit bestimmt, den Verlauf der biologischen, sozialen, moralischen und geistigen Evolution beeinflußt, Auswirkungen auf historische Ereignisse hat sowie soziale Einrichtungen und Kulturen gestalten hilft.

Dann beweist er anhand wissenschaftlicher Untersuchungen, daß das so ist.

Wie schlimm wäre es, wenn Sie glauben würden, es existiere nur das statistisch Nachweisbare. Sie würden mir sehr leid tun, wenn Sie sich nur von dem leiten ließen, was Sie messen können; denn mich fasziniert das Unmeßbare. Ich bin fasziniert von den Träumen, nicht von dem, was hier vor mir steht. Es ist mir vollkommen gleichgültig, was vor mir steht. Ich kann es sehen. Das ist gut und schön; messen Sie es, wenn Sie Ihr Leben damit zubringen wollen, es zu messen; aber mir geht es darum, was *jenseits* davon liegt. Es gibt so vieles, was wir nicht sehen, nicht berühren, nicht fühlen und nicht begreifen.

Wir nehmen an, die Realität sei die Kiste, in die wir eingesperrt worden sind, und ich versichere Ihnen, das stimmt nicht. Öffnen Sie einmal die Tür und schauen Sie hinaus und sehen Sie, wie vieles

---

[1] in wörtlicher Übersetzung: Die Wege und die Macht der Liebe

es dort gibt. Was wir heute träumen, ist die Realität von morgen. Aber wir haben das Träumen verlernt.

Neulich hat uns Buckminster Fuller auf dem Campus besucht, und dieser wunderbare alte Mann stand vor uns und hatte nur ein kleines Mikrofon in der Hand – keine Notizen, keine Tafel, keine audiovisuellen Hilfsmittel. Er sprach zu uns, und drei- bis viertausend Zuhörer hörten ihm 3 Stunden und 15 Minuten wie gebannt zu. Er sagte uns wunderbare Dinge über die Hoffnung und über die Zukunft, und seine letzten Worte waren: »Ich habe große Hoffnungen für die Zukunft, und ich setze meine Hoffnungen auf die folgenden drei Dinge – die Wahrheit, die Jugend und die Liebe.« Dann legte er das kleine Mikrofon zur Seite und verließ das Rednerpult. Wahrheit, Jugend und Liebe. Das ist unsere Zukunftshoffnung.

Ich glaube, die Menschen fangen an, die Liebe wirklich anzuschauen. Und sie tun es jetzt ganz ohne Scheu. Sie sagen: »Vielleicht müssen wir zu ihr zurückkehren.« Silberman sagt: »Was uns fehlt, ist das Gemüt. Schulen sind freudlose und gedankenlose Einrichtungen, die die Kinder ersticken und jede Freude und Kreativität zerstören.« Dabei sollten gerade die Schulen die fröhlichsten Orte der Welt sein; denn – wissen Sie – Lernen ist die größte Freude. Etwas lernen ist phantastisch, weil man jedesmal, wenn man etwas Neues gelernt hat, etwas Neues wird. Man kann nichts lernen, ohne alles, was man ist, zu dem Erlernten in eine Beziehung zu setzen. Deshalb möchte ich mit Ihnen ein wenig darüber sprechen, was meiner Meinung nach ein liebender Mensch ist. Ich könnte sagen ein liebender Lehrer, aber das gefällt mir nicht. Wissen Sie, man ist nicht nur ein Lehrer, sondern auch ein Mensch. Kinder können sich mit Leuten, mit Menschen identifizieren. Aber es fällt ihnen sehr schwer, sich mit ihren Lehrern zu identifizieren. Wenn man anfängt, sich wie ein Lehrer zu benehmen, der eine bestimmte Rolle spielt, dann sagt man plötzlich Dinge, die man lieber nicht gesagt hätte.

Wir bereiten die Lehrer auf ihren Beruf vor. Wir tun das die ganze Zeit, und wenn sie hinausgehen, sind es wunderbare Menschen. Dann schicken wir sie in die Klassenzimmer, und wissen Sie, was diese Lehrer uns dann erzählen? »Ich stelle fest, daß ich jetzt alle die schrecklichen Dinge sage, die auch meine Lehrer gesagt haben, wie zum Beispiel ›wir warten auf Mary‹, ›Johnny, wir warten auf dich‹, ›es sieht hübsch aus, wie du da auf deiner Bank sitzt, Johnny‹.« Und man kann förmlich hören, wie Mary sagt: »Warte nur, du altes Scheusal.« Natürlich warten wir auf Mary. Aber das ist die Rolle, in der wir uns plötzlich wiederfinden. Wir gehen vor der Klasse auf und ab und reden die ganze Zeit, weil wir die Lehrer sind. Und wir glauben immer noch, daß wir etwas lehren. Ja, die Kinder werden lernen. Wir müssen sie nur anleiten, das ist unsere Hauptaufgabe.

Wir versagen in unseren pädagogischen Hochschulen, weil wir den künftigen Lehrern nicht helfen, die Rolle des Lehrers aufzugeben, menschliche Wesen zu werden und zu erkennen, daß sie ihre Schüler nur anleiten müssen. Wer das erkennt, wird ein erfolgreicher Lehrer sein; denn jedes Kind spürt sofort, wenn man ihm helfen will. Ich werde jetzt darüber sprechen, was einen liebenden Menschen ausmacht, und wenn Sie wollen, können Sie daraus ableiten, wer ein liebender Lehrer ist. Mich interessiert mehr, wer ein liebender Mensch ist.

Vor allen Dingen glaube ich, am wichtigsten ist es, daß der liebende Mensch jemand ist, der sich selbst liebt. Jetzt werden Sie aufhorchen und sagen: »Oh, oh, was meint er damit?« Ich spreche nicht vom Egotrip, und ich sage auch nicht, daß wir uns vor den Spiegel stellen und fragen sollen: »Spieglein, Spieglein an der Wand, wer ist der oder die Schönste im ganzen Land? Wie recht du hast, Spieglein!« Das meine ich nicht, wenn ich von Menschen spreche, die sich selbst lieben. Für mich ist ein Mensch, der sich selbst liebt, jemand, der erkannt hat, daß man nur geben kann, was man selbst hat. Deshalb sollten Sie sich – verdammt noch mal – erst mal bemühen, etwas zu erwerben. Sie sollen der gebildetste, der intelligenteste, der aufregendste, der vielseitigste und der kreativste Mensch in der Welt sein, weil Sie dann all das weitergeben können; der einzige Grund, etwas zu haben, ist, es zu verschenken.

»Ich kann dich nichts lehren, was ich selbst nicht weiß«, ist eine so einfache, dumme, törichte Bemerkung. Und doch müssen wir es sagen. Wenn ich vor eine Gruppe von Zuhörern trete, dann muß ich etwas wissen und ihnen etwas zu sagen haben. Wenn ich meinen Studenten erklären soll, was Lernbehinderungen sind, dann muß ich etwas über Lernbehinderungen wissen. Ich kann meinen Schülern nur das beibringen, was ich selbst weiß. Wenn ich also ein guter Lehrer für das Fach »Lernbehinderungen« werden will, dann muß ich mich so genau wie nur irgend möglich über Lernbehinderungen informieren. Und das Wunderbare daran ist, daß ich allen meinen Zuhörern hier alles sagen könnte, was ich weiß, und dabei doch nichts verloren hätte. Ich werde hinterher immer noch alles wissen. Es ist also kein Hergeben, sondern ein Mitteilen. Fuller hat neulich gesagt: »Um Sie über alles zu unterrichten, was ich weiß, brauchte ich nur 15 Stunden.« Stellen Sie sich vor, dieser großartige, phantastische Geist, dieser bedeutende Wissenschaftler und Philosoph sagt: »In 15 Stunden kann ich euch alles beibringen, was ich weiß.« Aber wenn er es getan hat, wird er nichts verloren haben; er wird es immer noch wissen.

Mit der Liebe ist es ebenso. Wenn ich Sie alle, die Sie hier versammelt sind, persönlich kennenlernen könnte, dann könnte ich jeden einzelnen von Ihnen mit der gleichen Intensität lieben und hätte immer noch ebensoviel Liebe und das gleiche Potential zu lieben wie jetzt in diesem Augenblick. Ich hätte nichts verloren. Aber zuerst muß ich diese Liebe in mir haben. Wenn meine Liebe neurotisch ist oder besitzergreifend oder krank, dann könnte ich Ihnen nur neurotische, besitzergreifende oder krankhafte Liebe vermitteln. Wenn mein Wissen über irgend etwas umfassend und endlos ist, dann kann ich Ihnen das mitteilen. Und deshalb bin ich dafür verantwortlich, mich selbst über alle Maßen zu erweitern, mein Wissen zu vermehren, mich mit Liebe zu erfüllen, mit Verständnis und Erfahrungen, einfach mit allem, damit ich es an Sie weitergeben kann und Sie es nehmen und darauf aufbauen können.

Niemand besucht mein Seminar über die Liebe länger als ein Jahr. Es ist ein Kurs von einem Jahr. Sie nehmen, was ich Ihnen zu geben habe. Sie verbinden es mit dem, was Sie schon haben, und dann machen Sie sich auf den Weg und tun wunderbare Dinge. Ich sehe zum Beispiel Persönlichkeit nicht nur als das, was der Psychologe, der Soziologe oder der Anthropologe darin sieht, sondern auch als etwas, das uns schon sehr lange fehlt. Dieses Etwas ist die

Einzigartigkeit. Ich sehe in jedem einzelnen ein einmaliges Individuum, das, wenn wir es mal so nennen wollen, einen X-Faktor in sich trägt. Irgend etwas in Ihrem Innersten gehört Ihnen ganz allein; es unterscheidet Sie von jedem anderen und veranlaßt Sie, anders zu sehen, anders zu fühlen und anders zu reagieren. Ich glaube, jeder von uns hat das, und ich hoffe nur, daß Sie das Glück gehabt haben, einen Menschen zu kennen, der Ihnen geholfen hat, diese Einzigartigkeit zu entwickeln. Das Wesentliche an der Erziehung ist ja doch nicht, Sie mit Tatsachen vollzustopfen, sondern Ihnen zu helfen, Ihre Einzigartigkeit zu erkennen, Sie zu lehren, wie man diese Einzigartigkeit entwickeln kann, und Ihnen dann zu zeigen, wie man sie verschenkt.

Stellen Sie sich vor, wie diese Welt aussehen würde, wenn jeder einzelne in diesem Zimmer dazu ermutigt würde, ein einzigartiges menschliches Wesen zu sein. Aber wissen Sie, wie es mir vorkommt? Unser Erziehungssystem scheint darauf ausgerichtet zu sein, uns alle gleichzumachen. Und wenn das erreicht ist, glauben wir, sehr erfolgreich zu sein. Sie erleben es überall und immer wieder. »Ihre Einzigartigkeit interessiert mich nicht. Mich interessiert nur, ob Sie mich ganz begriffen haben, und wenn Sie gelernt haben, mir wie ein Papagei nachzusprechen, dann bin ich ein guter Lehrer gewesen.«

Ich erzähle meinen Schülern immer die Geschichte von der Tierschule, eine großartige Geschichte, die unter Erziehern schon seit Jahren die Runde macht. Wir lachen darüber, aber wir unternehmen nichts, um es zu ändern. Ein Kaninchen, ein Vogel, ein Fisch, ein Eichhörnchen, eine Ente usw. beschlossen, eine Schule zu gründen. Jedes einzelne Tier entwarf einen Lehrplan. Das Kaninchen bestand darauf, daß Laufen ein Lehrfach sein müsse. Der Vogel verlangte, Fliegen müsse aufgenommen werden. Für den Fisch war das Schwimmen das wichtigste. Das Eichhörnchen verlangte, jeder müsse klettern lernen. Alle anderen Tiere wollten ebenfalls ihre besonderen Fähigkeiten in den Lehrplan aufnehmen; so geschah es auch, aber dann begingen die Tiere den großen Fehler, zu verlangen, daß alle Tiere an allen Kursen teilnehmen sollten. Das Kaninchen konnte wunderbar laufen, so schnell wie kein anderes Tier. Aber nun erklärten die Tiere, das Fliegen sei für das Kaninchen eine hervorragende intellektuelle und emotionale Schulung. Deshalb müsse das Kaninchen das Fliegen lernen. Sie setzten es auf einen Ast und riefen: »Fliege, Kaninchen!« Und das arme Tier sprang, stürzte, brach sich ein Bein und zog sich eine Gehirnerschütterung zu. Es behielt einen dauernden Hirnschaden zurück und konnte jetzt auch nicht mehr schnell laufen. So bekam es im Laufen eine Drei statt einer Eins. Und im Fliegen bekam es eine Fünf statt einer Sechs, weil es ja versucht hatte zu fliegen. Die Verfasser des Lehrplans waren höchst zufrieden. Ähnlich ging es dem Vogel. Er konnte überall ganz frei und wild herumfliegen und die waghalsigsten Loopings drehen, und er hatte natürlich eine Eins. Aber nun verlangte die Schule, daß der Vogel Erdlöcher grub wie ein Kaninchen. Dabei brach er sich natürlich die Flügel, den Schnabel und alles andere und konnte dann nicht mehr fliegen. Aber die Lehrer waren glücklich, ihm im Fliegen noch eine Drei geben zu können usw. Und wissen Sie, wer der Beste in dieser Klasse war? Ein geistig behinderter Aal, denn er konnte fast in allen Fächern einigermaßen befriedigende Leistungen vorweisen. Der einzige Aussteiger war die Eule. Bei allen Abstimmungen über Steuergesetze, die etwas mit dem Schulsystem zu tun haben, stimmt sie jetzt mit »nein«.

Wir wissen, daß dieses System falsch ist, aber wir ändern nichts daran. Sie können ein Genie sein. Sie sind vielleicht der begabteste Schriftsteller der Welt, aber Sie werden nicht auf der Universität zugelassen, wenn Sie Ihren Trigonometriekurs nicht bestanden haben. Wozu soll das gut sein? Sie können die Abschlußprüfung an der Oberschule nicht bestehen, ohne in diesen oder jenen Fächern befriedigende Leistungen nachgewiesen zu haben! Sie können keinen Volksschulabschluß machen, wenn Sie nicht bestimmte Leistungen vorweisen. Es spielt keine Rolle, wer Sie sind. Sehen Sie sich doch einmal die Liste der bedeutenden Persönlichkeiten an, die vorzeitig die Schule verlassen haben: William Faulkner, John F. Kennedy, Thomas Edison. Sie konnten die Schule nicht ertragen. Die Schule langweilte sie. »Ich will nicht lernen, auf Bäume zu klettern. Ich werde nie auf einen Baum klettern. Ich bin ein Vogel. Ich kann in den Wipfel eines Baumes fliegen und muß dazu nicht klettern.« – »Das ist egal, es ist eine gute Disziplin und fördert deinen Intellekt.«

Wir dürfen uns als Einzelwesen nicht damit zufriedengeben, so zu werden wie alle anderen. Wir müssen gegen das System ankämpfen. Ich denke zum Beispiel an die »art supervisors«[1]. (Ich habe nichts gegen sie. Die armen Wesen tun mir sogar leid.) Ich erinnere mich noch, wie sie in mein Klassenzimmer in der Volksschule kamen, und ich bin überzeugt, Sie haben ähnliche Erinnerungen. Man bekam ein Stück Papier, die Lehrerin gab einem eine Vorlage, und man wartete gespannt auf das, was kommen sollte. So fing die Zeichenstunde an. Die Buntstifte lagen alle vor einem, man faltete die Hände und wartete. Und jetzt kam diese abgehetzte dürre Frau hereingestürzt, die vorher schon in 14 anderen Klassen unterrichtet hatte. Der Hut saß ihr schief auf dem Kopf, und sie war ganz außer Atem. Dann sagte sie: »Guten Morgen, Jungen und Mädchen. Heute zeichnen wir einen Baum.« Und die Kinder sagten, »fein, wir zeichnen einen Baum!« Und dann stellte sie sich an die Tafel und zeichnete mit grüner Kreide dieses riesige grüne Ding, darunter einen braunen Stamm und ein paar Grashalme. Und dann sagte sie: »Das ist der Baum.« Und die Kinder betrachteten die Zeichnung und sagten: »Das ist kein Baum. Das ist ein Lutscher.« Aber sie behauptete, es sei ein Baum, verteilte das Zeichenpapier und verlangte: »Jetzt zeichnet einen Baum.« Eigentlich sagte sie gar nicht, »zeichnet einen Baum«, sondern sie sagte, »zeichnet *meinen* Baum«. Und wenn man begriffen hatte, daß sie das meinte, und auch so einen Lutscher produzieren konnte, dann bekam man eine Eins.

Aber nun gab es in dieser Klasse einen kleinen Jungen, der wußte, daß dies kein Baum war, denn er hatte einen Baum gesehen, den diese Zeichenlehrerin überhaupt nicht kannte und von dem sie nichts wußte. Er war von einem Baum gefallen, hatte seine Blätter gekaut, hatte den Baum gerochen, in seinen Zweigen gesessen, hatte gehört, wie der Wind durch seinen Wipfel gefahren war, und er wußte, daß ihr Baum ein Lutscher war. Deshalb nahm er Rot, Orange, Blau, Purpur und Grün, verteilte die Farben über das ganze Blatt und gab es ihr. Sie warf einen Blick darauf und sagte: »O mein Gott, ein zurückgebliebenes Kind! Sonderschule!«

[1] in wörtlicher Übersetzung: »Fachbeauftragte für die Inspektion des Zeichenunterrichts«

Wie lange wird es dauern, bis jemand erkennt, daß diese Leute in Wirklichkeit sagen, »wenn du versetzt werden willst, dann mußt du meinen Baum abzeichnen.« Und so geht es weiter von der ersten bis zur fünften Klasse und dann bis zu den Seminaren an der Universität (graduate school). Ich halte Unterricht an der Universität. Es ist erstaunlich, wie die jungen Menschen bis dahin gelernt haben, das nachzuplappern, was die Lehrer ihnen vorsagen. Denken? Lächerlich! Diese Studenten können alles wörtlich wiedergeben, was man ihnen eingetrichtert hat. Und man kann ihnen keinen Vorwurf daraus machen; denn das hat man ihnen beigebracht. Wenn man ihnen sagt, »seid schöpferisch!«, bekommen sie Angst. »Meint er das wirklich?« Was geschieht also mit unserer Einzigartigkeit, was geschieht mit unserem Baum? Die ganze prächtige Einzigartigkeit ist verloren. Jeder ist genauso wie jeder andere, und jeder ist glücklich. R. D. Laing sagt: »Wir sind zufrieden, wenn wir aus unseren Kindern das gemacht haben, was wir selber sind: frustrierte, kranke, blinde, taube Menschen, aber mit einem hohen Intelligenzquotienten.«

Der liebende Mensch gibt sich nicht damit zufrieden, einzigartig zu sein, seine Einzigartigkeit zu entwickeln und dafür zu kämpfen, daß er sie behalten kann. Er will der Größte sein, weil er erkannt hat, daß das etwas ist, was er verschenken kann. Ich weiß nicht, wie viele von Ihnen die Schriften von R. D. Laing kennen. Eines der schönsten Geschenke, das ich Ihnen machen könnte, ist sein Buch *The Politics of Experience*[1]. Es ist ein kleines Taschenbuch, und sein Inhalt ist unglaublich faszinierend. Der Verfasser spricht darin von den Möglichkeiten, die wir Menschen haben, und davon, wie wir dieses Potential entwickeln können. Eine seiner Aussagen gehört zu dem Schönsten, was ich je gelesen habe. Diese Worte sind nicht kursiv gedruckt oder unterstrichen, sie sind einfach ein Teil seiner Ausdrucksweise. Er sagt:

Wir denken viel weniger, als wir wissen. Wir wissen viel weniger, als wir lieben. Wir lieben viel weniger, als wir lieben könn-

---

[1] in wörtlicher Übersetzung: Die Politik der Erfahrung

ten. Und genau in diesem Maß sind wir viel weniger als das, was wir eigentlich sind.

Wie gefällt Ihnen das?

Im ganzen Land geschehen aufregende Dinge. Es gibt Institute für die Entwicklung der menschlichen Persönlichkeit. Herbert Otto, Fitzgerald und Carl Rogers arbeiten dafür ohne Bezahlung. Sie gründen Institute und leben von den Autorenhonoraren, die sie für ihre Bücher bekommen, um den Menschen zu helfen, ihr Potential zu entwickeln, weil wir sonst zugrunde gehen. Hier ist Fullers Appell: »Laßt uns zu uns selbst zurückfinden.« Wir haben eine Fähigkeit, zu sehen, zu fühlen, zu berühren und zu riechen, von der wir noch nie geträumt haben. Wir haben vergessen, wie das geht. Und gerade das alles sollten wir tun, wenn uns etwas an uns selbst liegt und wir uns selbst lieben.

Vor etwa sieben Jahren habe ich eine einzigartige Erfahrung gemacht. Ich verkaufte alles, was ich hatte. Jeder sagte, was ich täte, sei völliger Wahnsinn. Ich verkaufte alles, was in unserer Kultur als wertvoll angesehen wird... den Plattenspieler, die Schallplatten, die Bücher, die Versicherungspolice, das Auto – und steckte das Geld ein, um zwei Jahre durch die Welt zu reisen. Den größten Teil dieser Zeit verbrachte ich in Asien, weil ich über Asien weniger wußte als über alle anderen Teile der Welt. Zwei Drittel der Welt gehören nicht zur westlichen Welt. Die Menschen dort denken anders, fühlen anders und verstehen auf andere Weise. Man lernt eine Menge über sich selbst und über das Wesen der Menschen, wenn man unsere westliche Welt hinter sich läßt und feststellt, daß es Menschen und Gegenden gibt, wo sogar Jesus unbekannt ist. Es gibt Orte, wo man keine Vorstellung davon hat, wie die Menschen im Westen denken, was sie tun und was sie fühlen. Und doch sind es gerade diese Leute, mit denen wir in einen unmittelbaren Konflikt geraten. Ihre Worte sind nicht unsere Worte. Ihre Gefühle sind nicht unsere Gefühle. Und dennoch habe ich viel gelernt, als ich diese Länder bereiste.

Ich habe etwas wirklich Einmaliges erfahren, als ich in Kambodscha war. Ich besuchte Angkor Wat und sah mir die wunderbaren buddhistischen Ruinen an. Sie sind phantastisch – riesige Buddhaköpfe werden von Feigenbäumen umschlungen, und die Affen springen in langen Sätzen durch die Luft. Alles ist wild und offen und schön; es sind Ruinen, die man sich auch im Traum nicht vorstellen kann – eine völlig neue Welt für uns. Dort begegnete ich einer Französin, die im Lande geblieben war, nachdem die Franzosen Kambodscha verlassen hatten. Sie sagte:»Wissen Sie, Leo, wenn Sie Kambodscha wirklich kennenlernen wollen, dann sitzen Sie nicht länger hier in diesen Ruinen herum. Das ist alles gut und schön, aber Sie müssen hinausgehen und die Menschen sehen. Sehen Sie sich an, was diese Leute tun. Sie sind gerade zur richtigen Zeit gekommen; denn demnächst beginnt der Monsun, und das ganze Leben wird sich verändern.« Und sie sagte:»Gehen Sie zum Tonle Sap.« (Wenn Sie sich noch an Ihren Geographieunterricht erinnern, dann wissen Sie, daß es ein riesiger See ist, der den größten Teil von Kambodscha einnimmt.)»Die Menschen dort sind jetzt mit etwas sehr Interessantem beschäftigt. Wenn die Monsunwinde kommen, dann spült der Regen alle ihre Häuser fort und nimmt ihre ganze Habe mit. Dann bauen diese Menschen große Flöße, je eines für mehrere Familien. Der Regen kommt, die Flöße steigen, und das Leben geht weiter, aber jetzt in einer großen Gemeinschaft.« Ich dachte, es müßte doch herrlich sein, wenn einige von uns in jedem Jahr sechs Monate zusammenleben könnten. Sie denken wahrscheinlich, wer zum Teufel will schon mit meinem Nachbarn zusammenleben? Aber vielleicht wäre es wirklich sehr schön, mit dem Nachbarn zusammenzuleben und festzustellen, wie es ist, wenn man wieder von anderen Menschen abhängig ist, und wie schön es ist, jemandem sagen zu können, »ich brauche dich.« Wir glauben, um erwachsen zu sein, müßten wir unabhängig sein und niemanden brauchen. *Und das ist der Grund dafür, daß wir alle vor Einsamkeit sterben.* Wie wunderbar ist es, gebraucht zu werden! Und wie großartig ist es, etwas zu brauchen und einem anderen Menschen sagen zu können, »ich brauche dich.« Es fällt mir nicht schwer, Ihnen zu sagen: ich brauche Sie alle, jeden einzelnen von Ihnen. Das Schlimme ist nur, daß unsere Leben sich nur manchmal berühren. Aber die großartigsten Erfahrungen in meinem Leben habe ich gemacht, wenn menschliche Leben einander begegnen und zwei Menschen fähig sind, miteinander zu kommunizieren.

27

Die Kambodschaner lernen das schon sehr früh – die Natur bringt es ihnen bei. Die Natur ist ein großer Lehrmeister. Wir brauchen nur *Walden* von Thoreau wieder einmal zu lesen, z. B. die großartige Stelle: »O Gott, an die Schwelle des Todes zu gelangen und dann feststellen müssen, daß man nie wirklich gelebt hat!« Denken Sie einmal darüber nach.

Ich setzte mich also auf mein Fahrrad und suchte diese Leute auf. Ich dachte, ich könnte ihnen bei ihrem Umzug helfen und so in ihre Gemeinschaft aufgenommen werden. Die Französin, mit der ich gesprochen hatte, hatte lachend gesagt: »Ja, helfen Sie ihnen beim Umzug.« Was besaßen sie denn, um es mitzunehmen? Die Natur hat sie gelehrt, daß ihr einziger Besitz das ist, was von ihrem Scheitel bis zu den Füßen reicht... sie selbst. Keine Dinge. Sie können keine Dinge aufbewahren, den der Monsun kommt jedes Jahr, und es gibt keinen Platz, wo sie diese Dinge unterbringen könnten. Unwillkürlich überlegte ich mir: »Was würdest du tun, Buscaglia, wenn Los Angeles nächste Woche von einem Monsun heimgesucht würde? Was würdest du retten? Deinen Farbfernseher? Dein Automobil? Den Spucknapf, den du von Tante Mathilda geerbt hast?« Das einzige, was du mitnehmen mußt, bist du selbst. In Los Angeles gibt es manchmal Erdbeben. Sie haben sicher davon gehört. Ich versichere Ihnen, es ist ein sehr eigenartiges Gefühl, wenn man nicht mehr sagen kann, was mit einem selbst oder mit dem Haus geschehen wird.

Erst kürzlich hatten wir in Los Angeles ein recht schweres Erdbeben, und mein Haus wurde erheblich beschädigt. Die Decke im Wohnzimmer stürzte ein, und der Kamin krachte zusammen. Wir hatten kein Wasser mehr usw. Plötzlich erkannten wir, was die Dinge eigentlich wert sind. Wir sahen wieder, daß *Dinge* uninteressant sind. Alles, was wir hatten, waren wir selbst. Während alles um mich her zusammenbrach, lief ich aus dem Haus. Es war am frühen Morgen, und am Horizont sah ich einen hellen Lichtstreifen. In meinem Garten steht ein großer blühender Pfirsichbaum. Er war noch da, über und über mit Blüten bedeckt, und im Bruchteil einer Sekunde kam mir der Gedanke: »Siehst du, diese schöne Welt wird weiterleben, mit dir oder ohne dich!« Für mich war es den Preis des Erdbebens wert, wieder daran erinnert zu werden.

Die Philosophen und Psychologen sagen uns das schon seit Jahren. »Du bist alles, was du hast. Deshalb mache aus dir die schönste, zärtlichste, wunderbarste und phantastischste Person der Welt. Dann wirst du immer überleben.« Erinnern Sie sich an die Gestalt der Medea in der griechischen Tragödie? Wenn in diesem wundervollen Drama alles verloren ist und das Orakel sie fragt, »Medea, was ist übriggeblieben? Alles ist vernichtet, alles ist verloren«, dann antwortet sie: »Was übriggeblieben ist? Ich bin da!« *Das* ist eine Frau! »Was heißt das, was ist übriggeblieben? Alles ist noch da; denn hier stehe *ich*!« Wenn wir erkennen, wie wichtig es ist, sich selbst zu achten, sich selbst zu lieben und zu erkennen, daß alles aus uns selbst kommt, dann können wir das auch anderen geben. Dann sind wir an einen sehr wichtigen Punkt gelangt; denn wenn wir uns selbst nicht mögen, dann können wir immer wieder von neuem lernen, uns zu mögen. Wir können ein neues Ich hervorbringen. Sie können das tun. Wenn Ihnen Ihre Umgebung nicht gefällt, dann verlassen Sie sie und schaffen sich eine neue. Wenn Ihnen die Menschen nicht gefallen, mit denen Sie umgehen, sagen Sie sich von ihnen los und schließen Sie sich einer neuen Gruppe an. Aber *Sie* müssen das tun. Es ist allein Ihre Sache. Das ist also das erste. Und wenn ich Ihnen sonst nichts zu sagen hätte, so glaube ich doch aus tiefstem Herzen, daß ich Ihnen damit eine wichtige Anregung gegeben habe. Wir können immer zu uns selbst zurückkehren.

Der französische Philosoph Saint-Exupéry macht in einem seiner Bücher eine großartige Feststellung, und er hat eine Reihe schöner Bücher geschrieben. Er sagt: »Vielleicht besteht die Liebe (und man könnte das auch von der Erziehung sagen) darin, daß ich dich sanft und liebevoll zu dir selbst zurückführe.« Ich kann Ihnen selbst keine genaue Definition der Liebe geben, aber diese ist bei weitem die gesündeste, die ich kenne. »Vielleicht besteht die Liebe darin, daß ich dich sanft und liebevoll zu dir selbst zurückführe.« Nicht zu dem, was ich aus dir machen will, sondern zu dem, was du selbst bist.

Ich weiß nicht, wie viele von Ihnen die Buchhandlung City Lights in San Francisco kennen. Das ist eine wunderbare Einrichtung, und wenn Sie je nach San Francisco kommen sollten, müssen Sie hingehen. Hier werden in drei Stockwerken Paperbacks verkauft. Man kann sich kaum vorstellen, daß es so viele Paperbacks auf der Welt gibt, aber eine Abteilung in dieser Buchhandlung ist etwas ganz Einzigartiges. Hier werden Manuskripte von Leuten veröffentlicht, die ganz gewöhnliche Menschen sind wie Sie und ich; es sind frustrierte Dichter und frustrierte Schriftsteller. Es gibt eine besondere Abteilung für Lyrik. Man muß seine Manuskripte nur fotokopieren, zusammenheften und auf ein Regal stellen. Dann bringt man ein Preisschild an, auf dem steht z. B. »5 Cents bitte«. Dieser Betrag deckt die Papierkosten. Und dann kaufen die Leute diese Hefte und lesen sie wirklich.

Eines Tages stöberte ich in dieser Buchhandlung herum. Dabei stieß ich auf ein Buch mit einem umwerfenden Titel. Es hatte eine Auflage von nur 500 Exemplaren, und ich werde Ihnen später sagen, wie es dazu kam. Der Titel des Buches lautete: *Ich bin weder ein Sakrileg noch ein Privileg. Vielleicht bin ich weder kompetent noch exzellent, aber ich bin gegenwärtig.* Diese Worte trafen mich wie ein Schlag ins Gesicht, und ich dachte, das hast du großartig gesagt! Ich schlug das Buch auf und stellte fest, daß die Verfasserin eine junge Dame war, die sich Michelle nannte. Von ihr stammten die Zeichnungen und die Gedichte. Ich blätterte den Band – wie üblich – durch, ohne das Vorwort zu lesen, und drang gleich zum Kern vor. Ich stieß auf ein Gedicht, das mich fesselte. Hier ist es:

Mein Glück bin ich, du bist es nicht.
Nicht nur, weil du vielleicht nur vorübergehend da bist,
sondern auch, weil du willst, daß ich sein soll, was ich nicht bin.

Was bedeuten diese Worte für den Erzieher?

Ich kann nicht glücklich sein, wenn ich mich verändere,
nur um deinen Egoismus zu befriedigen.
Und ich kann auch nicht zufrieden sein, wenn du mich dafür kritisierst,
daß ich nicht deine Gedanken denke
oder die Dinge anders sehe als du.

Du nennst mich einen Rebellen.
Und doch hast du jedesmal,
wenn ich deine Überzeugungen abgelehnt habe,
gegen meine Überzeugungen rebelliert.
Ich versuche nicht, deinen Geist zu formen.
Ich weiß, wie sehr du dich darum bemühst, du selbst zu sein.
Und ich kann nicht zulassen, daß du mir sagst, was ich sein soll
– denn ich bemühe mich darum, ich selbst zu sein.

Und dann hören Sie auf die folgenden Worte:

Du hast gesagt, ich sei durchsichtig
und würde bald vergessen sein.
Aber warum hast du dann eine Spanne meines Lebens dazu
benutzt,
um dir zu beweisen, wer du bist?

Denken Sie einmal als Lehrer über den Inhalt dieser Worte nach.
Denken Sie als Liebende darüber nach. Denken Sie als Mitbürger
darüber nach. Denken Sie als Väter und Mütter darüber nach. Es
gilt für alle. »Du hast gesagt, ich sei durchsichtig und bald vergessen. Aber warum hast du dann eine Spanne meines Lebens dazu
benutzt, um dir zu beweisen, wer du bist?«
   Nun wollte ich herausfinden, wer Michelle war. In der Einlei-
tung stand folgendes:

Michelle! Du bist nur eine so kurze Zeit bei uns geblieben, bevor Du Dich entschlossen hast, an jenem im Nebel gelegenen
Strand Deinen eigenen Weg zu gehen. Es war im Juli 1967,
und du warst erst 20 Jahre alt.
Sie hat uns 25 Gedichte hinterlassen. Es ist ihr zu schwer gefallen, nur »ich selbst« zu sein.
Wir hoffen, diese Gedichte werden hier so dargeboten, wie Du
es Dir gewünscht hättest. Du bist gegenwärtig, wir lieben Dich,
und wir brauchen Dich, und wir versprechen, daß wir Dich im
Gedächtnis behalten werden, bis wir uns wiedersehen.
San Francisco, Juli 1969.

Ich glaube, das zweite wichtige Merkmal eines liebenden Menschen ist, daß er sich von allen Etiketten befreit. Wissen Sie, der Mensch ist ein unglaubliches Wesen, wirklich unglaublich. Er tut wunderbare Dinge. Er ist von wunderbarem schöpferischem Geist erfüllt. Er hat die Zeit erschaffen, hat sich aber dann von der Zeit beherrschen lassen. Ich muß ständig auf die Uhr schauen, weil es zu einer bestimmten Zeit Kaffee geben wird, und zu einer anderen Zeit erwarte ich Sie, und um eine bestimmte Stunde sollen wir alle zu Mittag essen. Es ist 12 Uhr, wir sind nicht hungrig, aber wir essen, weil es 12 ist. Du kommst ins Klassenzimmer und setzt dich auf deinen Platz – das ist in der Grundschule ebenso wie in der Oberschule – du freust dich auf den Unterricht, und die Stunde wird ganz toll, und etwas Phantastisches läuft ab. Dann läutet die Glocke, und alle laufen hinaus. »Es ist 7 Uhr, es tut mir ja so leid, aber ich muß jetzt gehen.« Eine Mutter sitzt in deinem Büro. Sie ist in Tränen aufgelöst, aber irgend jemand anders wartet auf dich, und du mußt der Mutter sagen: »Es tut mir leid; ich kann Ihre Geschichte nicht bis zu Ende anhören. Kommen Sie doch morgen um 8.04 Uhr wieder.«

Unsere Unterrichtsstunden werden von der Uhr beherrscht. Von 9 bis 9.05 Uhr dauert die allgemeine Aussprache, und von 9.05 bis 9.30 Uhr findet der erste Teil der Lesestunde statt. Der zweite Teil folgt von 9.30 bis 9.45 Uhr. Vielleicht ist der erste Teil wirklich aufregend, aber der Lehrer sagt, »oh mein Gott, es ist schon halb 10. Jetzt beginnt der zweite Teil.« Niemand lernt nach der Uhr. Niemand lernt nach Schubladen. Es gibt keine bestimmte Zeit für das Rechnen oder für die Rechtschreibung. Man lernt alles zusammen. Aber wir machen immer noch weiter. Jetzt mußt du dich auf die Rechtschreibung konzentrieren und dann auf die Eroberung des amerikanischen Westens. *Auf* in den amerikanischen Westen! Aber so falsch es auch sein mag, wir machen es immer noch so. Wir schaffen Zeit und werden dann zu Sklaven der Zeit.

Wir schaffen auch neue Worte, Worte, die uns angeblich befreien. Aber Worte wurden zu Schachteln und Schubladen, die uns gefangenhielten. Es war wunderbar, Buckminster Fuller sagen zu hören, »Worte, die ich von anderen Leuten gelernt hatte, ergriffen so sehr Besitz von mir, daß ich mich für zwei Jahre von meiner Familie und meinen Freunden trennte, in ein Getto nach Chicago zog und versuchte, mich von diesen Worten zu befreien und die Worte zu finden, die für mich richtig waren. So daß ich wußte, wenn ich spreche, sind es meine Worte und nicht die eines anderen.« Das ist eine fabelhafte Aussage. Jetzt verehrt er Worte, aber wir lassen uns von Worten in ein Gefängnis sperren.

Als Timothy Leary in Harvard als Sprachpsychologe großartige Arbeit leistete, sagte er etwas, das ich nie vergessen werde: »Worte sind gefrorene Realität.« Wir erklären Kindern die Bedeutung von Worten, bevor sie in der Lage sind, sie wirklich zu verstehen und zu rebellieren. Und mit Worten lehren wir Angst, Vorurteile und alle möglichen anderen Dinge. Ein Beispiel dazu, daß Worte Distanz schaffen: Irgend jemand braucht euch jetzt nur noch zu sagen: »Nimm dich vor diesem Buscaglia in acht; er steht auf der Liste. Er ist ein Kommunist.« Damit wäre ich erledigt, und alles, was ich sagte, würde durch dieses Wort »Kommunismus« gefiltert. Und doch ist an einer Universität im Osten der Vereinigten Staaten eine Studie darüber angefertigt worden, was Kommunismus bedeutet. Man befragte die einfachen Bürger und bat sie, Kommunismus zu definieren. Einige dieser Leute waren zu Tode erschrocken. Sie sollten diese Studie lesen – sie ist umwerfend komisch. Eine Frau sagte zum Beispiel: »Nun, ich weiß wirklich nicht was es bedeutet, aber es wäre sicher besser, wenn es in Washington keinen Kommunismus gäbe.« Das ist eine ausgezeichnete Definition des Kommunismus. Und die anderen waren etwa vom gleichen Kaliber. Man braucht nur Kommunist zu sein, um aus der Stadt gejagt zu werden. Aber niemand weiß wirklich, was dieses Wort bedeutet. Und so ist es mit dem »Schwarzen«, dem »Chicano«, mit »Protestanten«, »Katholiken« und »Juden«. Das Etikett genügt, und man glaubt, alles über sie zu wissen. Niemand macht sich je die Mühe zu fragen: »Weint er? Hat er Gefühle? Hat er Verständnis? Hat er Hoffnungen? Liebt er seine Kinder?« *Worte!*

Wenn du aber ein Mensch bist, der lieben kann, dann beherrschst du die Worte und erlaubst nicht, daß Worte dich beherrschen. Du wirst die Bedeutung eines Wortes erst aufnehmen, wenn du selbst erfahren hast, was das Wort bedeutet, und nicht glauben, was die Menschen dir darüber gesagt haben.

In meiner Jugend machte ich eine sehr interessante Erfahrung. Ich bin in Los Angeles geboren. Meine Eltern waren aus Italien eingewandert, und wir lebten in der Stadt in einem Getto, wo auch alle anderen Italiener lebten. Das war wirklich irgendwie schön. Als ich ein Jahr alt war, mußten meine Eltern nach Italien zurückkehren und nahmen mich mit. Sie gingen zurück in ihre kleine Heimatstadt am Rande der schweizerisch-italienischen Alpen. Es ist eine kleine Bahnstation namens Aosta. Viele Züge nach Mailand und Turin fahren durch und halten nicht in Aosta. Hier hält nur ein einziger Zug. Wir Kinder gingen oft zur Station und sahen zu, wie die Züge vorbeibrausten. Aber in diesem kleinen Dorf war jeder mit jedem bekannt. Der Wein war die Hauptsache in diesem Dorf, und deshalb herrschte immer Fröhlichkeit und Übermut. Es war wunderschön. Das Phantastische daran war, daß jeder sich um jeden kümmerte – die menschliche Nähe. Wenn Maria krank war, dann wußte es jeder Dorfbewohner, und die Nachbarn brachten ihr geschlachtete Hühner und Kürbisse und sorgten für ihre Kinder; denn diese Menschen bildeten eine Gemeinschaft, eine Gemeinschaft menschlicher Wesen. Als ich fünf Jahre alt war, beschlossen meine Eltern, nach Los Angeles zurückzukehren. Sie taten es. Das war vielleicht ein »kultureller Schock«! Plötzlich war ich in einer Stadt gelandet, wo sich niemand darum kümmerte, ob ich lebte oder starb. Um auf die Etiketten zurückzukommen, damals machte die Mafia viel von sich reden, und jeder Italiener galt als Mitglied der Mafia. Man nannte mich einen »dago«[1] oder »wop«[2]. Kinder sagten zu mir: »Mach, daß du weiterkommst, du stinkender wop.« Ich ging zu meinem Vater und fragte ihn: »Papa, was ist ein wop? Was ist ein dago?« Er sagte: »Mach dir nichts draus, Felice. Mach dir keine Gedanken darüber. Die Leute erfinden Namen. Sie geben dir Namen, aber das hat nichts zu bedeuten.«

Aber mich störte es *doch*, weil dadurch eine Kluft zwischen ihnen und mir entstand, und wenn sie mich nur einen »wop« und einen »dago« nannten, erfuhren sie niemals etwas über mich selbst. Sie wußten zum Beispiel nicht, daß meine Mama in der alten Heimat eine Opernsängerin war und daß mein Papa als Kellner arbei-

[1] verächtlicher Ausdruck für italienische Einwanderer
[2] verächtlicher Ausdruck für italienische Einwanderer

tete. Wir waren eine sehr große Familie und hätten eine ganze
Oper besetzen können. Meine Mutter setzte sich gerne ans Klavier
und spielte ganze Opern, und wir übernahmen die einzelnen Rol-
len. Wir sangen alle mit, und es war wunderschön. Als ich acht
Jahre alt war, kannte ich fünf Opern. Ich konnte jede einzelne
Rolle übernehmen. Aber die anderen, die mich »dago« und »wop«
nannten, wußten das nicht.

Sie wußten auch nicht, daß Mama den Knoblauch für ein Allheilmittel hielt. Sie glaubte, mit Knoblauch ließe sich jede Krankheit
heilen. Morgens mußten wir uns in einer Reihe aufstellen, und
dann rieb sie für jeden ein kleines Tüchlein mit Knoblauch ein und
band es uns um den Hals. Wir protestierten: »Mama, bitte nicht!«
Aber sie sagte: »Haltet den Mund.« (Sie war eine sehr liebevolle
Mutter.) Sie schickte uns mit diesen Halstüchern zur Schule, und
wir stanken fürchterlich. Aber ich will Ihnen ein Geheimnis verraten; ich bin niemals auch nur einen einzigen Tag krank gewesen.
Meine Theorie ist, daß mir niemand nahe genug gekommen ist, um
seine Bazillen auf mich zu übertragen. Es war unglaublich; am
Ende der Grundschule erhielt ich eine Auszeichnung dafür, daß
ich keinen einzigen Tag gefehlt hatte. Inzwischen bin ich ein sehr
kultivierter Mann geworden, parfümiere mich nicht mehr mit
Knoblauch und bekomme jedes Jahr einen Schnupfen. Die anderen, die mich »wop« und »dago« nannten, kannten diese Zusam-
menhänge nicht.

Sie wußten auch nicht, daß Papa ein großer Patriarch war. Wenn
er am Sonntag zu Hause war, saßen wir alle um den großen Tisch,
und niemand durfte aufstehen, ohne ihm gesagt zu haben, was er
an diesem Tag Neues gelernt hatte. Wenn wir uns vor dem Essen
die Hände wuschen, fragte ich meine Schwestern: »Was habt ihr
heute gelernt?« Sie antworteten: »Nichts.« Dann sagte ich: »Dann
müssen wir jetzt noch etwas lernen!« Wir holten das Lexikon aus
dem Regal, schlugen irgendeine Seite auf und suchten irgend etwas
heraus, z. B., daß Neapel eine Million Einwohner hat. Dann setzten wir uns an den Tisch und dachten beim Essen darüber nach.
Junge, das waren Mahlzeiten! Mama kochte niemals in ihrem Leben ein Fertigmenü. Ich erinnere mich an grüne Bohnen, die so
hoch aufgetürmt waren, daß ich meine gegenübersitzende Schwe-

ster nicht mehr sehen konnte. Wir aßen lange und ausgiebig, und zum Schluß schob Papa seinen Teller beiseite, sah mich an und sagte: »Felice, was hast du heute gelernt?« Und ich antwortete: »Neapel hat eine Million Einwohner.« Nichts war meinem Vater gleichgültig; alles hatte seine Bedeutung! Er wendete sich an meine Mutter und sagte: »Mama, hast du gewußt...« Wir sahen die Eltern an und sagten uns, »die sind nicht ganz dicht.« Und wir fragten unsere Freunde: »Müßt ihr euren Eltern etwas über Neapel erzählen?« Und sie sagten: »Unseren Eltern ist es ganz egal, ob wir etwas wissen oder nicht.« Aber ich möchte Ihnen ein Geheimnis verraten. Wenn Felice zu Bett geht – vielleicht hat er an diesem Tag neunundzwanzig Stunden gearbeitet und ist völlig erschöpft – aber wenn er unter die Decke schlüpft, dann fragt er sich auch heute noch in diesem wunderbaren Augenblick kurz vor dem Einschlafen: »Felice, was hast du heute gelernt?« Und wenn ich diese Frage nicht beantworten kann, dann muß ich aufstehen, das Lexikon in die Hand nehmen, irgendeine Seite aufschlagen und etwas Neues lernen.

Vielleicht ist das der Kern der Erziehung. Wer kann das sagen? Aber die anderen, die mich »dago« und »wop« nannten, wußten das nicht. Wenn Sie etwas über mich wissen wollen, dann müssen Sie meine Gedanken kennenlernen, und wenn ich etwas von Ihnen wissen will, dann genügt es nicht, wenn ich sage: »Sie ist dick, sie ist dünn, sie ist eine Jüdin, sie ist katholisch.« Sie ist mehr als das. Wer sich wirklich für Erziehungsfragen interessiert, kennt diese verdammten Etiketten. Wir bezeichnen Kinder als geistig behindert. Was sagt uns das? Ich habe nie ein geistig behindertes Kind gesehen. Ich kenne nur Kinder, und sie sind alle verschieden. Wir bezeichnen sie als Schüler, und deshalb glauben wir, wir könnten uns vor die Klasse stellen und sie alle in der gleichen Weise unterrichten. *Etiketten.* Wer seine Mitmenschen liebt, befreit sich von Etiketten. Er verbannt sie für alle Zeiten.

Ich glaube auch, daß der liebende Mensch jede Verschwendung verabscheut und Heuchelei nicht ertragen kann. Rosten sagt: »Es sind die Schwachen, die grausam sind. Güte und Sanftheit kann man nur von den Starken erwarten.« Das ist richtig. Wir brauchen starke Menschen als Erzieher, die bereit sind, aufzustehen und zu

sagen: »Das ist Heuchelei, und wir werden das nicht wieder tun.«
Menschen, die bereit sind zu sagen: »Nein, wir müssen das ändern,
oder wir werden uns selbst zerstören.« Wir bestimmen unser
Schicksal selbst. Wir lehren für das Heute, aber in Wirklichkeit stehen wir schon im Morgen. Kein Wunder, daß wir uns an der Selbst-
zerstörung beteiligen.

Ich möchte Ihnen eine kleine Geschichte erzählen, in der es um
Heuchelei geht. Ich arbeitete damals in der Lehrerausbildung mit
einer jungen Frau zusammen, die nicht nur eine begabte Lehrerin
war, sondern der wunderbarste Mensch, den ich je erlebt habe. Sie
war so begeistert vom Unterrichten und konnte es kaum erwarten,
eine Klasse zu übernehmen. Endlich bekam sie eine eigene Klasse;
der traumhafte Tag war gekommen, den wir alle nie vergessen. Sie
betrat das Klassenzimmer der ersten Klasse und blätterte den
Lehrplan durch. Wissen Sie, Bücher sind mir zwar heilig, aber ich
würde nicht einen Augenblick zögern, mit den verdammten Lehr-
plänen die größte Bücherverbrennung der Welt zu veranstalten.
Jedenfalls sah sie sich den Lehrplan an und stellte fest, daß für diesen Schulbezirk in Kalifornien (und das war erst vor ein paar Jahren) der Kaufladen auf dem Programm stand. Sie sagte sich: »Das
ist unmöglich. Das kann ich nicht glauben. Ich kann mir nicht vorstellen, daß wir die Kinder über den Kaufladen unterrichten sollen.« Diese Kinder waren in einem Kaufladen aufgewachsen. Sie
waren im Wagen darin herumgefahren worden, als sie zwei und
drei Jahre alt waren, hatten Campbells Suppendosen umgeworfen
und allerlei Unsinn angestellt. Sie begleiten ihre Mütter täglich
beim Einkaufen. Und als Höhepunkt gehen alle zum Supermarkt.
    Die Lehrerin hielt das für unmöglich, aber hier stand es schwarz
auf weiß. Es wurden auch allerlei Vorschläge gemacht. Man solle
einen Laden einrichten und aus Ton kleine Bananen modellieren.
Diese Kinder hatten ihr ganzes Leben lang Bananen gegessen und
waren auf Bananenschalen ausgerutscht, und jetzt sollten sie sechs
Wochen lang Bananen modellieren! Das war eine Verschwendung
menschlicher Kreativität. Weil sie eine gute Lehrerin war, setzte
sie sich und ergriff Partei für die Kinder. Sie wollte ihre Schüler begeistern und sagte: »Was haltet ihr davon, wenn wir uns über den

Kaufladen unterhalten?« Und die Kinder sagten: »Scheußlich!«
Das zeigt, daß kleine Kinder heute nicht mehr so dumm sind, wie
wir es waren. McLuhan berichtet, daß jedes Kind durchschnittlich
5000 Stunden vor dem Fernsehschirm gesessen hat, bevor es in den
Kindergarten kommt. Diese Kinder haben Menschen »in Farbe«
sterben sehen. Sie haben Katastrophen gesehen. Sie haben Kriege
und Gemetzel gesehen. Und dann kommen wir daher und versuchen, sie zu motivieren und ihr Interesse damit zu wecken, daß wir
ihnen etwas ganz Einfältiges vorlesen.

Aber die Lehrerin hatte eine wundervolle Idee. Sie sagte: »Ausgezeichnet, aber was wollt ihr denn tun?« Und eines der Kinder
sagte: »Mein Vater arbeitet in einer Raketenfabrik, und er könnte
uns eine Rakete ins Klassenzimmer bringen. Wir könnten uns hin-
einsetzen, die Rakete zünden und zum Mond fliegen.« Und die anderen Kinder riefen: »Prima!« Nach einer kleinen Pause sagte die
Lehrerin: »In Ordnung. Sage deinem Vater, er soll uns die Rakete
bringen.« Und am folgenden Tag brachte er ein kleines Raketen-
modell ins Klassenzimmer und stellte es dort auf. Er erklärte den
Kindern, wozu man eine solche Rakete braucht, was sie für Versuche machten, aus welchen Teilen sie besteht. Und er schrieb alle
Fachausdrücke an die Tafel. Und das geschah in der ersten Klasse!
Im allgemeinen lernt man erst an der Universität etwas über Raketen. Was in aller Welt sollen diese Kinder noch an der Universität
lernen, wenn sie das schon als Erstkläßler durchnehmen? Das dürfen wir auf keinen Fall zulassen! Das ist ja schrecklich. Zuerst müssen sie etwas über den Supermarkt lernen. Aber Sie sollten erlebt
haben, was dann in dieser ersten Klasse geschah. Die Kinder lernten so rasch mit mathematischen Begriffen umzugehen, daß Sie es
nicht glauben würden. Am Samstag besichtigten sie die Raketenfabrik und die richtigen Raketen, und sie waren begeistert.

Mir tun die Schulräte leid, die dafür sorgen müssen, daß der
Lehrplan eingehalten wird, denn das ist ihre Aufgabe. Sie wünsch-
ten sich bessere Lehrpläne, aber hier steht, daß dieses Thema behandelt werden soll, und deshalb müssen sie dafür sorgen, daß es
geschieht. Der Schulrat war eine Frau. Eines Tages kam sie ins
Klassenzimmer, sah die Modellrakete und Zeichnungen an der
Wand, die sie noch nie gesehen hatte, eine Liste von Fachausdrük-

ken, die sie zum großen Teil selbst nicht kannte, mathematische Formeln und alle möglichen seltsamen Dinge, die die Kinder verstanden und mit denen sie sich gern beschäftigten. Und sie fragte die Lehrerin: »Wo ist Ihr Kaufladen?« Und die Lehrerin antwortete: »Wissen Sie, die Kinder wollten zum Mond fliegen, und deshalb haben wir...« Die Schulrätin sagte: »Aber Mrs. W., haben Sie denn nicht den Lehrplan gelesen? Darin steht, in diesem Schulbezirk ist als erstes Thema der Kaufladen vorgeschrieben.« Dann lächelte die Schulrätin, denn sie war eine freundliche Person, und sagte: »Sie *werden* doch sicher noch einen Laden einrichten, nicht wahr?«

Und die Schulrätin fragte die Kinder: »Wollt ihr, daß Mrs. W. euch auch noch im nächsten Jahr unterrichtet?« Und die Kinder sagten: »O ja!« – »Nun gut, dann müssen wir einen Laden einrichten.« Und die Kinder waren einverstanden und sehr vernünftig (was sie immer sind, wenn man sich menschlich verhält). Sie sagten: »Großartig. Aber es muß schnell gehen.« So wurde der Stoff, der für sechs Wochen vorgesehen war, in zwei Tagen durchgenommen. Sie bastelten diese verdammten Schachteln zusammen und modellierten die Bananen aus Ton. Und jedesmal, wenn die Schulrätin hereinkam, gingen sie ganz scheinheilig an die Ladenkasse und fragten: »Möchten Sie nicht ein paar Tonbananen kaufen?« Und wenn die Schulrätin das Klassenzimmer verlassen hatte, flogen sie wieder zum Mond. Wir dürfen nicht zulassen, daß dies so weitergeht. Ein paar Lehrer sollten den Mut haben zu sagen: »Ich werde die Kinder keinen Kaufladen mehr einrichten lassen. Wenn Sie das unbedingt wollen, dann tun *Sie* es selbst.«

Ich glaube auch, ein liebender Mensch ist spontan. Was ich mir mehr wünsche als alles andere auf der Welt, ist, daß Sie Ihre ursprüngliche Spontaneität wiedergewinnen, die Spontaneität eines Kindes, das sagt, was es fühlt und was es denkt, und das sich ohne weiteres darauf einstellen kann, was andere Menschen denken und fühlen. Wir müssen uns wieder anschauen. Wir werden so sehr davon beherrscht, was andere Menschen uns einreden zu sein, daß wir ganz vergessen haben, wer wir sind.

Emily Post sagt uns: »Eine junge Dame lacht niemals laut und übermütig; sie kichert.« Und ich sage, wenn du lachen und dich vor Vergnügen auf den Teppich legen und mit der Faust auf den Boden schlagen willst, dann tue das; es ist gut für dich. »Man wird nicht wütend: Anständige Menschen werden nicht wütend.« Friß alles in dich hinein und laß dich dann in eine Nervenheilanstalt einweisen! Wenn Sie sich nicht wohl fühlen und trotzdem unterrichten müssen, dann hat es keinen Sinn, den ganzen Tag mit steifem Genick und hervorquellenden Augen dazusitzen und den Kindern zu sagen, »seid still«. Viel besser ist es, wenn man ihnen sofort erklärt: »Kinder, heute wollen wir uns die Sache etwas leichter machen, euer Lehrer hat einen schlechten Tag.« Wenn Sie das tun, dann werden Sie feststellen, daß die Kinder es verstehen. Sie werden Rücksicht nehmen und ruhig sein, weil sie sich mit einem menschlichen Wesen identifizieren können. Und wenn eines von ihnen laut wird, dann werden die anderen dem Störenfried einen Rippenstoß versetzen und ihm sagen, »sei still, der Lehrer fühlt sich nicht wohl.« Aber zuerst muß der Lehrer zeigen, daß er ein Mensch ist. Wenn ein Kind Spaß macht, dann lachen Sie, wenn Ihnen danach zumute ist. Es erstaunt mich immer wieder, wenn ich erlebe, daß die Lehrer im Lehrerzimmer laut über irgendeinen Ausspruch von Johnny lachen. Aber Johnny sieht seinen Lehrer nicht lachen. Der Lehrer sagt ihm höchstens: »Johnny, das genügt jetzt!« Warum lacht er nicht zusammen mit Johnny? Es war doch komisch. »Johnny, du bist ein Clown. Aber jetzt setz dich hin und halt den Mund.« Warum können Sie nicht einfach Sie selbst sein? Seien Sie spontan. Wir müssen immer wieder zuerst um Erlaubnis fragen, weil wir unseren eigenen Gefühlen nicht mehr trauen.

Es amüsiert mich jedesmal, wenn ich vor irgendwelchen offiziellen Gruppen einen Vortrag halten muß. Bevor ich vor die Versammlung trete, weiß ich ganz genau, was geschehen wird. Es ist mir sehr wichtig, die Menschen zu berühren. Ich glaube an die Spontaneität. Wenn ich jemanden berühre, dann weiß ich, daß er existiert. Die existentialistische Bewegung hatte ihren Höhepunkt erreicht, als es hieß: »Um du selbst zu werden, mußt du einen anderen Menschen töten oder Selbstmord begehen; denn dann weißt du genau, daß du existiert hast.« Wenn du vom Dach eines Hochhauses springen konntest, dann mußt du gelebt haben. Wir sind einander so fremd geworden, daß keiner den anderen anschaut, berührt, wahrnimmt. Du bist unsichtbar. Allerdings muß man nicht unbedingt soweit gehen. Berühre einfach jemanden. Das tut gut. Wissen Sie, in Europa umarmen und küssen sich die Menschen. In meiner Familie ist es so, daß wir uns zu Weihnachten und an anderen Festtagen besuchen, und jeder küßt jeden. Das ist das erste, was wir tun, vom kleinen Bambino bis zum Großpapa. Wir haben keine Angst vor Ansteckung, und das ist herrlich. Aber Emily sagt uns, eine Dame reicht einem Herrn nur die Hand, wenn sie es für richtig hält. Das *Distanzierungsphänomen!*

Wenn Sie sehen wollen, wie entfremdet wir sind, dann schauen Sie einmal zu, wenn sich die Tür eines Lifts öffnet. Alle stehen steif nebeneinander wie die Ölgötzen, blicken starr geradeaus und haben Arme und Hände fest an den Körper gepreßt. »Wagen Sie es nicht, den Arm zu bewegen, denn Sie könnten ja einen anderen berühren!« Um Himmels willen! Und so stehen wir alle stramm, die Tür öffnet sich, einer kommt heraus, ein anderer geht hinein, dreht sich sofort um und blickt zur Tür. Wer hat ihnen befohlen, zur Tür zu blicken? Wenn ich einen Lift benutze, dann wende ich der Tür gern den Rücken zu, sehe den anderen ins Gesicht und sage »Hallo, wäre es nicht herrlich, wenn der Lift steckenbliebe und wir uns alle kennenlernen könnten?« Und dann geschieht etwas Unglaubliches. Die Tür öffnet sich auf der nächsten Etage, und alle anderen verlassen den Lift! »Im Lift ist ein Verrückter. Er will uns kennenlernen!«

Werden Sie wieder menschlich und seien Sie es gern. Wenn Sie und ich wieder menschlich werden, werden wir verrückte Dinge tun. Aber wir sind schön; wir sind die schönsten Wesen auf dieser Erde. Ein Mensch zu sein ist gut. Wenn ich einer offiziellen Einladung folge, dann werde ich an der Tür immer von einer Frau Soundso in Empfang genommen. Sie sagt: »Oh, Dr. Buscaglia, wie reizend.« Das ist die Begrüßung, und sie läßt die Hände seitlich herabhängen. Aber ich greife nach ihrer Hand, und sie denkt, »was tut er da?« Ich nehme ihre Hand und lege meine andere Hand darüber. Das macht sie sehr nervös. Sie führt mich in den Salon, wo schon all die anderen Damen im Halbkreis auf ihren Stühlen sitzen. Und sie haben alle die Standardposition eingenommen – ein Knie über das andere geschlagen, die Hände sittsam im Schoß gefaltet, ein Lächeln auf dem Gesicht. So haben sie es gelernt. Es wäre viel bequemer für sie, wenn sie auf dem Teppich lägen und sich auf die Ellbogen stützten. Aber das habe ich niemals erlebt. Ich würde ausflippen, wenn ich so etwas sähe. Nein, es ist die Standardposition – *für jeden.*

Was ist mit uns geschehen? Was geschieht mit unserer Spontaneität? Wir fühlen uns wohl und sagen allen Menschen, daß wir glücklich sind. Sie gehen in Ihr Klassenzimmer und erklären: »Heute bin ich so guter Stimmung, und deshalb werden wir uns heute alle köstlich amüsieren, den ganzen Tag lang.« Warum sagen Sie es Ihren Schülern nicht? Lachen Sie! Weinen Sie! Und dann noch eins: Männer weinen nicht. *Wer* hat das gesagt? Ich weine bei jeder Gelegenheit. Meine Studenten wissen immer, daß ich ihre Arbeiten gelesen habe, denn wenn mich etwas darin bewegt, dann finden sie die Spuren meiner Tränen auf dem Papier. Ich kann mich ganz mit Don Quichotte de la Mancha identifizieren. Dieser herrliche Mensch ritt Attacken gegen Windmühlen! Natürlich kann man Windmühlen nicht besiegen, aber er wußte das nicht. Er attackierte die Windmühle, die Windmühle warf ihn um, und er landete auf seinen vier Buchstaben. Aber er stand wieder auf und wiederholte den Angriff, und wieder saß er auf seinen vier Buchstaben. Als ich das Buch fortlegte, dachte ich mir, er muß mit der Zeit Schwielen am Hintern bekommen haben, aber er hatte ein herrliches Leben! Er wußte, daß er lebendig war. »Mein Gott, das Ende deiner Tage erreicht zu haben, nur um festzustellen, daß du niemals wirklich gelebt hast!« Bei Don Quichotte war das anders. Er wußte, daß er lebte! Und in dem schönen Musical »The Man From La Mancha« versammeln sich am Schluß, wenn er stirbt, alle die Menschen um ihn, die er geliebt hat, und sie alle weinen angesichts seines Todes. Aber *er* weint nicht; denn er hat gelebt. Dann kommt er vom Hintergrund der Bühne nach vorn, und man sieht eine große nach oben führende Treppe, die von einem hellen Licht erleuchtet wird. Er nimmt seine Lanze in die Hand, blickt jeden, den er geliebt hat, noch einmal an, lächelt und steigt in dieses Licht hinauf. Chor und Orchester intonieren »The Impossible Dream«[1].

Ich saß im Zuschauerraum, und die Tränen flossen mir die Wangen hinunter. Eine neben mir sitzende Frau gab ihrem Mann einen Rippenstoß und sagte: »Sieh doch, Liebling, der Mann weint.« Und ich dachte: »Du dumme Gans. Ich werde dir etwas geben, was du nach Hause mitnehmen und deinen Freunden erzählen kannst.« Ich nahm mein Taschentuch heraus und fing laut zu schluchzen an. Da brannten ihr alle Sicherungen durch! Don Quichotte wird sie vielleicht vergessen, mich aber sicher nie!

Ich finde, der liebende Mensch muß seine Spontaneität wiederfinden – er muß andere wieder berühren, sie umarmen, sie anlächeln, an sie denken und sich um sie kümmern. Wer von Ihnen das Bedürfnis hat, mich zu umarmen, soll es ruhig tun; ich werde mich dabei nicht in Luft auflösen. Ich bin bereit, Ihnen dafür den ganzen Tag zur Verfügung zu stehen, wenn es uns hilft, zueinanderzufinden. Umarmungen sind eine gute Sache. Man fühlt sich wohl dabei, und wenn Sie es nicht glauben, dann versuchen Sie es.

Und schließlich finde ich auch, daß der liebende Mensch seine eigenen Bedürfnisse nicht vergessen darf. Das klingt vielleicht erstaunlich. Aber wir haben Bedürfnisse. Unsere physischen Bedürfnisse sind nicht sehr groß, auch wenn wir es glauben, aber wir bringen unsere ganze Zeit damit zu, unsere physischen Bedürfnisse und die unserer Kinder zu befriedigen. Wir essen gut und leben gewöhnlich in bequemen Häusern. Für diese Dinge sorgen wir. Wir gehen zum Arzt, wenn wir uns nicht wohl fühlen. Aber die wichtigsten Bedürfnisse sind innerlich das Bedürfnis, gesehen zu werden, gekannt zu werden, anerkannt zu werden, etwas zu leisten, unsere Welt zu genießen, uns am Wunder des Lebens zu freuen und spüren zu können, wie herrlich es ist zu leben. Wir haben vergessen, einander anzuschauen. Wir schauen uns nicht an, wir hören uns nicht zu, und wir berühren uns nicht; denn das gehört sich doch nicht. Wir tun es nicht einmal mehr mit unseren eigenen Kindern. In unserem Kulturkreis darf ein dreijähriges Kind nicht mehr

---

[1] in wörtlicher Übersetzung: Der unmögliche Traum

auf dem Schoß eines Erwachsenen sitzen, und wir sagen: »Das tut man nicht; es gehört sich nicht. So etwas tut man nicht mit seinem Vater. Als Dreijähriger kannst du nicht mehr auf meinem Schoß sitzen und mich küssen. Sei ein Mann! Männer küssen keine Männer.« Vielleicht wissen Sie das gar nicht, aber in Los Angeles gibt es eine Verordnung, nach der es Männern verboten ist, Männer zu umarmen. Was sagen Sie dazu? So weit haben wir es also schon gebracht. Eines Tages werden Sie in der Zeitung lesen, daß ich eingesperrt worden bin, weil ich alle umarmt habe. Ich umarme unseren Dekan. Er flippt aus dabei. Niemand kommt zu ihm hinter den Schreibtisch, der ist zwei Meilen breit. Aber wenn ich ihm im Aufzug begegne, dann sage ich: »Hallo Dekan« und umarme ihn.

Man kann sehr gut verstehen, weshalb sich in dieser Generation und zu unserer Zeit eine Philosophie wie der frühe Existentialismus entwickelt hat. Der Grund ist die ungeheuerliche Entfremdung, die zwischen den Menschen eingetreten ist. Bin ich wirklich? Existiere ich? Niemand sieht mich an. Niemand berührt mich. Ich spreche zu den Leuten, und sie hören mich nicht. Sie schauen über meine Schulter, um zu sehen, wer noch da ist. Niemand sieht mir mehr in die Augen; ich bin allein, und ich sterbe vor Einsamkeit. Albert Schweitzer hat gesagt: »Wir alle sind so viel zusammen, und doch sterben wir alle vor Einsamkeit.«

Vor vielen Jahren hat Thornton Wilder ein sehr schönes Stück geschrieben. Es heißt »Our Town«. Und in diesem Stück sagte er etwas ganz Unglaubliches. Erinnern Sie sich an die Szene, in der die kleine Emily stirbt? Sie geht zum Friedhof, und man sagt ihr: »Emily, du darfst für einen Tag ins Leben zurückkehren. Welcher Tag soll das sein?« Und sie antwortet: »Oh, ich weiß noch, wie glücklich ich an meinem 12. Geburtstag war. Ich möchte meinen 12. Geburtstag noch einmal erleben.« Und alle die Menschen auf dem Friedhof sagen: »Emily, tue das nicht. Tue es nicht, Emily.« Aber sie läßt es sich nicht ausreden. Sie möchte ihre Mutter und ihren Vater wiedersehen. So kommt es zu einem Szenenwechsel, und wir sehen die Zwölfjährige an diesem wunderbaren Tag, an den sie sich erinnert. Sie springt in einem hübschen Kleid mit wehenden Locken die Treppe herunter. Aber ihre Mutter ist so sehr damit beschäftigt, den Geburtstagskuchen zu backen, daß sie keine Zeit hat, Emily anzusehen. Emily sagt: »Mama, sieh mich an. Ich bin das Geburtstagskind.« Und Mama sagt: »Fein, Geburtstagskind, setz dich an den Frühstückstisch.« Aber Emily bleibt stehen und sagt: »Mama, sieh mich an.« Aber Mama tut das nicht. Der Papa kommt herein, aber er ist so sehr damit beschäftigt, Geld zu verdienen, daß auch er keine Zeit hat, sie anzusehen. Er muß ständig an seine Brieftasche denken und hat keinen Blick für sie übrig. Die Szene endet damit, daß sie mitten auf der Bühne steht und sagt: »Bitte, irgend jemand soll mich ansehen. Ich brauche keinen Geburtstagskuchen und brauche kein Geld. Bitte seht mich an.« Aber niemand tut es. Enttäuscht wendet sie sich noch einmal an ihre Mutter und sagt: »Bitte, Mama.« Und dann wendet sie sich ab und sagt: »Führt mich fort. Ich habe vergessen, wie es war, ein Mensch zu sein. Niemand sieht den anderen an. Niemand kümmert sich um einen.«

So weit ist es also gekommen! Unsere Kinder wachsen so schnell auf, daß wir sie gar nicht mehr sehen. Eines Tages blickst du auf, und dann steht ein junger erwachsener Mensch im heiratsfähigen Alter vor dir. Und wir haben uns die Freude versagt, unseren Kindern ins Gesicht zu sehen, weil wir zu beschäftigt waren, herumzulaufen und etwas für sie zu machen. Wissen Sie, in unserem Kulturkreis jagen die Menschen ständig irgendwelchen Zielen nach. Ich habe eine Neuigkeit für Sie: Nicht das Ziel, sondern der *Weg* ist das Leben. Leben ist unterwegs sein; Leben ist ein Prozeß, Leben ist auf etwas zugehen. Sie sind angekommen – und was dann? Die Leute schauen zu Ihnen auf. Sie haben einen Cadillac. Ein Cadillac ist ein kalter Bettgenosse... Die Türen und das Lenkrad sind im Weg. Aber wir haben vergessen, wie es ist, wenn wir uns anschauen, uns berühren, uns aufeinander beziehen, uns umeinander kümmern. Kein Wunder, daß wir vor Einsamkeit sterben.

Die Zeit, die im Unterricht für das freie Gespräch vorgesehen ist, benutze ich immer dazu, meine Schüler besser kennenzulernen. Aber sie wird so oft verschwendet. Die Lehrerinnen machen um diese Zeit ihre Eintragungen ins Klassenbuch, das um 9.15 Uhr dem Direktor vorgelegt werden soll. Dann geschieht z. B. folgendes. Die kleine Sally zeigt der Lehrerin einen Stein und sagt, »den habe ich auf dem Schulweg gefunden«. Die Lehrerin sagt, »fein, lege ihn dort auf den Tisch«. Aber wir könnten den Stein nehmen und anschauen, und wir könnten fragen: »Was ist ein Stein? Sally, woher kommt dieser Stein? Wer hat den Stein gemacht?« Wir könnten uns den ganzen Tag mit diesem Stein beschäftigen; denn alle Dinge, die es gibt, sind in allen Dingen enthalten. Wir müssen keinen künstlichen Unsinn erfinden. Es ist alles hier, nicht draußen. In einem Baum ist alles enthalten, was es zu wissen gibt. In einem Menschen ist alles, was es zu wissen gibt. Der kleine Junge steht vor der Klasse und sagt: »Gestern hat mein Daddy meine Mami mit einem Hammer geschlagen, dann haben sie den Krankenwagen geholt und die Mami ins Krankenhaus gebracht.« Und die Lehrerin sagt, »schon gut, der nächste«.

Wir müssen die Kinder nur richtig anschauen, und das kostet keine große Mühe. Man muß nur hinsehen und sagen »ja« oder »heute hast du aber ein hübsches Kleid an«. Die kleine Sally wird dieses Kleid das ganze Jahr über tragen, weil die Lehrerin es gesehen hat.

Ellis Page hat eine hochinteressante Verhaltensstudie durchgeführt. Er teilte seine Klasse in drei Gruppen ein, A, B und C. Die Arbeiten der Gruppe A zensierte er nur mit einer Note. Denken Sie doch an die Arbeiten, die Sie geschrieben haben. Sie haben ein Stück von sich selbst hineingelegt, und als Sie sie zurückbekamen, stand nur eine Note darunter; eine Eins, eine Zwei, eine Drei, eine Vier oder eine Fünf. Sinnlos! Sie suchen in Ihrem Heft nach irgendeiner Spur, nach einem winzigen Spaghetti-Fleck, nach einem Tröpfchen Kaffee, das auf das Blatt gefallen ist und Ihnen sagt, daß der Lehrer die Arbeit gelesen hat. Für die Gruppe B bestand die Zensur aus einem Wort: Gut, fein, ausgezeichnet, ordentliche Arbeit. Unter die Arbeiten der Gruppe C schrieb er jeweils einen kleinen Brief: »Lieber Johnny; Dein Satzbau ist unmöglich. Deine Grammatik ist unglaublich. Eine Rechtschreibung existiert für Dich gar nicht, und Deine Interpunktion gleicht der von James Joyce. Aber weißt Du, als ich gestern abend im Bett saß und mich mit meiner Frau unterhielt, sagte ich ihr, ›Sally, seine Arbeit enthält die wunderbarsten Ideen. Und jetzt werde ich versuchen, ihm zu helfen, daß er diese Ideen weiterentwickeln kann‹. Herzliche Grüße, Dein Lehrer.« Und wenn jemand eine wirklich ausgezeichnete Arbeit abgeliefert hatte, dann schrieb er darunter: »Vielen Dank. Damit hast Du mir wieder eine riesige Freude gemacht. Eine so gute Arbeit mit so vielen guten Ideen. Weiter so! Ich kann es kaum abwarten zu hören, was Du als nächstes zu sagen hast.« Dann faßte er die Ergebnisse statistisch zusammen. Die Schüler der Gruppe A zeigten gleichbleibende Leistungen. Auch in der Gruppe B veränderte sich nichts, aber in der Gruppe C wurden die Leistungen immer besser.

Sehen Sie sich einmal die Studie »Pygmalion in the Classroom«[1] an. Es ist ein Taschenbuch, das jeder Erzieher lesen sollte. Hier geht es um Erwartungen. Diese Leute von der Harvard Universität kamen in eine Schule und sagten den Lehrern: »Wir werden in Ihre Klassen gehen und dort den sogenannten Harvard-Test für intellektuelle Aufsteiger veranstalten.« (Das ist kein wörtliches Zitat, sondern nur eine kurze Wiedergabe dessen, was diese Leute sagten.) »Bei diesem Test geht es um die Feststellung, welche Kinder in Ihrer Klasse sich im Verlauf des kommenden Jahres intellektuell entscheidend weiterentwickeln werden. Wir werden alle diese Kinder einzeln benennen. Dieser Test versagt niemals. Überlegen Sie sich einmal, welche Hilfe das für Sie sein wird.« Dann stellten diese Leute mit Hilfe irgendwelcher alten, längst überholten Methoden den Intelligenzquotienten bei allen Schülern fest und warfen die Ergebnisse anschließend in den Papierkorb. Dann fischten sie ganz willkürlich aus dem Klassenverzeichnis fünf Namen heraus, ließen die Lehrer kommen und sagten ihnen: »Dies also sind die Kinder, die im nächsten Semester ganz wesentliche Fortschritte machen werden. Die erste ist Juanita Rodriquez.« – »Juanita Rodriquez wird nie auch nur einen Zentimeter weiterkommen«, sagte ihre Lehrerin. »Das sagen Sie, aber der Harvard-Test hat noch niemals versagt«, erklärten die klugen Professoren. Und wissen Sie, was geschah? Jedes Kind, dessen Namen die Professoren auf ihre Liste gesetzt hatten, machte Riesenfortschritte, und das zeigt, daß man

[1] in wörtlicher Übersetzung: »Pygmalion im Klassenzimmer«

das bekommt, was man erwartet! Man übernimmt eine Klasse und sagt, »diese dummen Kinder werden nie etwas lernen.« Oder man sagt: »Diese Kinder wollen und können lernen. Meine Aufgabe ist es, ihnen Anregungen zu geben und ihnen zu zeigen, wie phantastisch es ist zu lernen.« Wir alle wollen etwas leisten und anerkannt werden. Wir müssen ganz einfach in der Lage sein, etwas zu leisten, und das wichtigste von allem ist die Freude an der Arbeit.

Es ist schlimm, wenn man an die Arbeit geht und sie nicht gern tut, besonders in unserem Beruf. Wenn Sie sich nicht schon jeden Morgen darauf freuen, diese Kinder mit ihren glänzenden Augen wiederzusehen, die nur darauf warten, daß Sie ihnen helfen, ihre Aufgaben zu bewältigen, dann *zum Teufel verschwinden Sie aus dem Erzieherberuf!* Tun Sie etwas, wobei Sie nicht mit kleinen Kindern in Berührung kommen und sie schon in einem frühen Alter töten. Es gibt noch viele andere Berufe ... aber lassen Sie die Kinder in Ruhe. Wir alle brauchen Anerkennung für das, was wir tun, für unsere Arbeit. Wir brauchen ab und zu jemanden, der uns sagt: »Junge, du bist großartig. Das hast du gut gemacht. Das ist schön.« Und vergessen Sie nicht, wenn *Sie* das brauchen, dann brauchen es die Kinder auch. Wie wäre es, wenn wir auf den Unsinn verzichten würden, ständig und immer wieder nur von den Fehlern zu sprechen. Falsch, falsch, falsch, falsch. In den korrigierten Arbeiten sind immer die Fehler unterstrichen. Wie wäre es, wenn wir das unterstreichen würden, was gut und richtig ist? »Zwei Fragen hast du richtig beantwortet, Johnny. Prima!« Wie wäre es, wenn wir den Kindern sagen würden, daß sie etwas leisten können, und wenn wir darauf aufbauen würden, anstatt die Fehler zu zählen? Auf das Richtige und Gute hinzuweisen ist ebenso einfach; wahrscheinlich kostet es sogar noch weniger Mühe.

Außerdem bedürfen wir alle der Freiheit. Thoreau hat einmal gesagt: »Kein Vogel singt im Käfig.« Und wir tun es auch nicht. Um zu lernen, muß man frei sein. Man muß die Freiheit haben, zu experimentieren, etwas auszuprobieren und Fehler zu machen. So lernen wir. Ich kann Ihre Fehler verstehen und habe aus meinen viel gelernt. Das Geheimnis liegt darin, den gleichen Fehler nicht zweimal zu machen. Aber ich brauche die Freiheit, zu experimentieren und etwas zu *versuchen.* Gebt mir diese Chance. Gebt mir die Freiheit, ich selbst zu sein und mich an meinen Bedürfnissen zu freuen. Gebt mir nicht Eure Schwierigkeiten! Laßt mich meine eigenen finden und überwinden!

Ich möchte mit einem Zitat von Leo Rosten schließen, das auf seine ihm eigene Weise all das zum Ausdruck bringt:

> Irgendwie ist jeder von uns, wenn auch nur ein wenig und ganz im geheimen, etwas verrückt... Jeder ist im Grunde einsam und sehnt sich danach, verstanden zu werden; aber wir können einen anderen niemals vollkommen verstehen, und jeder von uns bleibt auch für die, die uns lieben, zum Teil ein Fremder... Es sind die Schwachen, die grausam sind; Güte und Sanftheit kann man nur von den Starken erwarten... Diejenigen, die keine Angst kennen, sind nicht wirklich tapfer; denn Mut ist die Fähigkeit, dem gegenüberzutreten, was man sich vorstellen kann... Man kann andere Menschen besser verstehen, wenn man sie – gleichgültig, wie alt oder beeindruckend sie sein mögen – so betrachtet, als seien sie Kinder. Denn die meisten von uns werden niemals reif; wir werden nur körperlich größer... Glück kommt nur, wenn wir unseren Verstand und unsere Herzen bis an die äußersten Grenzen unserer Fähigkeiten einsetzen... Der Sinn des Lebens ist es, etwas zu bedeuten – zu zählen, für etwas einzustehen und dafür zu sorgen, daß unser Dasein einen Unterschied macht.

Wie finde ich mich selbst?

Heute abend möchte ich mit Ihnen darüber sprechen, was meiner Meinung nach die Aufgaben eines Beraters sind. Man könnte sagen, unser Thema heißt: »Wie finde ich zu mir selbst?« Mit großer Wehmut denke ich an die Zeit zurück, in der ich nur mit sehr kleinen Gruppen zusammengearbeitet habe. Ich spürte die Nähe dieser Menschen, wir konnten unsere Ideen austauschen, und ich konnte mich von meinen Zuhörern anregen lassen. Heute habe ich darum gebeten, daß das Licht voll eingeschaltet bleibt; denn ich möchte Ihnen in die Augen sehen können. Bei einer so großen Zuhörerschaft bin ich auf Ihre Schwingungen angewiesen – würden Sie also so freundlich sein, sich hin und wieder ein wenig zu bewegen?

Nun zum Thema.

Was ich als die Aufgabe eines Beraters ansehe, läßt sich ganz einfach sagen. Ich weiß nicht, wie viele von Ihnen das Buch von Saint-Exupéry, *Wind, Sand und Sterne,* gelesen haben. Wer es noch nicht kennt, dem möchte ich es von Herzen gern schenken. Es ist ein wunderschönes Buch und wird mir mit jedem Jahr wertvoller. In einem seiner Kapitel spricht Saint-Exupéry – ohne sie näher zu definieren – über die Liebe, wie noch nie jemand über die Liebe gesprochen hat – mit einfachen, kindlichen Worten. Er sagt: »Vielleicht besteht die Liebe darin, daß ich dich sanft und liebevoll zu dir selbst zurückführe.« Ich habe immer gezögert, die Liebe zu definieren, weil ich glaube, daß die Liebe grenzenlos ist. Wenn der Mensch selbst wächst, innerlich reicher und weiter wird, dann wächst die Liebe mit ihm. Deshalb hielt ich es für ungünstig, Liebe durch eine Definition einzuzengen. Aber mir gefällt die Definition von Saint-Exupéry, und vielleicht ist das auch die Aufgabe eines Lehrers; mit Sicherheit ist es die Aufgabe des Beraters. Sie besteht nicht darin, daß ich versuche, Sie zu dem zu machen, was ich gerne möchte, sondern vielmehr darin, daß ich Sie zu sich selbst zurückführe, zu dem, was Sie wirklich sind, zu Ihrer Einzigartigkeit, zu Ihrer ursprünglichen Schönheit.

Viele Menschen versuchen, aus uns das zu machen, was wir nach ihrer Vorstellung sein sollten, und nach einiger Zeit geben wir den Widerstand dagegen auf, weil wir glauben, wir müßten uns »anpassen«. *Um Gottes willen!* Manchmal rebelliert jemand und sagt: »Nein! Ich will nicht so werden, wie ich nach deinen Vorstellungen sein soll. Ich bin und ich bleibe, wie ich bin. Ich will der werden, der ich bin.«

Manchmal kommen mir Zweifel: Sosehr wir auch rebellieren, sind wir wirklich, was wir sind, oder sind wir nur das, was andere uns eingeredet haben? Als Lehrer und Psychologen wissen wir, daß wir *lernen*, menschlich zu sein – und wer sind unsere Lehrer? Zu allererst sind es unsere Eltern und unsere Familie. Wenn wir keine Kinder mehr sind, können wir jedoch unsere Eltern und die Familie nicht mehr verantwortlich machen; denn Eltern und Familie sind nur ganz gewöhnliche Menschen. Sie haben ihre eigenen Probleme. Sie begehen ihre eigenen Fehler. Sie haben ihre Stärken und ihre Schwächen. Sie haben uns das gelehrt, was sie selbst wissen. Doch schließlich werden wir erwachsen und können dem Mann, der unser Vater ist, oder der Frau, die unsere Mutter ist, entgegentreten und sagen: »Weißt du, mit all deinen Schwierigkeiten liebe ich dich doch.«

Einmal hat mich ein Vater in meinem Seminar über die Liebe besucht, und er sagte, er müsse mich sprechen. Er ging mit mir auf den Parkplatz hinter dem Universitätsgebäude, umarmte mich, drückte mich an die Brust und fing an zu weinen. Er sagte: »Neulich hat mein Sohn zum ersten Mal nach 21 Jahren gesagt, ›weißt du, Daddy, ich habe dich wirklich lieb‹, und ich weiß, er hat es wirklich so gemeint. Ich wußte es schon vorher, aber Sie haben ihn gelehrt, es auszusprechen.« Wir brauchen daher nicht länger zu bedauern, daß wir nicht oder nicht immer richtig angeleitet wurden. Wir können immer lernen!

Ich halte Veränderungen für sehr wichtig. Als Lehrer müssen wir wissen, daß es möglich ist, sich zu wandeln, sonst wären wir keine Lehrer – Erziehung ist ein ständiger Prozeß der Verwandlung. Jedesmal, wenn wir jemanden etwas »lehren«, dann nimmt der Lernende es auf, tut etwas damit und wird zu einem neuen Menschen. Ich kann gar nicht verstehen, warum die Menschen nicht alles tun, um etwas Neues zu lernen, warum es für sie nicht das größte Abenteuer ist, das es auf dieser Welt gibt – das Lernen ist doch ein Prozeß des Wachsens. Jedesmal, wenn wir etwas lernen, werden wir selbst zu etwas Neuem. Ich habe mich heute abend verändert, weil ich hiergewesen bin. Ich bin überwältigt von der texanischen Gastfreundschaft, und ich mache jetzt keine billigen Komplimente, das ist nicht meine Art. Heute nachmittag habe ich meinen ganzen Vortrag umgeschrieben. Ich habe den ersten Entwurf in den Papierkorb geworfen und einen ganz neuen Text geschrieben, weil mir der erste nicht gefiel. Während ich arbeitete, läutete immer wieder das Telefon, und die Leute, die mich anriefen, sagten: »Wir treffen uns heute abend – kommen Sie doch auch« oder »Wir sind hier, an diesem oder jenem Ort – kommen Sie doch herüber. Wir möchten uns mit Ihnen unterhalten.« Kleine Zettel wurden durch die Tür geschoben. Das ist phantastisch! Menschen kommunizieren mit Menschen, und nur darum geht es doch.

Und so habe ich mich also verändert. Ich bin jetzt nicht mehr der gleiche, der heute morgen hergekommen ist. Ich bin ein anderer geworden, weil ich mit Ihnen etwas Neues erlebt habe. Deshalb ist das Lernen so aufregend, und deshalb sollte es keine Last sein. Jedes Buch führt Sie zu neuen Büchern. Jedes Musikstück, das Sie hören, ist eine Einführung zu tausend neuen Musikstücken. Sie hören eine Beethovensonate und sind hingerissen! Sie lesen einen Band Gedichte, hören die Musik der Worte und sind hingerissen! Und dann gibt es Tausende von Dingen zu lesen, zu sehen, zu tun, zu berühren, zu fühlen. Und jede neue Erfahrung macht aus uns einen neuen Menschen. Sind wir also wirklich das, was wir sind, oder das, was wir lernen und was andere uns gesagt haben, daß wir sind?

Was Saint-Exupéry über das Zurückführen zu sich selbst sagt, ist wunderschön, aber um zu dir selbst zurückgeführt zu werden, mußt du gewissermaßen entscheiden, wer du eigentlich sein willst. Ich verspreche Ihnen, wenn Sie sich auf den Weg begeben, um herauszufinden, wer Sie sind, dann wird das die aufregendste Reise Ihres ganzen Lebens. Sie sind gar nicht so schlecht. Sie sind nicht böse. Sie sind sogar recht gut. Denken Sie darüber nach, was ich Ihnen heute morgen gesagt habe. War es etwas Neues für Sie? Seien Sie ehrlich; ich habe Ihnen eigentlich nichts Neues gesagt. Ich habe Sie nur an etwas erinnert, was schon in Ihnen war, und die Menschen reagieren darauf, daß sie sich öffnen und sagen: »Es ist wahr. Warum habe ich das bisher verdrängt? Ich werde hingehen und die Leute umarmen.« Das ist alles. Es ist die Befreiung dessen, was schon da ist. Es heißt, du darfst ruhig du selbst sein. Es gibt dir die Erlaubnis, zu sein und zu wachsen. Ist es nicht unglaublich, daß wir darauf warten müssen, daß irgend jemand uns sagt, wir dürfen wir selbst sein?

Wir wissen, daß wir kleinen Kindern mit Worten sagen können, was sie sind und wer sie sind. Wendell Johnson sagt, wir könnten Kinder mit Worten zu Stotterern machen. Das geschieht zum Beispiel auf folgende Weise: Ein kleiner Junge kommt ins Haus und sagt aufgeregt: »M-M-Mami, d-d-draußen steht der Eismann.« Die Mutter unterbricht ihn und sagt: »Hör auf und sage es noch einmal. Wiederhole es ganz langsam – du stotterst.« Wenn er das oft genug hört, dann wird der kleine Junge wirklich glauben, daß er stottert. Er wird sich einreden, »ich bin ein Stotterer«. Die Mutter hat einen Stotterer aus ihm gemacht. Etwas Ähnliches geschieht, wenn wir einem anderen Menschen immer wieder sagen, »du bist schön, du bist schön, du bist schön«. Wenn dir die Leute das immer wieder sagen, dann wirst du dich mit der Zeit so benehmen, als seist du schön. Du wirst dich aufrichten und stolz auf dich sein. Aber wenn man dir sagt, »du bist häßlich, du bist häßlich, du bist häßlich«, dann wirst du den Rücken krümmen, kleiner und kleiner werden und am Schluß häßlich sein. »Du hast unrecht! Das ist falsch! Du bist dumm!« Das wird dich zu einem Versager und zu einem dummen Menschen machen.

Heute morgen habe ich gesagt, »die Liebe ist erlernbar«, und das ist richtig. Wir lernen Liebe, wir lernen Angst, wir lernen Vorurteile, wir lernen Haß, wir lernen Sorge, wir lernen Verantwortlichkeit, wir lernen Engagement, wir lernen Respekt, wir lernen Freundlichkeit und Güte. All das lernen wir in einer Gesellschaft, im eigenen Heim und in einer Beziehung. Sprachprozesse beginnen im Alter von ein und zwei Jahren, wenn Worte auftauchen und einen emotionalen und intellektuellen Inhalt bekommen. Und mit diesen Worten strukturieren wir unsere Umwelt und leben wir für den Rest unseres Lebens, und sie sperren uns entweder in einen Käfig oder befreien uns. Das ist ungeheuer wichtig.

Wir lernen im übrigen von unserer Familie auch, uns eine Vorstellung von uns selbst zu machen – wer wir sind. Deshalb hat die Familie eine gewaltige Verantwortung. Niemand sagt uns jemals, was es bedeutet, Elternpflichten zu übernehmen. Plötzlich ist das Baby da, und wir müssen es großziehen. Wir spüren vielleicht die Verantwortung, aber wir können sie nur durch das filtern, was wir sind. Deshalb habe ich heute morgen gesagt, das allerwichtigste ist es, daß wir aus uns selbst die großartigste, wunderbarste und liebevollste Persönlichkeit machen, die wir uns vorstellen können; denn das geben wir an unsere Kinder weiter – und an alle, denen wir begegnen.

Ich glaube, wir selbst bestimmen unser Schicksal; wir können das sein, was wir sein wollen. Natürlich kannst du auch sagen: »Nein, ich werde das nicht tun. Ich werde mich nicht mehr so benehmen. Ich bin einsam und brauche Gesellschaft. Vielleicht muß ich mein Verhalten ändern.« Und dann tust du es – freiwillig. Du versuchst es. Ich habe mit einer Gruppe von Studenten in einer Vorlesungsreihe für Sprachpsychologie ein interessantes Experiment gemacht. Ich ließ sie zwei Listen von Wörtern anfertigen. Auf der einen Seite stellten wir Wörter zusammen, die wir nie wieder verwenden wollten. Das waren Wörter wie »Haß«, »Verzweiflung«, »Nein«. Wir stellten ein Wörterbuch für diese überflüssigen Wörter zusammen, das alle wirklich schlechten Wörter enthielt. Auf der anderen Seite verfaßten wir ein Lexikon, das die positiven Wörter wie »Liebe« enthielt. Wir beschlossen, diese Wörter zu verwenden, wenn wir über andere Menschen, über uns selbst und über die Welt sprachen. Wir begannen, diese Idee zu verwirklichen, und phantastische Dinge passierten – mit unseren Gefühlen, mit den Gefühlen anderer Menschen und mit unseren Beziehungen. Und das alles nur, weil wir positive Wörter verwendeten!

In jeder Familie gibt es Schwierigkeiten. Keine Familie ist frei von Angst. Keine Familie ist frei von Vorurteilen. Sehen wir uns einmal die sogenannte normale Familie mit all ihren Problemen an, und schauen wir, was geschieht, wenn ein Kind geboren wird, das anders ist, das behindert ist. Dann geschehen seltsame Dinge, und sie geschehen von Anfang an. Es gibt jetzt eine großartige Untersuchung, und ich bin sehr gespannt auf das Ergebnis. Wenn in der Universitätsklinik in Los Angeles ein behindertes Kind geboren wird, geht ein erfahrener Familienberater sofort und nicht erst nach einer Woche oder einem Jahr zu den Eltern und spricht mit ihnen. Er sagt ihnen, sie hätten keinen Grund, sich Sorgen zu machen, es gebe viele Möglichkeiten, solche Kinder zu erziehen. Er gibt ihnen Hoffnung und hilft ihnen, das seelische Gleichgewicht wiederzufinden, das verlorengehen kann, wenn so etwas geschieht.

Wir leben in einer Kultur, in der möglichst alles vollkommen sein soll. Unsere Vorbilder sind Doris Day und Rock Hudson. Die Filmindustrie hat uns gelehrt, was schön und was gut ist, und das erschreckt mich zu Tode; denn die Filmindustrie hat uns auch gesagt, was Liebe ist. Das ist wirklich so, und die Leute glauben, es sei Liebe, wenn ein Mann über einen 6000 Meter langen Filmstreifen hinter einer Frau herjagt. Sie haben es alle gesehen. Rock läuft ständig hinter Doris her, und Doris rennt die ganze Zeit herum und versucht kreischend, irgendwas zu schützen – aber ich habe bisher nicht feststellen können, was es ist. Am Ende, auf den letzten Metern, ergibt sie sich ihm, er nimmt sie in die Arme und trägt sie über die Schwelle. Und auf der Leinwand lesen wir »ENDE«. Das ist tatsächlich das Ende! Ich möchte wirklich wissen, was nach diesem »Ende« geschieht; denn ich bin überzeugt, daß jede Frau, die sich über einen 6000 Meter langen Filmstreifen von einem Mann verfolgen läßt, frigide ist, und der Mann, der verrückt genug ist, hinter einer solchen Frau herzulaufen, muß impotent sein.

In der erwähnten Untersuchung an der Universität von Kalifornien in Los Angeles wird die Zeit gemessen. Sie zählen die Minuten. Wie lange dauert es zum Beispiel, bis ein neugeborenes »normales« Kind seiner Mutter gezeigt wird? Man hat festgestellt, daß wesentlich mehr Zeit vergeht, bis die Mutter ihr behindertes Kind zu sehen bekommt. Die Krankenschwestern scheuen sich davor, ihr das Kind zu bringen. Mit dem normalen Baby kommen sie sofort herein und sagen: »Sehen Sie doch, Mrs. Jones, was wir hier haben«, und jeder ist glücklich und zufrieden. Wenn aber ein behindertes Kind geboren wird, verdüstert sich die Stimmung in der ganzen Klinik. Wie wirkt das auf die Mutter, bevor sie ihr Kind gesehen hat? Sie hat das Gefühl, abgelehnt zu werden, und spürt, daß irgend etwas nicht in Ordnung ist. Es gibt auf der ganzen Welt keine einzige Frau, die, wenn sie endlich mit ihrem kleinen Liebling allein ist, nicht die Decke zurückschlägt und seine Zehen und Finger zählt. Mütter haben immer wieder stark betont, daß die Geburt eines Kindes ein Geschenk ist: »Ich gebe der Welt etwas, ich mache meinem Mann und der Familie ein Geschenk.« Und dann kommt gleich die Angst. »Was stimmt mit diesem Kind nicht?« Da ist ein Schuldgefühl. »Habe ich etwas falsch gemacht?« Wir sind Menschen.

Das Streben nach Perfektion erschreckt mich. Wir wagen kaum noch, etwas zu tun, weil wir fürchten, daß wir Fehler machen könnten. Maslow sagt, es gibt wunderbare Höhepunkte im Leben, Erfahrungen, die jeder machen sollte, wie etwa das Schaffen eines Tongefäßes oder das Malen eines Bildes, Neuschöpfungen, die wir herzeigen und von denen wir sagen können, »seht, das ist eine Erweiterung meiner selbst«. Eine andere existentialistische Theorie erklärt: »Ich muß existieren, weil ich etwas getan habe. Ich habe etwas geschaffen, und deshalb bin ich.« Und doch scheuen wir uns, es zu tun, weil wir fürchten, es könnte nicht gut genug sein, man könnte uns nicht anerkennen. Wenn du das Bedürfnis hast, die Wand mit Tinte zu beschmieren, dann tue es! Das bist du selbst, da bist du in diesem Augenblick; sei stolz darauf und sage: »Das ist aus mir gekommen, es ist meine Schöpfung, ich habe es gemacht, und es ist gut.« Aber wir wagen es nicht, weil wir glauben, alles müsse perfekt sein. Wir wollen auch, daß unsere Kinder perfekt sind.

Ich kann natürlich nur aus eigener Erfahrung sprechen und möchte Ihnen etwas über den Sportunterricht erzählen, wie ich ihn an der Oberschule erlebt habe. Die Sportlehrer unter Ihnen möchte ich bitten, aufmerksam zuzuhören. Ich werde nichts von dem zurücknehmen, was ich zu sagen habe; denn ich meine es wirklich so. Ich erinnere mich an das Streben nach Perfektion. Im Sportunterricht sollte aber doch jeder gefördert werden. Wenn es uns schwerfällt, einen Ball zu werfen, dann sollten wir lernen, es so gut zu tun, wie wir es nur können. Aber bei uns war das anders – wir strebten nach Perfektion. Die Sportskanonen in der Klasse waren die Stars. Und da stand ich nun, klein und dünn, mit meinem Knoblauchtuch um den Hals, in viel zu weiten Shorts und mit meinen kleinen dünnen Beinen. Ich wartete darauf, in eine Mannschaft eingeteilt zu werden, und dieser schreckliche Vorgang wiederholte sich jeden Tag. Sie wissen, wie das vor sich geht. Alle stehen in einer Reihe, und die großen, starken Jungen stehen mit stolzgeschwellter Brust davor und sagen: »Du kommst in meine Mannschaft« und »Du kommst in meine Mannschaft«. Die Reihe wird immer kürzer, und ich stehe immer noch da. Schließlich sind wir nur noch zu zweit, ein anderer kleiner Junge und ich. Und dann heißt es: »Okay, ich nehme Buscaglia« oder »Ich nehme den alten Wop«. Ich verlasse die Reihe und sterbe fast vor Scham; denn ich bin kein Athlet und kein Bild der Vollkommenheit, die hier angestrebt wird. Und so ging es mir die ganze Zeit. Heute haben wir einen sehr begabten Turner in der Schule. Im vergangenen Jahr wäre er fast in die olympische Mannschaft aufgenommen worden. Aber er hat einen Klumpfuß. Im übrigen hat er die besten körperlichen Anlagen, die man sich vorstellen kann, und jeder könnte ihn darum beneiden. Er ist begabt und intelligent, hat einen prächtigen Haarschopf und glänzende, wache Augen. Aber er selbst findet sich nicht schön – er hat einen Klumpfuß. Irgend jemand hat es versäumt, ihm da herauszuhelfen, und wenn er die Straße entlanggeht, dann hört er nur seinen Klumpfuß, auch wenn sonst kaum jemand diesen Mangel bemerkt. Aber wenn *er* ihn so deutlich sieht, dann identifiziert er sich damit. Ich finde diesen ganzen Perfektionismus wirklich empörend.

Sobald ein behindertes Kind geboren wird oder die Familie feststellt, daß es behindert ist, gibt es Probleme. Eine Erwartung hat sich nicht erfüllt, und man hat Angst vor der Zukunft. Was steht diesem Kind noch bevor? Wird es sich im Leben durchsetzen können? Wie wird es in der Schule sein? Wird es lesen lernen? Das sind ganz reale Befürchtungen. Dann die Schuldfrage: »Was habe ich getan – was habe ich damit zu tun – habe ich mich falsch ernährt – bin ich leichtsinnig gewesen?« Die Mutter ist verwirrt. Und dann kommt die entscheidende Frage: *»Was tue ich jetzt?«*

Ich habe sechs Jahre als Berater von Eltern behinderter Kinder gearbeitet, und diese verwirrten Menschen haben mir immer wieder erzählt, wie viele Fachleute sie aufgesucht hätten. Sie liefen von einem zum anderen, und sie wußten immer noch nichts über ihr eigenes Kind. Das ist erschreckend. Niemand hat einen engeren Kontakt zum Kind als die Eltern, und deshalb sollten sie am meisten wissen. Aber die Fachleute scheuen sich irgendwie, ihre Geheimnisse preiszugeben. »Wir dürfen Ihnen das nicht sagen. Ich weiß zwar über Johnny Bescheid, aber ich darf seine Mutter nicht beunruhigen.« Aber es ist die Aufgabe der Mutter, Johnny zu pflegen und für ihn zu sorgen, und es ist wichtig, daß sie das Richtige und nicht das Falsche tut. Es wird Zeit, daß wir das erkennen und die Eltern informieren. Meine Methode ist es, wenig zu sagen, aber etwas zu *zeigen*. Wir brauchen dazu einen von einer Seite durchsichtigen Spiegel, hinter dem die Mutter sitzen und zusehen kann, was der Lehrer mit dem Kind tut. Dann kommt der Lehrer zur Mutter und sagt: »Sehen Sie, das habe ich getan, und auf diese Weise kann man das Kind fördern. Vielleicht können Sie diese Behandlung zu Hause fortsetzen.« Es ist Teamarbeit, und nur im Zusammenwirken werden wir Erfolg haben. Wir müssen auf jede Geheimniskrämerei verzichten. Wir arbeiten zusammen, um Johnny zu helfen. Johnny braucht die Hilfe eines jeden, der dazu bereit ist. Deshalb wollen wir es gemeinsam anpacken. Schluß mit den ständigen Verwirrungen: Dr. A. hat mir dies gesagt, der Neurologe B. das, der Lehrer C. jenes.

Ich kenne viele Mütter, denen tatsächlich geraten wurde: »Überlassen Sie ihn sich selbst. Er wird schon damit fertig werden. Er kommt schon in Ordnung. Sie machen sich zuviel Sorgen, Mrs. Jones.« Mein Gott, niemand sieht Johnny so wie seine eigene Mutter! »Er stolpert und fällt hin, er kann seine Bewegungen nicht koordinieren, er verhält sich nicht so wie die anderen Kinder. Da stimmt doch etwas nicht. Ich brauche Hilfe.« Und die Eltern laufen von Pontius zu Pilatus.

Ich weiß nicht, wie viele von Ihnen das Buch von Pearl Buck über ihre kleine Tochter gelesen haben, aber es ist ein sehr, sehr wichtiges Buch, das jeder Erzieher lesen sollte. Die Verfasserin ist eine gebildete, vernünftige Frau, die mit ihrem Kind zu hundert verschiedenen Fachleuten gegangen ist. Sie ist durch die ganze Welt gereist, um irgendwo Hilfe zu finden, bis sie schließlich einen vernünftigen Menschen fand, der ihr offen sagte: »Sehen Sie, Pearlie, Ihr Kind ist schwer behindert, aber wir werden alles tun, um ihm zu helfen. Wir werden versuchen, diesem kleinen Mädchen alles beizubringen, was es begreifen kann. Aber hören Sie auf zu glauben, daß Ihre Tochter ein Genie werden könnte. Machen Sie sich keine falschen Vorstellungen. Wir wollen alles in unseren Kräften Stehende tun. Lassen Sie uns nicht von vornherein irgendwelche Grenzen festlegen. Wir dürfen nicht sagen, sie könne nicht lernen – das ist Unsinn. Aber wir müssen unsere ganze Energie aufwenden und dürfen nichts unversucht lassen. Vor allem aber hören Sie auf, mit dem Kind durch die ganze Welt zu reisen.« Die Mutter erklärte sich einverstanden, und von diesem Augenblick an ging es mit der Tochter aufwärts. Irgend jemand muß ehrlich mit den Eltern sprechen.

Neben allen Sorgen und Problemen, mit denen sich eine »normale« Familie herumschlagen muß, gibt es für die Familie mit einem behinderten Kind viele andere Schwierigkeiten. Im vergangenen Jahr wurde ich in dramatischer Weise darauf aufmerksam gemacht, als eine Mutter mir sagte: »Mein Kind hat eine schwere Gehirnlähmung, und ich bin seit der Geburt dieses Kindes niemals auch nur fünf Minuten aus dem Haus gekommen. Ich muß den Jungen überallhin mitnehmen. Ich bekomme auch keinen Babysitter, weil sich die Leute vor ihm fürchten.« Was ist das für ein Leben? Auch Eltern sind Menschen, und sie brauchen ihre Freiheit. Manchmal vergessen wir das. Ich habe meinen Studenten diese Geschichte erzählt, und ich war wütend. Ich schlug mit der Faust auf die Tafel und schimpfte laut. Einer der Studenten sagte:

»Warum gründen wir nicht eine Babysitter-Organisation?« Und die Mitglieder dieser Klasse erklärten sich bereit, für Eltern mit behinderten Kindern ohne Bezahlung als Babysitter zu arbeiten. Sie fürchteten sich nicht vor den Kindern, sondern ermöglichten es den Eltern, gelegentlich auszugehen, in einem guten Restaurant zu Abend zu essen und nach langer Zeit zu erleben, wie es ist, ein ganz normaler Mensch zu sein und eine gemeinsame Unternehmung sorglos zu genießen. Dieses Zusammensein der Eltern ist so wichtig, weil die Kinder eines Tages das Haus verlassen. Dann werden sich die Eltern gegenübersitzen, einander anschauen, und ich fürchte, die Mutter könnte sagen: »Wer zum Teufel bist du?« Bis dahin hatten beide so viel zu tun, daß sie einander gar nicht mehr wahrgenommen haben.

Es ist kein Wunder, daß solche Eltern um Hilfe rufen. Aber wer einem anderen helfen will – ganz gleich, wer du bist –, darf bestimmte wichtige Dinge nicht vergessen. Vor allem müssen wir immer daran denken, daß der Mensch keine Sache ist und daß wir mit Menschen nicht umgehen dürfen wie mit Gegenständen. Wir sind zerbrechlich, wir sind verwundbar, wir sind empfindsam und lassen uns leicht einschüchtern. Weil wir so zerbrechlich sind, ist es so leicht, einen anderen zu verletzen und ihm Schmerzen zu verursachen. Aber es ist fast ebenso leicht, die Wunde mit der gleichen Hand zu verbinden, die sie geschlagen hat. Es kommt nur darauf an, wie wir zu diesem Menschen stehen.

Der Mensch ist ein unglaubliches Wesen. Denken wir an die Abwehrmechanismen, die wir aufbauen, um uns zu schützen, an die psychoanalytischen Theorien von einem Symptom, das dem unter Streß stehenden Geschäftsmann, der seine Magengeschwüre spürt, sagt: »Laß dir mehr Zeit, mein Freund.« Denken wir an das Symptom, das dir sagt, wenn du vor Angst glaubst, mit niemandem mehr sprechen zu können: »Paß auf; das geht zu weit. Geh hinaus und setz dich unter einen Apfelbaum.« Ich habe von unglaublichen Abwehrmechanismen gehört, deren sich die Menschen bedienen, und wehe Ihnen, wenn Sie, um jemandem zu helfen, erklären: »Wann wirst du endlich vernünftig werden? Du weißt genau, daß es nicht so ist.« Ich erinnere mich an eine Mutter, die mir gegenübersaß und ganz ehrlich behauptete: »Endlich verstehe ich es. Endlich weiß ich, warum ich ein behindertes Kind habe und ans Haus gefesselt bin, warum mein Mann und ich nichts mehr gemeinsam unternehmen können und warum all diese anderen Probleme auf mich zukommen. Der Grund ist, daß Gott mich unter allen anderen Menschen auf dieser Welt dazu ausersehen hat, weil er wußte, daß ich für dieses Kind sorgen kann.« Sehen Sie, solche Abwehrmechanismen gibt es! Und es wäre geradezu unmenschlich, wenn wir sagen wollten: »Aber Mrs. Jones, werden Sie doch vernünftig!«

Manchmal wird uns geholfen – Albee nennt es das feine Gleichgewicht, und das gefällt mir – manchmal halten wir uns ganz behutsam im Gleichgesicht, und niemand soll glauben, er habe das Recht, dieses Gleichgewicht zu erschüttern und einem anderen seinen Abwehrmechanismus wegzunehmen. Ein Familienberater hat der Mutter eines behinderten Kindes einmal gesagt: »Sie müssen Ihr behindertes Kind annehmen. Sie müssen das akzeptieren.« Und die Antwort lautete: »Warum, zum Teufel, muß ich das?« Und das ist die beste Antwort, die ich je gehört habe. Was soll das bedeuten, »du mußt«? Der Mensch ist keine Sache, er ist ein Naturwunder und braucht liebevolle Behandlung.

Zweitens, der Mensch kann sich verändern, und wenn Sie es nicht glauben, dann haben Sie den falschen Beruf. Sie sollten die Welt jeden Tag auf eine neue und ganz persönliche Art erleben. Der Baum vor Ihrem Haus ist nie der gleiche – *sehen Sie ihn doch an!* Seit Beginn der Zeit hat es niemals zwei völlig gleiche Sonnenuntergänge gegeben – *sehen Sie doch hin!* Alles ist in einem ständigen Wandel begriffen, auch Sie selbst. Neulich war ich mit einigen meiner Studenten am Strand, und einer von ihnen fand einen alten vertrockneten Seestern. Ganz vorsichtig legte er ihn wieder ins Wasser und sagte: »Er ist nur ausgetrocknet, aber im Wasser wird er wieder lebendig werden.« Dann dachte er einen Augenblick nach, sah mich an und sagte: »Wissen Sie, Leo, vielleicht ist es der gleiche Vorgang, wenn wir uns selbst wiederfinden wollen. Vielleicht trocknen wir irgendwie aus und brauchen nur ein wenig Feuchtigkeit, um einen neuen Anfang machen zu können.« Ich richtete mich aus dem Sand auf und sagte: »Donnerwetter!« Das ist vielleicht die ganze Wahrheit.

In das Leben investieren heißt in den ständigen Wandel investieren, und ich habe keine Zeit, mich um das Sterben zu kümmern, weil ich viel zu sehr mit dem Leben beschäftigt bin. Das Sterben kommt ganz von selbst. Und glauben Sie ja nicht, daß Sie ruhig leben werden – so ist das Leben nicht. Wenn Sie sich die ganze Zeit verändern, dann müssen Sie sich ständig an diese Veränderungen anpassen, und das bedeutet, daß Sie immer wieder vor neuen Hindernissen stehen werden. So macht das Leben Spaß. Und wenn wir einmal angefangen haben, uns zu entwickeln, können wir nicht mehr aufhören. Wir sind dazu »verurteilt« weiterzugehen! Aber was ist das für eine phantastische Reise! Jeder Tag ist neu. Jede Blume ist neu. Jedes Gesicht ist neu. Jeden Morgen, wenn du aufwachst, erlebst du eine neue Welt. Höre auf, das Leben als eine Last zu empfinden! In Japan gibt es die Zeremonie des fließenden Wassers. Wir hatten uns in einer kleinen Hütte zur Teezeremonie hingesetzt, und unser Gastgeber nahm eine Schöpfkelle, goß das Wasser in die Teekanne, und alle hörten zu. Das Geräusch des fließenden Wassers war ein geradezu überwältigendes Erlebnis. Wie viele Menschen stellen sich täglich unter die Dusche oder lassen das Wasser ins Waschbecken laufen, ohne es zu hören. Wann haben Sie zum letzten Mal das Geräusch von fließendem Wasser gehört? Es ist wunderschön! Wenn Sie heute nach Hause kommen, drehen Sie den Wasserhahn auf und lauschen Sie.

Herbert Otto sagt: »Ein Mensch wandelt sich und wächst, wenn er sich selbst aufs Spiel setzt und es wagt, mit seinem eigenen Leben zu experimentieren.« Ist das nicht phantastisch? Ein Mensch setzt sich selbst aufs Spiel und wagt, mit seinem eigenen Leben zu experimentieren, und er vertraut sich selbst. Das zu tun, mit dem eigenen Leben zu experimentieren, ist erheiternd, macht uns froh und glücklich, setzt uns in Erstaunen, aber es ist auch unheimlich. Es kann uns auch in Angst versetzen, denn wir stoßen dabei in unbekannte Bereiche vor, und wir erschüttern unsere Selbstzufriedenheit. Wir können uns zurücklehnen und sagen: »Bei mir ist alles in Ordnung. Ich habe eine gute Stelle und einen schönen Wagen.« Aber plötzlich fassen wir den Entschluß, unser Leben zu verändern, die Wertbegriffe haben sich verändert – und mit der Selbstzufriedenheit ist es zu Ende.

Ich habe das sehr entschiedene Gefühl, das Gegenteil der Liebe ist nicht der Haß – es ist die Gleichgültigkeit, die völlige Teilnahmslosigkeit. Wenn jemand mich haßt, dann muß er irgend etwas für mich fühlen, sonst könnte er mich nicht hassen. Es gibt also noch die Möglichkeit, irgendwie mit ihm zu kommunizieren. Aber wenn jemand mich nicht mehr sieht, dann bin ich erledigt. Ich kann keinen Kontakt mehr mit ihm aufnehmen. Wenn dir die Szene nicht mehr gefällt, in der du dich bewegst, wenn du unglücklich bist oder einsam, wenn du das Gefühl hast, daß nichts mehr geschieht, dann nimm einen Szenenwechsel vor. Male dir neue Kulissen. Umgib dich mit neuen Schauspielern. Schreibe ein neues Stück – und wenn es kein gutes Stück ist, dann verlaß die Bühne und schreib ein anderes. Es gibt Millionen von Stücken – ebenso viele, wie es Menschen gibt.

Der Mensch braucht geistige Führung. Der Lehrer und auch die Eltern können diese Aufgabe übernehmen. Ich bezeichne mich gern als Erzieher. Ich hasse es, Professor genannt zu werden. Ein Professor doziert, und es wird schon viel zuviel doziert. Das englische Wort für Erziehung heißt »education« und ist von dem lateinischen Wort »educare« abgeleitet, was soviel bedeutet wie führen, anleiten, und das sollte es auch sein. Wir stehen vor einem reich gedeckten Tisch. Der Erzieher führt die Menschen an diesen Tisch. Man kann ihn dekorieren und die köstlichsten Speisen darauf stellen, aber man kann niemanden zwingen, sie zu essen. Carl Rogers sagt: »Niemand hat einen anderen je etwas gelehrt.« Das ist wahr – jeder lehrt sich selbst. Der Lehrer, der glaubt, daß er auf jede Frage eine Antwort weiß, ist der größte Versager, den man sich denken kann. Es ist doch wunderbar, wenn der junge Mensch eine intelligente Frage stellt und der Lehrer sagen muß: »Donnerwetter! Darauf weiß ich auch keine Antwort, aber wir wollen gemeinsam versuchen, sie zu finden.« Man könnte vielleicht auch sagen: »Es ist eine aufregende Sache, etwas zu lernen. Du brauchst nicht alles zu *wissen*. Wir werden uns gegenseitig anleiten.«

Ich habe noch eine andere Theorie. Unsere Nervenheilanstalten sind überfüllt. Ich habe in Los Angeles als Berater für Selbstmordkandidaten gearbeitet, und mein Telefon läutete Tag und Nacht.

Irgend etwas stimmt hier nicht. Wir machen irgend etwas falsch, und ich glaube, einer der Gründe liegt in der folgenden Einstellung: »Ich werde dich lieben, *wenn*...« Wenn jeder auch nur einen einzigen Menschen hätte, der ihm sagt, »ich werde dich lieben, gleichgültig, was geschieht – *bedingungslos*. Ich werde dich lieben, wenn du dumm bist, wenn du strauchelst, wenn du die falschen Dinge tust, wenn du Fehler machst, wenn du dich benimmst wie ein menschliches Wesen – ich werde dich bedingungslos lieben«, dann muß niemand mehr in eine Nervenheilanstalt eingewiesen werden. Diese Haltung sollte auch die Grundlage jeder Ehe sein. Aber ist sie es? Und sie sollte auch in der Familie gelten. Aber tut sie das? Die Gesellschaft kann das nicht sagen – sie hat eine zu große Verantwortung für zu viele Menschen. Aber du brauchst einen einzigen Menschen, an den du dich wenden kannst. Mir gefällt Robert Frosts Definition der Familie: »Das Zuhause ist ein Ort, an dem du aufgenommen werden mußt.« So sollte das Zuhause wirklich sein: »Komm herein. Zwar hast du eine Dummheit gemacht, aber ich werde nicht darüber sprechen. Ich habe dich lieb, und ich nehme dich so, wie du bist.« Das ist die Haltung des geistigen Führers, von dem ich spreche.

Der Mensch braucht jemanden, der Anteil an ihm und seinem Schicksal nimmt. Es muß nur *ein einziger Mensch* sein, aber jemand, der sich wirklich aufrichtig für ihn interessiert, und ich spreche nicht von den ganz großen Problemen. Ich spreche von den kleinen Dingen und davon, wie man es ganz nebenher zeigen kann, daß der andere einem etwas bedeutet. Ich habe Ihnen gesagt, wie leicht wir uns versöhnen lassen – ein Finger heilt die Wunde.

Und der Mensch braucht das Erfolgserlebnis. Wir alle brauchen es. Wir wünschen uns, daß unsere Leistungen anerkannt werden. Und irgend jemand muß es tun. Irgend jemand muß uns gelegentlich auf die Schulter klopfen und sagen: »Das war gut. Das gefällt mir wirklich.«

Um zu lernen und sich zu verändern, um zu sich selbst zu finden, muß der Mensch auch frei sein. Man braucht die Freiheit, um etwas zu lernen. Wir brauchen Menschen, die sich für unseren Baum interessieren, nicht für den Baum, der aussieht wie ein Lutscher; und wir müssen uns für die Bäume der anderen interessieren. »Zeige mir deinen Baum, Johnny. Zeige mir, wer du bist, Johnny, und dann werde ich wissen, wo ich anfangen kann.« Wir brauchen die Freiheit, um *schöpferisch* zu sein.

Neulich habe ich etwas Unglaubliches erlebt. Bei einem Vortrag vor einer Gruppe begabter Schüler in einem kalifornischen Schulbezirk schrie und tobte ich wie üblich, und die jungen Leute saßen ganz gebannt da – die Schwingungen, die zwischen uns hin und her gingen, waren wunderbar. Nach dem ersten Vortrag luden mich die Lehrer zum Mittagessen ein. Als ich zurückkam, sagten mir die Schüler: »O Dr. B., es ist etwas Schreckliches passiert. Erinnern Sie sich noch an den Jungen, der in der vordersten Reihe unmittelbar vor Ihnen saß?« Ich sagte: »Natürlich, einen solchen Zuhörer vergesse ich nicht.« – »Man hat ihn für zwei Wochen vom Unterricht suspendiert.« Ich fragte, »warum?« Ich hatte in meinem Vortrag davon gesprochen, daß man, um etwas wirklich kennenzulernen, seine Erfahrungen damit machen muß. Und ich sagte: »Wenn du wissen willst, was ein Baum ist, dann mußt du auf den Baum klettern, ihn fühlen, auf seinen Ästen sitzen und hören, wie der Wind durch die Blätter weht. Dann wirst du sagen können, ich kenne diesen Baum.« Und der Junge hatte gesagt: »Ja, ich werde daran denken, denn darauf kommt es an.« Und in der Mittagspause sah dieser kleine Bursche einen Baum und kletterte hinauf. Der stellvertretende Schuldirektor kam vorüber, sah den Jungen im Baum, holte ihn herunter und warf ihn aus der Schule.

Ich sagte: »Oh, das muß ein Mißverständnis sein. Ich werde mit dem stellvertretenden Direktor sprechen.« Ich weiß nicht, warum stellvertretende Direktoren in den meisten Knabenschulen ehemalige Sportlehrer sind. Ich ging also in sein Büro, wo dieser Muskelmann an seinem Schreibtisch saß, und sagte, »ich bin Dr. Buscaglia«. Er sah mich wütend an: »Also Sie sind der Mann, der in diese Schule kommt und den Kindern sagt, sie sollten auf Bäume klettern? Sie sind eine Gefahr für meine Schüler!« Ich erwiderte: »Hören Sie, ich glaube, Sie haben das nicht richtig verstanden. Es ist ein Miß...« Aber er unterbrach mich und schrie: »Sie sind eine Gefahr für unsere Schule! Wie kommen Sie dazu, den Kindern zu sagen, sie sollten auf Bäume klettern? Sie sind schon undiszipliniert genug!« Es war kein Gespräch mit diesem Mann zu führen. Ich konnte nicht zu ihm durchdringen. Deshalb besuchte ich den Jungen, der jetzt zwei Wochen Zeit hatte, auf Bäume zu klettern, in seinem Elternhaus. Er sagte: »Ich glaube, ich habe daraus gelernt, wann ich auf Bäume klettern darf und wann nicht. Wir leben in einer Gesellschaft, die uns das sagt, die Verbotstafeln aufstellt und bestimmt, wann man etwas tun darf und wann nicht. Mann, ich weiß, daß es so ist. In diesem Fall habe ich mich einfach geirrt, nicht wahr?« Er war ein aufmerksamer Zuhörer und hatte begriffen, daß er sich auf diesen Muskelmann einstellen mußte –, aber er kletterte immer noch auf Bäume! Es gibt viele Möglichkeiten, den Anforderungen der Gesellschaft gerecht zu werden und doch das zu tun, was für einen selbst wichtig ist.

Der Mensch braucht auch Zuwendung. Ich meine das ganz ehrlich. Wir wollen geliebt werden. Wir wollen wahrgenommen werden, wir wollen berührt werden, wir brauchen irgendeinen Ausdruck von Liebe. Wer sich mit der Erziehung schwer erziehbarer Kinder beschäftigt hat, kennt die Untersuchungen von Skeels und weiß von der wunderbaren Arbeit, die er in einem Heim für verlassene Kinder geleistet hat. Er hatte festgestellt, daß die in diesem Heim sich selbst überlassenen Kinder immer apathischer wurden, bis sie schließlich nur noch tatenlos dasaßen. Ursprünglich waren es ganz normale, intelligente Kinder, aber nach etwa anderthalb Jahren war der Intelligenzquotient bei ihnen auf das Niveau geistig behinderter Kinder gesunken. Er fragte sich, was hier geschehen sei. Nun nahm er 12 Kinder heraus – nach vielem Hin und Her, weil man ihm die Erlaubnis nicht geben wollte – und ließ die anderen Kinder dort. Er brachte die 12 in ein Heim für geistig behinderte junge Mädchen und vertraute jeweils ein Kind einem dieser Mädchen an. Diese Mädchen waren intellektuell keine Überflieger, aber sie wendeten sich ihren Schützlingen mit großer Liebe zu. Es gibt hochintelligente Kinder, aus denen nichts wird – weil sie nichts haben als ihre Intelligenz. Und ich kenne viele andere gute, richtige, durchschnittliche Kinder, die ein sehr lebendiges Gefühlsleben haben und andere begeistern können, und sie bringen wirklich etwas zustande! Skeels ließ nun jeweils eines der Mädchen für ein verlassenes Kind sorgen, und die Mädchen überschütteten die Kinder mit ihrer Liebe. Sie weinten, wenn sie die Kinder abends zum Bus bringen mußten; denn sie wollten sie nicht gehen lassen. Das einzige, was sich verändert hatte, war die gefühlsmäßige Zuwendung. Alles andere war geblieben wie vorher, bis auf die Tatsache, daß jedes dieser Kinder geliebt wurde, daß die Mädchen mit ihm spielten und es als Einzelwesen anerkannten. Skeels hat kürzlich einen Bericht mit dem Titel »Head Start on Head Start« verfaßt, den Sie alle lesen sollten. Darin beschreibt er, wie sich diese 12 Kinder entwickelt haben. Alle Kinder, die in dem Heim zurückgeblieben waren, sind heute psychisch krank und befinden sich in Heilanstalten. Aber die 12, die von den behinderten Mädchen umsorgt wurden, haben bis auf eines die Oberschule abgeschlossen. Sie alle sind verheiratet. Nur eines hat sich wieder scheiden lassen. Keines von ihnen lebt von der Fürsorge. Alle verdienen ihren Lebensunterhalt. Die entscheidende Veränderung in ihrem Leben war, daß *jemand mich gesehen hat, jemand mich berührt hat, jemand mich gespürt hat und ich für jemanden etwas bedeutete!*

Der nächste Punkt, auf den es ankommt, ist, daß jeder seinen eigenen Weg gehen muß. Es gibt Tausende von Wegen, auf denen man sich selbst entdecken und zu sich selbst finden kann. Jeder von Ihnen wird seinen eigenen Weg finden. Lassen Sie sich Ihren Weg von niemandem vorschreiben. Der Anthropologe Castaneda hat ein wunderbares Buch mit dem Titel *Teachings According to Don Juan*[1] geschrieben. Er berichtet darin über die Yaqui-Indianer. Dort gibt es einen Mann namens Don Juan, der sagt:

Jeder Weg ist nur einer von Millionen Wegen. Deshalb mußt du immer daran denken, daß ein Weg nur ein Weg ist. Wenn du glaubst, ihm nicht folgen zu dürfen, dann darfst du unter keinen Umständen auf diesem Wege bleiben. Jeder Weg ist nur ein Weg. Du beleidigst weder dich noch andere, wenn du ihn verläßt, weil dein Herz es dir befiehlt. Aber dein Entschluß, auf dem Weg zu bleiben oder ihn zu verlassen, muß frei

[1] in wörtlicher Übersetzung: Die Lehren des Don Juan

von Furcht und Ehrgeiz sein. Ich warne dich: Prüfe jeden Weg gewissenhaft und gründlich. Erprobe ihn, sooft du es für nötig hältst. Dann stelle dir und nur dir selbst die Frage: Hat dieser Weg ein Herz? Alle Wege gleichen sich. Sie führen nirgendwohin. Es sind Wege, die durch das Dickicht, in das Dickicht oder unter das Dickicht führen. Die einzige Frage ist, ob dieser Weg ein Herz hat. Wenn ja, dann ist es ein guter Weg. Wenn nicht, dann ist der Weg wertlos.

Wenn du anderen Menschen helfen willst, dann mußt du das Folgende tun. Erstens darfst du dich und dein Wertsystem den anderen nicht aufdrängen. Du mußt echt sein und lernen zuzuhören. Es gibt alle möglichen Symbole. Die aus Worten bestehende Sprache ist nur eines. Manchmal begehen wir schreckliche Fehler, wenn wir den Mund aufmachen. Oft ist es sehr viel besser, jemanden nur anzusehen und Schwingungen auszusenden. Ich bin entschlossen, demnächst alles andere aufzugeben und die menschlichen Schwingungen zu studieren; denn ich bin überzeugt, daß sie ebenso existieren wie die Schwingungen, die es Ihnen ermöglichen, meine Stimme zu hören. Wenn wir in dieses Geheimnis eindringen können, finden wir vielleicht ein Verständigungsmittel, das etwas angemessener ist als Worte. Ich glaube, Zuhören ist ungeheuer wichtig, und doch fürchten wir das Schweigen und scheuen davor zurück. Wenn Sie als Berater erreichen wollen, daß die Menschen mit Ihnen reden, dann brauchen Sie nur zu schweigen. Sie brauchen nur eine Minute zu warten, dann werden sie alles sagen.

Sie müssen aufrichtig sein und dürfen keine Maske tragen. Zeigen Sie, wer Sie sind. Das allerschwerste ist es, jemand zu sein, der man nicht ist. Wenn es Ihnen im Lauf der Zeit immer besser gelingt, Sie selbst zu sein, dann bleiben Sie es und geben es niemals wieder auf. Sie werden feststellen, daß es Ihnen das Leben ungeheuer erleichtert. Ich selbst zu sein ist das Einfachste, was man sich vorstellen kann. Am schwierigsten ist es, das zu sein, was die Menschen von einem erwarten. Lassen Sie sich nicht in diese Lage bringen. Finden Sie sich selbst, und geben Sie sich so, wie Sie sind. Dann wird Ihr Leben ganz einfach sein. Dann können Sie alle Energie darauf verwenden, »die Gespenster zu bannen«, wie Richard Alpert das nennt. Es wird keine Gespenster mehr für Sie geben. Verscheuchen Sie sie und sagen Sie: »Hier bin ich. Nehmt mich, wie ich bin, mit all meinen Schwächen, all meinen Dummheiten und allem, was ich bin. Und wenn ihr das nicht könnt, dann laßt mich in Frieden.«

Noch eines ist wichtig: Geben Sie keine Befehle. Sie sind nicht der liebe Gott. Sie wissen nicht, was in dem anderen vorgeht. Sie können ihm die Richtung weisen, aber Sie können ihm nichts befehlen. Und versuchen Sie, mit ihm ins Gespräch zu kommen. Versuchen Sie, ihn zu verstehen. Wie oft sitzt der Fachberater an seinem großen Schreibtisch einer kleinen, ängstlichen Mutter gegenüber, die sich eingeschüchtert an ihrer Handtasche festhält! Der Fachberater sagt ihr: »Wir haben Ihr Kind gründlich untersucht und festgestellt, daß es aufgrund einer funktionalen Gehirnstörung an fortschreitender Dyslogie leidet. Haben Sie verstanden?« Was kann diese Mutter sagen? Sie lächelt und sagt »Mmm«. Ich kann mir vorstellen, wie sie nach Hause kommt und ihr Mann sie fragt: »Nun, Liebling, was hat der Professor gesagt? Du weißt, wir haben 190 Dollar dafür bezahlt.« – »Er meint, es sei irgend etwas mit einem Gehirnschaden.« Und er sagt: »Und dafür haben wir 190 Dollar bezahlt?« Man kann sich eigentlich nur darüber wundern, daß nicht mehr Eltern von behinderten Kindern Nervenzusammenbrüche bekommen. Wir müssen wirklich mit ihnen sprechen.

Schließlich dürfen Sie nicht vergessen, daß Sie ein Team sind. Sie werden nur dann Erfolg im Umgang mit anderen Menschen haben, wenn Sie die Probleme gemeinsam anpacken. Was Sie erreichen wollen, müssen Sie gemeinsam planen, denn zwei Menschen verfügen über größere Kraftreserven als einer. Manchmal bedarf es nur eines ganz geringen Anstoßes, um zwei Menschen zusammenzubringen. Wenn Sie aber ein Team bilden wollen, müssen Sie einiges beachten: Sie müssen den Eltern reinen Wein einschenken. Jedenfalls müssen Sie ihnen sagen, wie Sie die Dinge im Augenblick ansehen, und Sie dürfen nichts vor ihnen verbergen. »Dies ist der Zustand, in dem sich Johnny jetzt befindet, und das wollen wir mit ihm erreichen, diese Erwartungen haben wir.« Dann entwerfen Sie ein Programm, um Ihrem Ziel schrittweise näher zu kommen.

Vor allem müssen wir feststellen, wo Johnny jetzt steht. Dort müssen wir mit unserer Arbeit beginnen. Es hilft nichts, wenn wir wissen, daß seine Gehirnfunktionen geringfügig gestört sind. An seinem Gehirn können wir nichts ändern; denn wir sind ja nur Vater, Mutter oder Lehrer. Im übrigen ist diese Funktionsstörung meist irreparabel. Dann einigen wir uns über den nächsten Schritt, nicht darüber, was er vielleicht in 10000 Jahren tun wird, sondern über den unmittelbar nächsten Schritt. Soll er sitzen können? Soll er lernen, uns zuzuhören? Soll er mit einem Bleistift umgehen oder ein Wort lesen können? Drittens brauchen wir einen Plan für den Weg dorthin. »Das ist Ihre Aufgabe als Vater oder Mutter, und das ist meine Aufgabe als Lehrer oder Berater. Und wir müssen zusammenarbeiten. Sie tragen Ihren Teil dazu bei und ich meinen.« Dann sehen wir uns gemeinsam das Resultat an und sagen: »Haben wir unser erstes Ziel erreicht? Ja. Er tut es jedesmal, wenn wir ihn dazu auffordern. Gut, was tun wir als nächstes?« Und so geht es weiter. Das sollen Sie als Erziehungsberater tun; sie sollen nicht in die Seele eines Menschen eindringen und seine sexuellen Hemmungen herausfinden. Wir gehen schrittweise vor. Wenn wir das tun, und wenn wir es gemeinsam tun, dann werden die Eltern nicht mehr um Hilfe bitten. Es wird ihnen geholfen.

Zum Schluß möchte ich Sie mit einem wunderbaren Mann bekannt machen. Er heißt Zinker und arbeitet am Gestaltinstitut in Cleveland. Er schreibt am Ende eines Aufsatzes mit dem Titel *On Public Knowledge and Personal Revelation*[1]:

Wenn der Mann auf der Straße zu seinem Selbst finden wollte, welche Leitgedanken hätte er zu dem Thema, sein ganzes Leben zu verändern? Er würde vielleicht entdecken, daß sein Gehirn noch nicht tot ist, daß sein Körper noch nicht abgestorben ist und daß er, wo er sich im Augenblick auch befinden mag, immer noch sein eigenes Schicksal bestimmen kann. Er kann seinem Leben eine andere Richtung geben, wenn er den festen Entschluß faßt, sich zu wandeln, wenn er gegen den in-

---

[1] in wörtlicher Übersetzung: Über öffentliches Wissen und persönliche Offenbarung

neren Widerstand ankämpft, der sich jeder Veränderung widersetzt, und wenn er seine Angst besiegt, wenn er seine eigene Gedankenwelt besser kennenlernt und versucht, seine wirklichen Bedürfnisse zu befriedigen, wenn er etwas Konkretes unternimmt und nicht nur über seine Probleme nachdenkt –

Das halte ich für sehr wichtig. Hören wir auf zu reden, und fangen wir an, etwas zu tun –

wenn er beginnt, zu sehen, zu hören, zu berühren und zu fühlen, wie es seine Sinne bisher noch niemals erlebt haben, wenn er mit seinen eigenen Händen etwas Neues schafft, ohne dabei Perfektion zu verlangen, wenn er darüber nachdenkt, wo und wann er sich selbst schadet, wenn er auf die Worte achtet, die er seiner Frau, seinen Kindern und seinen Freunden sagt, wenn er auf sich selbst hört, wenn er auf die Worte hört, die andere ihm sagen, und ihnen in die Augen sieht, wenn er lernt, den Vorgang seines eigenen kreativen Handelns zu achten, und wenn er darauf vertraut, daß er auf diesem Weg sehr bald weiterkommen wird.

Wir dürfen aber nie vergessen, daß wir unsere Lage nicht verändern können, ohne hart zu arbeiten und uns die Hände schmutzig zu machen. Es gibt keine festen Regeln und keine Bücher, die uns sagen können, wie wir zu uns selbst finden sollen. Ich weiß nur das Folgende: Ich existiere, ich bin, ich bin hier, ich entwickle mich weiter, ich selbst bestimme mein Leben, und kein anderer tut es für mich. Ich muß mit meinen Mängeln, meinen Fehlern und meinen Vergehen fertig werden. Niemand kann unter meinem Nicht-Sein so leiden wie ich, aber morgen ist ein neuer Tag, und ich muß mich dazu entschließen, mein Bett zu verlassen und das Leben von neuem zu beginnen. Und wenn ich dabei versage, kann ich mich nicht damit trösten, daß ich dich, das Leben oder Gott dafür verantwortlich mache.

Dort ist das Licht
(Die Suche nach dem Selbst)

Es gibt etwas, das ich heute abend vermeiden möchte, und ich werde Ihnen zunächst erklären, was das ist. Dann können wir uns dem eigentlichen Thema zuwenden. Es gibt viele Arten zu lernen; eine von ihnen habe ich kennengelernt, als ich ein Jahr in einem Zen-Kloster in Asien zubrachte. Ich hatte dort einen wunderbaren japanischen Lehrer. Er war so zartfühlend, so wunderbar und angefüllt mit so vielen schönen Dingen, die er mit anderen teilen konnte – sein ganzes Leben war ein Teilen mit anderen, so wie ich es auch für mein Leben wünsche und wie ich hoffe, daß auch Sie Ihr ganzes Leben gestalten wollen – und deshalb bemühe ich mich darum, innerlich immer reicher zu werden, damit ich jedesmal, wenn ich mit Ihnen zusammen bin, immer mehr mit Ihnen teilen kann.

Ich denke an einen bestimmten Tag, an dem wir durch einen Garten gingen, in dem riesige Bambusstauden wuchsen. Wer von Ihnen in Japan gewesen ist, weiß, wie schön das sein kann. Wir wanderten durch diesen Garten, und aus irgendeinem Grund redete ich die ganze Zeit. Ich konnte nicht genug davon sprechen, was ich alles wußte, wie weise ich war, und ich versuchte tatsächlich, diesen Mann zu beeindrucken und ihm zu sagen, »das alles weiß ich«, – und plötzlich wendete sich mir dieser sanfte, gar nicht gewalttätige Mann zu und schlug mir auf den Mund! Und wir reden über gute Lehrmethoden! Ich sah ihn erstaunt an, legte die Hand auf meine blutende Lippe und sagte: »Warum haben Sie das getan?« Und mit großer Heftigkeit, wie ich sie bei diesem Mann noch nie erlebt hatte, sagte er mir: »Trampeln Sie mit Ihren schmutzigen Füßen nicht in meinem Kopf herum!« Ich versichere Ihnen, daß ich mir, bevor ich heute abend hierherkam, die Füße gewaschen habe. Und ich habe nicht die Absicht, irgend jemandem im Kopf herumzutrampeln. Ich habe nur den einen Wunsch, daß wir heute abend einiges miteinander teilen können. Von dem, was ich Ihnen anzubieten habe, nehmen Sie doch bitte nur das, was *Sie* gebrauchen können. Beachten Sie alles andere gar nicht. Ich möchte niemandem etwas aufzwingen und niemandem etwas verkaufen. Aber es gibt vieles, was ich mit Ihnen teilen möchte, und das ist mir sehr wichtig. Ich hoffe, das wird möglich sein, bevor wir wieder auseinandergehen.

Ich nehme an, die meisten von Ihnen wissen von meinen Tonbändern oder aus meinen Büchern, daß ich mich sehr intensiv mit der Liebe als einem erlernbaren Phänomen beschäftige. Ich bin aufrichtig davon überzeugt, daß in uns allen eine großartige, unglaubliche Liebesfähigkeit schlummert. Aber es ist nur ein Potential, nur eine Möglichkeit, und wenn wir sie nicht realisieren und nichts dafür tun, daß sie zur Wirklichkeit wird, dann wird auch nichts geschehen. Vor vielen Jahren war ich verrückt genug, ein Seminar über die Liebe einzurichten. Zunächst beteiligten sich nur 15 bis 20 Studenten daran. Heute wären es 400 oder 500, wenn ich so viele in meine Klasse aufnehmen wollte. Ich nehme jedoch nach Möglichkeit nicht mehr als 50 Studenten, damit wir wirklich einen engen persönlichen Kontakt herstellen können. Ich *unterrichte* in diesem Kurs nicht. Ich fördere ihn. Ich ermögliche, daß er stattfindet. Ich setze mich mit den Leuten zusammen und lerne etwas von ihnen. Wir lernen gemeinsam. Da die Liebe *tatsächlich* erlernbar ist, hat jeder von Ihnen auf seine eigene Weise zu lieben gelernt, und Sie können *mir* ebenso viel beibringen wie ich *Ihnen*. Daher besteht Liebe im eigentlichen Sinne darin, daß man etwas miteinander teilt.

Ich dachte, es könnten vielleicht Leute kommen, die bedürftig sind, und uns sagen, daß sie bedürftig sind – und das hier ist doch keine Psychotherapie! Ich bin ein Erzieher und kein Psychotherapeut. Ich glaube, wo wir auch im Leben stehen und wie wir auch etwas gelernt haben, wenn wir es auf eine *andere* Weise lernen wollen, dann kann alles Erlernbare verlernt und neu gelernt werden. Wir brauchen die Hoffnung niemals aufzugeben, und es geschehen immer wieder Wunder. Wir müssen nicht dasitzen und weinen, weil uns irgend jemand irgendwann schlecht behandelt hat, weil wir das Lieben auf die falsche Weise gelernt haben oder weil wir glauben, vor Einsamkeit sterben zu müssen.

Neulich habe ich etwas Interessantes erlebt. Ich reise viel im Lande umher, und ich nehme auf diese Reisen Berge und Berge von Arbeit mit, weil das die einzige ruhige Zeit ist, die ich habe. Mein Grundsatz ist ja immer: »Zuerst die Menschen und dann die Dinge.« Solange ich in meinem Büro bin, habe ich keine Zeit für mich. Und wenn ich zu Hause bin, läutet ständig das Telefon, und es sind immer Leute da – das will ich auch, das gefällt mir, und das liebe ich. Aber wenn ich im Flugzeug sitze, dann habe ich mich gewissermaßen in mein Privatbüro zurückgezogen. Ich verschwinde in die Wolken, und niemand weiß, wer ich bin. Und ich bitte die Stewardess: »Könnten Sie den Sitz neben mir freihalten? Ich habe viel zu arbeiten.« Die Stewardess ist einverstanden, wenn das Flugzeug nicht voll besetzt ist, und so kann ich meist meine Sachen ausbreiten, arbeiten und nachdenken. Und wenn die Arbeit getan ist, sehe ich hinaus, betrachte die Wolken und denke an die Wunder und die Geheimnisse des Universums.

An dem Tag, von dem ich Ihnen erzählen will, war der Sitz zwischen mir und einer sehr attraktiven Dame mittleren Alters frei. Sie trug auffallenden Schmuck und war schön gekleidet. Sie beobachtete mich, als ich meine Sachen ausbreitete, und ich spürte an ihren Schwingungen, daß sie *sprechen wollte*. Ich dachte, »mein Gott! Ich liebe sie, aber ich muß Examensarbeiten benoten und Aufsätze lesen!«

Sie sagte: »Ich wette, ich kann Ihnen sagen, was *Sie* sind!«
Ich erwiderte: »Nun, was bin ich?«
Sie sagte: »Ich wette, Sie sind Anwalt.«
Ich sagte, nein, ich sei kein Anwalt.
Sie sagte: »Dann sind Sie ein Lehrer.«
Ich sagte: »Ja, da haben Sie recht. Ich bin Lehrer.«

Dann sagte sie, »oh, wie schön«, und ich wendete mich wieder meiner Arbeit zu. Aber sie fing zu sprechen an, und plötzlich wurde mir klar: »Was tust du da? Du sagst immer, daß Menschen das allerwichtigste sind. Wenn es dir damit ernst ist, dann mußt du wissen, daß diese Dame dich *braucht*. Ganz offensichtlich will sie sprechen – also unterhalte dich eine Zeitlang mit ihr, und dann kannst du ihr vielleicht erklären, weshalb du arbeiten mußt.« Nun, es kam ganz anders... aber es war wunderbar; sie überschüttete mich geradezu mit einer *Lawine* von Worten. Manchmal erzählt man ja einem Fremden Dinge, die man auch dem vertrautesten Menschen nicht sagen würde. Sie wußte, daß wir uns nach der Ankunft in Los Angeles trennen würden. Es bestand also wahrscheinlich keine Gefahr, daß wir uns wiedersehen würden. So erzählte sie mir, daß sie vier Kinder habe und gerade auf den Bahamas gewesen sei. Ich sagte: »War es schön?« Sie erwiderte: »Nein, es war schrecklich.«

Ich fragte: »Waren Sie allein?«

Sie sagte: »Ja.« Ich sagte nur, »oh« und dachte, das sei doch recht interessant, wollte aber die Sache nicht weiter verfolgen. Aber sie fuhr fort und erzählte mir, sie sei allein in den Urlaub gefahren: »Ich versuche, wieder mit mir ins reine zu kommen.«

»Ach wirklich?«

»Ja«, sagte sie. »Vor zwei Monaten hat mich mein Mann verlassen.«

»Oh, das tut mir aber leid.«

Und dann fing sie an und erzählte mir ihre ganze Lebensgeschichte.

»Stellen Sie sich vor«, sagte sie, »ich habe *ihm* die besten – [wirklich!] – die besten Jahre meines Lebens gegeben!«

Ich dachte, die Menschen sagten so etwas nicht mehr! »Ich habe ihm die besten Jahre meines Lebens gegeben. Ich habe ihm wunderbare Kinder geschenkt! Ich habe ihm ein großartiges Haus gegeben und es immer saubergehalten. Nirgends ein Staubkörnchen!«

Das konnte ich mir denken.

»Meine Kinder sind immer rechtzeitig zur Schule gekommen«, fuhr sie fort, und so ging es weiter. »Ich war eine phantastische Köchin, ich habe *seine* Freunde immer großartig bewirtet. Ich habe ihn begleitet, wohin *er* wollte.« So erzählte sie *weiter* und *weiter* und konnte kein Ende finden. Diese Frau tat mir aufrichtig leid! Denn alles, was sie für *wesentlich* gehalten hatte, waren Dinge, für die er zahlen konnte.

Sie hatte *sich selbst verloren!* Sie hatte ihrem Mann nicht das gegeben, was das Wesentliche an *ihr selbst* war... den Zauber, das Wunderbare... das verborgene Selbst. Sie hatte ihm gutes Essen gegeben – aber das hätte er auch in einem Restaurant bekommen können. Sie hatte seine Wäsche gewaschen – er hätte sie auch in eine Wäscherei geben können. Ist das nicht erschreckend?

Ich fragte sie: »Was haben Sie für *sich* getan?«

Sie antwortete: »Was meinen Sie damit? Was heißt das, für *mich?*«

»Ich meine, was haben Sie für *sich selbst* getan?«

»Ich hatte keine *Zeit,* etwas für mich zu tun!«

Nach einer Pause fragte ich: »Und was hätten Sie denn *gern* getan?«

»Oh, ich habe immer davon geträumt, Geschirr zu zerschmeißen.«

Wie schön, wenn sie es getan hätte... Sie wußte nicht, daß es wesentlich war. Sie tat mir leid, weil sie das getan hatte, was sie für wesentlich *hielt.* Und das waren die Dinge, die unsere Kultur ihr als wesentlich *beigebracht* hatte. Sie hatte eine bestimmte Rolle übernommen! Und sie hatte sich selbst in dieser Rolle verloren! Und dann ging die Geschichte weiter: »Ehemann lernt interessante junge Dame im Büro kennen.« Und diese junge Dame interessiert sich nicht für staubige Möbel und kümmert sich nicht um schmutzige Wäsche.

Wir führten noch ein langes Gespräch über das, was wesentlich ist. Sie weinte ein wenig, und ich weinte ein wenig. Wir umarmten uns, und dann ging jeder seiner Wege. Aber wissen Sie, sie hatte sich nie die Mühe gemacht zu fragen: »Was ist das Wesentliche an *mir?* Was ist *mein* Wert? Welches sind *meine* Bedürfnisse?«

Und wenn Sie das als liebender Mensch noch nicht wissen, dann denken Sie ein wenig darüber nach. Wenn Sie einen anderen Menschen wirklich lieben, dann wollen Sie ihm das Schönste und Beste *von sich* geben. Und das bedeutet, daß Sie alle die wunderbaren Anlagen entwickeln sollen, die in Ihnen als einem einzigartigen menschlichen Wesen schlummern. Auch wenn man Ihnen etwas anderes gesagt haben mag, jeder von uns hier ist unverwechselbar. Das ist das Wunderbare. Es gibt keine zwei Menschen, die einander völlig gleichen. Jeder ist anders. Wie schön wäre es gewesen, wenn man dieser Frau früher im Leben ihre Einzigartigkeit gezeigt oder sie dazu angeregt hätte, sie zu entwickeln. Wenn man ihr gezeigt hätte, wie *wunderbar* es ist, sie mit allen anderen Menschen zu teilen.

Weil jeder von uns unbegrenzte Möglichkeiten hat, wird jeder immer aufregend und interessant sein. Wir haben immer etwas zu teilen, mitzuteilen. Aber diese Frau war gar nicht auf den Gedanken gekommen, sich selbst zu entdecken, sondern übernahm die Rolle, die nach Ansicht anderer Menschen für sie wesentlich war, und dabei hat sie sich selbst verloren.

Aber das Wunderbare ist, daß man sich selbst niemals wirklich verliert – nur vorübergehend. Wenn du dich wiederfinden willst, dann kannst du es; du bist immer da. Du verlierst nichts von dem, was du jemals hattest. Und wenn du manchmal eine große Leere in dir spürst, ein nagendes Gefühl, wenn irgend etwas in dir schreit und heraus will, dann ist es jene *wunderbare* Einzigartigkeit, die sagt: »Ich bin immer noch da! Ich bin immer noch da! In deinem Inneren! Finde mich! Entwickle mich! Teile mich mit anderen!« Und dann erkennst du ein wenig von dem Wesentlichen. Aber wir glauben, das Wesentliche müsse »außerhalb« liegen. Es *kann doch nicht* »hier drinnen« sein!

Ich weiß nicht, wie viele von Ihnen die großartigen kleinen Sufi-Bücher der religiösen Sufi-Sekte kennen. Sie enthalten entzückende kleine Gleichnisse und sind eine köstliche Lektüre. Sie berichten von den Abenteuern eines verrückten kleinen Mannes namens Mullah. Eine dieser Geschichten hat mir besonders gut gefallen. Sie berichtet davon, wie Mullah eines Tages auf allen vieren auf der Straße herumkriecht und etwas sucht. Ein Freund kommt hinzu und sagt: »Mullah, was suchst du?«

Und Mullah antwortet: »Ich habe meinen Schlüssel verloren.«

»Das ist ja schrecklich, Mullah. Ich werde dir suchen helfen.« Und auch der Freund läßt sich auf Hände und Knie nieder und fragt: »Mullah, wo ungefähr hast du den Schlüssel verloren?«

Mullah antwortet: »Ich habe ihn in meinem Haus verloren.«

»Aber warum suchst du ihn dann *hier?*«

»Weil es hier heller ist.«

Das klingt lächerlich, aber verhalten wir uns nicht alle so? Wir glauben, alles, was es zu finden gibt, läge hier draußen im hellen Tageslicht, wo es leicht zu finden ist, während doch die einzigen Antworten für *dich in dir* liegen. Suche danach und laß dich durch nichts beirren, aber du wirst sie nicht außen finden. Niemand hat deine Antworten – nur *du* hast deine Antworten. Und wenn du glaubst, du könntest deine Sachen packen und *dir selbst* entfliehen, dann steht dir eine gewaltige Überraschung bevor. Laufe bis nach Nepal und besteige dort den höchsten Berg, und wenn du alle Wunder Nepals bestaunt hast, wen wirst du im Spiegel erblicken? Dich! Mit all deinen Schwierigkeiten, mit all deinen Ängsten, mit deiner ganzen Verwirrung, mit deiner ganzen Einsamkeit und mit all dem, was *du bist*. Es ist also Zeit für dich, das anzuschauen, was wichtig ist. Das Wesentliche liegt nicht außerhalb von dir selbst, sondern tatsächlich in deinem Inneren. Aber innen ist es unheimlich und dunkel, und es ist nicht leicht, im Dunkeln zu suchen; und niemand sagt uns, wie wir es anstellen sollen. Wie viele Unterrichtsstunden während deiner ganzen Ausbildung sind darauf verwendet worden, dir etwas über dich selbst zu vermitteln? Man hat dich in der Mathematik unterrichtet, und ich will nicht behaupten, das sei unwesentlich, aber *leben* kannst du auch ohne die Mathematik. Hast du das gewußt? Es ist ganz schön, mathematische Kenntnisse zu haben. Es ist angenehm, lesen zu können, man kann aber auch ein sehr glückliches Leben führen, wenn man nicht lesen kann. Ich möchte niemanden dazu ermuntern, das Lesen nicht zu lernen, auch wenn viele von Ihnen Jahre damit zugebracht haben, es zu lernen und jetzt doch nicht mehr lesen. Die Statistiken zeigen, daß der durchschnittliche Absolvent einer Universität – und das wird Ihnen einen Schock versetzen – nach seinem Abschlußexamen jedes Jahr vielleicht ein einziges Buch liest.

Es gibt kein Unterrichtsfach für das praktische Leben und keines, in dem die Liebe gelehrt wird. An keiner Schule wird die Frage beantwortet: »Ich bin einsam; was kann ich dagegen tun?« Und wenn jemand versuchen sollte, Seminare für solche Fächer einzurichten, dann wird er mit Sicherheit für verrückt erklärt werden. Die Medien haben mich als den »Liebesdoktor« bezeichnet. Du lieber Himmel! Die größte Ehre hat man mir angeblich damit erwiesen, daß man mich aufforderte, in dem Fernsehprogramm »Wer bin ich?« aufzutreten, ob Sie es glauben oder nicht! »Wer bin ich?« Und man sagte mir, »das wird niemand erraten!«

Gehen Sie in eine Bibliothek, lassen Sie sich alle dort vorhandenen heiligen Schriften vorlegen und suchen Sie darin nach Gemeinsamkeiten. Sie werden eine wunderbare Feststellung machen. Es gibt ungezählte Gemeinsamkeiten! Jesus hat gesagt: »Wenn du das Leben finden willst, mußt du in dein Inneres schauen.« Buddha hat es gesagt. Die hebräischen heiligen Schriften sagen es. Es steht im Koran, in der Bhagavad Gita. Im Tibetanischen Totenbuch und in den taoistischen Schriften des Lao Tse. Sie alle sagen das gleiche. Alles Umherschweifen ist sinnlos. Es führt uns nur in den dunklen Wald, wo wir uns verirren. Wenn du Antworten auf deine Fragen suchst, dann wirst du sie in deinem Innern und nicht außen finden.

Aber was sind denn die entscheidenden Fragen? Eines der Dinge, die wir für wesentlich halten – und wir arbeiten den größten Teil unseres Lebens dafür –, ist *dieser Körper*. Wir halten ihn für wesentlich. Wir verwenden so viel Zeit darauf, daß die Inhaber der teuersten Geschäfte auf der Madison Avenue reich davon werden! Mein Gott, denken Sie nur an die tausend verschiedenen Sorten von Zahnpasta, die Sie kaufen können, und an die Millionen verschiedener Haarwaschmittel. In meiner Kindheit haben wir uns die Haare mit ganz gewöhnlicher Seife gewaschen, und heute gibt es Shampoo für weiches Haar, für dickes Haar, für dünnes Haar, für glattes Haar, für krauses Haar und für die Glatze! Es gibt Haarwasser für Kinder, für Babys, für Erwachsene und für Senioren! Wir können nicht einmal das gleiche Haarwasser benutzen! Das schafft wirklich Distanz zwischen uns, wenn wir die Sache einmal genau betrachten.

Haben Sie nicht wirklich genug von dem ganzen Unsinn? Sie tun dies und das und jenes, dann ziehen Sie sich an und beginnen die Tagesarbeit, und wenn Sie am Abend nach Hause kommen, tun Sie das gleiche in umgekehrter Reihenfolge. Sie ziehen alles wieder aus und gehen zu Bett. Und am nächsten Morgen ziehen Sie alles wieder an. Aber wir tun es, weil wir fürchten, die Menschen, mit denen wir zusammenkommen, könnten uns zurückweisen, wenn wir nicht ein bestimmtes Deodorant benutzen. Und wenn wir es tun, dann werden wir akzeptiert. Also verwenden wir es!

Der Körper ist nur ein Gefäß. Er ist ein großartiges Gefäß, denn er enthält alles Wesentliche. Aber er selbst ist nicht *wesentlich*. Was also *ist* wesentlich? Wir glauben, die Aneignung von Wissen sei wesentlich, und stopfen uns deshalb mit Wissen voll. Dabei vergessen wir, daß die Anhäufung von Tatsachen noch keine Weisheit ist. Wir lernen Tatsachen und bringen unser Leben damit zu, unser Gehirn mit vermeintlich wesentlichen Tatsachen anzufüllen. Aber diese Tatsachen sind in den meisten Fällen nutzlose »atmosphärische Störungen«. Und wir werden süchtig nach diesen »atmosphärischen Störungen«! Und dann wird alles, was eindringen will, alles Neue von diesen »atmosphärischen Störungen« behindert, von diesem alten, überholten und nutzlosen Wissen. Und deswegen fällt es einigen von uns so schwer, sich zu wandeln.

Oft frage ich meine Gesprächspartner: »Sind Sie wirklich Ihr *wahres* Ich? Oder sind Sie das Ich, das andere Ihnen eingeredet haben?« Es gibt Menschen, die ihr ganzes Leben damit zubringen, uns zu sagen, wer wir sind. Einige machen sogar einen Beruf daraus, andere tun es unbewußt. Da steht zum Beispiel die Mama mit ihrem Sprößling an der Hand im Supermarkt und sagt zu ihrer Freundin: »Das ist der kleine Dummkopf in der Familie. Sein Bruder ist viel intelligenter. Aber es muß schließlich auch dumme Kinder geben, und so schlimm ist er auch nicht. Jedenfalls macht er mir keine Schwierigkeiten.« Wie redet diese Frau von ihrem Kind!? Glaubt sie, daß es taub ist? Die ganze Zeit will jeder jedem sagen, was er ist und wer er ist. Deshalb ist jeder irgendwie ein Lehrer. Als ein liebender Mensch solltest du wirklich sehr, sehr vorsichtig sein, andere mit Etiketten zu versehen.

Mir ist es gleichgültig, was Sie schon alles gelernt haben, Sie sind damit immer noch nirgends angelangt. Wir lassen uns immer wieder von Leuten beeindrucken, die wohlklingende Titel haben. Wir glauben, ein Doktor der Medizin oder ein Doktor der Philosophie müsse sehr weise sein. Ich will Ihnen etwas sagen: Einige der dümmsten Leute, die ich kenne, sind Doktoren der Philosophie, und einige der weisesten Persönlichkeiten, die ich kenne, wissen nicht einmal, was ein Doktor der Philosophie ist!

Denken Sie daran, daß Ihr erlerntes Wissen ein Hindernis für Sie sein kann, wenn Sie glauben, daß das, was Sie gelernt haben, die Wirklichkeit sei, und Sie sich deshalb gegen alle anderen Erfahrungen abschirmen. Diese »atmosphärischen Störungen« werden Ihr Wachstum behindern und dafür sorgen, daß Sie sich niemals verändern. Ich kenne Lehrer, die 20 Jahre lang die gleichen Vorlesungen halten und während dieser ganzen Zeit kein Wort daran geändert haben. Ich habe Lehrer erlebt, die neun Jahre lang vierte Klassen unterrichtet haben. Jedesmal, wenn die Eroberung des amerikanischen Westens auf dem Programm steht – und das ist ein wichtiges Thema –, dann holen sie die alten Unterlagen aus der gleichen Schublade heraus, und an den neun Löchern, welche die Heftmaschine in die Abbildungen gestanzt hat, kann man erkennen, daß sie nun schon neun Jahre lang benutzt worden sind.

Wissen ist keine Weisheit! Vom Lernen allein wird man nicht weise. Weisheit ist die *Anwendung* von Wissen und Tatsachen. Weisheit ist die Erkenntnis, daß wir nichts wissen. Der Weise sagt: »Ich bin aufnahmebereit. Wo ich auch bin, ich stehe erst am Anfang. Es gibt *hundertfach* mehr zu erkennen als das, was ich weiß.« Das ist der Anfang der Weisheit.

Wir sind mit Sicherheit nicht das, was wir wissen. In unserer Kultur denken wir oft, andauernde *Freude* sei wesentlich. Ich kenne keine andere Kultur, in der das Vergnügen so wichtig genommen wird. Wir sind ständig auf der Jagd nach dem Vergnügen und vergessen dabei, daß es auch andere Dinge gibt. Sobald wir uns nicht ganz wohl fühlen, schlucken wir eine Pille oder trinken etwas, um die schlechte Stimmung zu verjagen. Wer will schon leiden? Wir leben in einer Kultur, die das Leiden verabscheut und fürchtet. Natürlich will ich nicht sagen, daß wir das Leiden genießen sollen. Verstehen Sie mich nicht falsch! Ich würde viel lieber die Freude auf den Lehrplan setzen. Die Freude ist ein großartiger Lehrer. Aber die Verzweiflung ist es auch. Das Staunen ist ein großartiger Lehrer, aber auch die Verwirrung! Hoffnung ist ein großartiger Lehrer, aber auch die Enttäuschung. Und das Leben ist ein großartiger Lehrer, aber der Tod ebenfalls. Wenn wir auch nur einem dieser Aspekte unserer Existenz ausweichen, erfahren wir das Leben nicht in seiner ganzen Fülle. Ich kenne keine andere Kultur auf der Welt, in der so viele Menschen durch das Leben gehen, ohne das Leben wirklich zu erfahren. So viele von uns wissen nicht einmal, was das Leben ist! Wir schirmen uns gegen das Leben ab. Wir kennen weder den Wert des Geldes noch den Wert der Dinge noch den Wert des Hungers. Wir verstehen den Schmerz nicht, und – um Himmels willen! – wir verstehen den Tod nicht. Ein Kind darf auf keinen Fall mit dem Tode konfrontiert werden.

Viele von Ihnen wissen, daß ich das Kind einfacher und liebenswerter Einwanderer bin. Unsere Familie lebte in Norditalien in einem Weinbaugebiet, und wir wurden sehr einfach erzogen. Aber unsere Eltern haben uns nicht vor dem Leben abgeschirmt. Wir haben immer an allem teilnehmen dürfen, an den häuslichen Freuden, an der Hausmusik und an allen wunderbaren und überraschenden Dingen, die im Hause geschahen. Aber dazu gehörten auch die schmerzlichen Erfahrungen und die Verzweiflung, von denen dieses Haus heimgesucht wurde. Nichts wurde von uns ferngehalten.

Wir waren eine ganz besondere Familie. Manchmal waren wir ganz oben und hatten *alles,* was wir uns nur wünschen konnten: Ravioli und Gnocchi, Spaghetti und Salami, alles. Und zu anderen Zeiten hatten wir so gut wie nichts. Dann gab es nur noch Polenta. Wissen Sie, was das ist? Es ist ein norditalienisches Gericht, ein großer Pudding aus Maismehl und sehr sättigend. Nach sechs Löffeln hatte man wirklich genug, aber das Hungergefühl war wenigstens weg! Wir waren nie gegen Schmerzen geschützt. Jedesmal, wenn der Vater mit langem Gesicht nach Hause kam und sagte, »wir haben kein Geld mehr«, fragte er uns: »Was sollen *wir* jetzt unternehmen?« Und es war wirklich wunderbar, zu erleben, wie dann die ganze Familie zusammenhielt. Meine Schwester sagte: »Ich werde auf den Markt gehen und die verwelkten Kohlblätter für die Kaninchen sammeln.« Und ich verkaufte Zeitschriften. Wissen Sie noch, wie es ist, wenn man von Haus zu Haus geht und Zeitschriften verkauft? Das war ein sehr wichtiger Teil meiner Erziehung! Jedes Familienmitglied unternahm irgend etwas, und das stärkte unser Zusammengehörigkeitsgefühl.

Mama hatte eine wunderbare Einrichtung geschaffen. Sie wußte genau, was zu tun war, wenn Papa mit langem Gesicht nach Hause kam. Sie hatte ihre »Überlebensflasche«. In dieser Flasche bewahrte sie einen kleinen Geldbetrag auf. Sie vergrub die Flasche irgendwo hinter dem Haus als letzte Reserve, um uns in Notzeiten vor dem Hungern zu bewahren. Und wenn es soweit war, tat sie etwas *Unerhörtes!* Sie kam plötzlich mit einem Huhn herein!

Aber aus solchen verzweifelten Situationen haben wir sehr viel gelernt. Wir lernten viel vom Hunger. Wir lernten viel durch das Wort »wir« und dadurch, daß wir Teil einer Familie waren.

Manchmal glauben wir, *Besitz* sei wesentlich. Prächtige Häuser, ein Haufen Geld. Andere Leute. Ziele, große, wichtige Ziele sind uns wesentlich. Wir bringen unser Leben damit zu, uns gegen alle möglichen Katastrophen abzusichern, von denen wir glauben, daß sie uns von allen Seiten bedrohen. Und während wir das alles tun, hören wir auf, im Augenblick zu leben. Ein liebender Mensch ist jemand, der weiß, daß die einzige Realität das »*Jetzt*« ist. Das Gestern ist vergangen, und wir können nichts mehr daran ändern. Es war gut, denn es hat uns dorthin gebracht, wo wir heute stehen. Und trotz allem, was die Leute dir sagen, sind wir hier genau am richtigen Ort! Aber das *Gestern* können wir nicht mehr ändern, es ist nicht mehr *wirklich!* Und das Morgen? Über das Morgen kann man herrlich träumen. Es ist wunderbar, vom Morgen zu träumen, aber es ist nicht *wirklich*. Und wenn du deine Zeit damit zubringst, vom Gestern und vom Morgen zu träumen, dann versäumst du das, was *in diesem Augenblick* mit dir und mir geschieht. Und das ist die *wirkliche* Realität: in Kontakt sein. Das Morgen liegt noch im Nebel.

Vor einiger Zeit wurden zwei junge Leute auf unserem Universitätsgelände ermordet. Sie kamen von einer Party und waren in fröhlicher, ausgelassener Stimmung. Sie gingen über das Gelände und wurden sinnlos in den Kopf geschossen. Wir wissen immer noch nicht, wer es getan hat. Dieses schöne junge Mädchen und dieser sympathische, gutaussehende junge Mann waren meine Schüler gewesen. Es hat mich tief getroffen, als ich davon hörte, und ich kann nur hoffen, daß sie in meinem Unterricht gelernt hatten, ihre Zeit voll zu *leben*. Ich hoffe, sie haben nicht erst auf *morgen* gewartet, um zu leben. Es ist traurig, daran zu denken, wie viele Menschen so viel in das Morgen investieren. Wir wissen nicht, was uns der nächste Augenblick bringen wird, und dieser Augenblick kann für immer verloren sein.

Ein junges Mädchen hat mir ein Gedicht gegeben und mir erlaubt, es Ihnen vorzulesen. Das möchte ich jetzt tun; denn es sagt uns, was es bedeutet, wenn wir alles immer wieder auf morgen verschieben – besonders das, was wir aus Liebe zu anderen Menschen tun wollen. Das junge Mädchen möchte anonym bleiben. Sie nennt ihr Gedicht »Dinge, die du nicht getan hast«. Darin heißt es:

Weißt du noch, wie ich mir deinen neuen Wagen auslieh und ich den Kotflügel zerbeulte?
Ich glaubte, du würdest mich umbringen, aber du hast es nicht getan.
Weißt du noch, wie ich dich zum Strand schleppte und du sagtest, es würde regnen, und es regnete?
Ich glaubte, du würdest sagen, »das habe ich gleich gesagt«. Aber du hast es nicht getan.
Weißt du noch, wie ich mit allen anderen Jungen flirtete, um dich eifersüchtig zu machen – und du warst eifersüchtig?
Ich glaubte, du würdest mich verlassen, aber du hast es nicht getan.
Weißt du noch, wie ich meinen Erdbeerkuchen auf die ganze Fußmatte in deinem Wagen verteilte?
Ich glaubte, du würdest mich schlagen, aber du hast es nicht getan.
Und weißt du noch, wie ich vergaß, dir zu sagen, daß für diesen Ball dunkler Anzug vorgeschrieben war, und du in Jeans erschienst?
Ich glaubte, du würdest dich von mir trennen, aber du hast es nicht getan.
Ja, du hast vieles nicht getan.
Aber du hast mich ertragen, du hast mich geliebt, und du hast mich beschützt.

Es gab vieles, was ich wiedergutmachen wollte, wenn du aus Vietnam zurückkämest.

Aber du bist nicht zurückgekommen.

Nun ja, ich weiß nicht, wie Sie darüber denken, aber *ich* glaube nicht, daß mein Körper wesentlich ist. *Ich* glaube auch nicht, daß meine Ausbildung wesentlich ist. Ich halte weder mein *Haus* noch meinen *Wagen* noch meine *Kleider* für wesentlich. Worauf kommt es also an? Nun, ich glaube, das Wesentliche ist, daß ich lebe und das Leben *in diesem Augenblick* umarme, wo ich auch sein mag. Ich nehme es in die Arme! Verschwenden Sie keine Zeit damit, dem Gestern nachzutrauern – das Gestern ist vorbei! Ich habe mit meiner Vergangenheit abgeschlossen. Ich verzeihe den Menschen, die mir weh getan haben. Ich will nicht den Rest meines Lebens damit zubringen, andere zu beschuldigen und mit dem Finger auf sie zu zeigen. Ich kann es nicht mehr mit anhören, wie die Leute sich darüber beklagen, was ihre Eltern ihnen angetan haben. Wissen Sie, was Ihre Eltern getan haben? Sie haben das Beste getan, das sie tun *konnten.* Sie haben sich darum bemüht, Ihnen ihr Bestes zu geben, und oft war es das *einzige,* was sie wußten. Niemand verletzt seine Kinder absichtlich, es sei denn, er leidet unter einer Psychose.

Kannst du vergeben? Kannst du vergessen? Kannst du sagen, »es ist schon in Ordnung«? Kannst du sagen, »sie sind auch nur Menschen«? Kannst du sie umarmen? Dann nimm dich *selbst* in die Arme. Entdecke wieder, daß du *wirklich* etwas Besonderes bist, etwas Unwiederholbares, daß du wundervoll bist und daß es dich nur *einmal* auf der Welt gibt! Sei zärtlich zu dir und *umarme dich!* Sicher, du bist ein wenig verrückt, manchmal machst du Dummheiten und vergißt, daß du ein Mensch bist, aber das wunderbarste an dir ist, daß du die Möglichkeit hast zu wachsen, gleichgültig, wo du dich befindest. Du stehst erst am *Anfang.* Heute bist du nur so viel, aber es gibt noch unendlich viel zu entdecken und zu finden! Verschwende deine Zeit nicht damit, dich zu bedauern! Vergib *den anderen,* und vergib *dir selbst!* Vergib dir, daß du nicht vollkommen bist. Und übernimm die Verantwortung für dein eigenes Leben.

Nikos Kazantzakis sagt: »Du hast den Pinsel, du hast die Farben, damit male *du* dir das Paradies, und dann gehe hinein.« Tue das!! Nimm Orange und Rot und Blau und Purpur und Grün und Gelb – und male dein Paradies. Du kannst es *wirklich!* Jetzt in diesem Augenblick kannst du es tun. Es ist dein Leben, auf das es ankommt.

Ich weiß nicht, wie viele von Ihnen das wunderbare Theaterstück von Arthur Miller, »After the Fall«, kennen. Wahrscheinlich gibt es in der ganzen amerikanischen Literatur kaum ein zweites Werk, dessen Wert so sehr unterschätzt worden ist. Miller hat es unmittelbar nach dem Tode von Marilyn Monroe geschrieben, mit der er verheiratet war. Er versucht darin eine Frage zu beantworten, die auch ich mir schon gestellt habe, und vielleicht ist es auch vielen von Ihnen schon so gegangen: Was hätte ich tun können, um einen Menschen zu retten, der mir in diesem Leben begegnet ist? Und in seinem Stück sagt er: »Ich muß lernen zu vergeben; anderen und mir selbst.« Es gibt in diesem Stück eine Passage, die ich Ihnen vorlesen möchte. Eine der gesünderen Personen darin sagt:

Ich glaube, es ist falsch, auf etwas zu hoffen, das außerhalb von mir liegt. Heute duftet es im Haus nach frischem Brot, und morgen riecht es nach Rauch und Blut. Heute fällst du in Ohnmacht, weil der Gärtner sich in den Finger geschnitten hat. Eine Woche später kletterst du über die Leichen von Kindern, die in den U-Bahnschächten von Bomben erschlagen worden sind. Wenn das so ist, was gibt es da noch für eine Hoffnung? Gegen Ende des Krieges habe ich versucht zu sterben. Allnächtlich hatte ich den gleichen Traum, und ich wagte nicht mehr einzuschlafen. Ich wurde krank. Ich träumte, ich hätte ein Kind. Und selbst im Traum fühlte ich, dieses Kind war mein Leben. Aber es war ein Idiot, und ich lief fort. Aber immer wieder versuchte das Kind, auf meinen Schoß zu krabbeln. Es hielt sich an meinen Kleidern fest, und schließlich dachte ich, alles, was dieses Kind ist, das bin auch ich, und wenn ich es küssen könnte, dann könnte ich vielleicht auch wieder schlafen. Und ich beugte mich über sein entstelltes Gesicht, und es war schrecklich. Aber ich küßte es. *Ich glaube,*

Quentin, man muß schließlich sein eigenes Leben in die Arme nehmen und es küssen.

Das ist eine *phantastische* Aussage. Wem du auch weh getan haben magst, es hat nichts zu sagen, wenn du gelernt hast, niemanden mehr zu verletzen. Es ist gleichgültig, welche Fehler du begangen hast, solange du sie nicht wiederholst. Wenn du bereit bist zu lernen und dein Leben selbst in die Hand zu nehmen, es zu küssen und von dort neu zu beginnen, dann wirst du wachsen, dann lebst du!

Es ist auch wesentlich, daß wir unseren eigenen Tod akzeptieren. Ich möchte Ihnen keine Schauergeschichten erzählen, aber ich glaube, wir können das *Leben* nur annehmen, wenn wir den *Tod* annehmen. Der Tod wird uns lehren, daß es eine *Grenze* gibt. Ich lasse meine Studenten immer wieder die folgende Frage beantworten: Wenn Sie nur noch fünf Tage zu leben hätten, wie würden Sie diese fünf Tage verbringen und mit wem? Oft sind die Antworten ganz einfach. Ich kommentiere die Arbeiten meiner Schüler immer sehr ausführlich und schreibe zum Beispiel: »Warum tun Sie diese Dinge nicht *jetzt?*«

»Wenn ich nur noch fünf Tage zu leben hätte, dann würde ich dem oder jenem sagen, daß ich ihn liebe.« Und ich sage, tun Sie es doch *jetzt!* »Wenn ich nur noch fünf Tage zu leben hätte, dann würde ich an den Strand gehen und einen Sonnenuntergang beobachten.« *Worauf warten Sie noch?*

Aber wir schirmen uns gegen den Tod ebenso ab wie gegen das Leben. Die meisten von uns wissen nicht, wie sie mit dem Tod umgehen sollen, und wir schleppen diese Belastung unser ganzes Leben mit uns herum, und wenn wir daran denken, können wir kaum die Tränen zurückhalten. Wir müssen lernen, daß der Tod nur ein anderer Aspekt des Lebens ist. Wir verlassen dieses Fahrzeug und gehen weiter. Der Tod lehrt uns *weiterzugehen.*

Meine Mutter ist vor etwa zwei Jahren gestorben, und sie hat mir bis zu ihrem Ende die wunderbarsten Dinge vermittelt. Wir wollten es nicht glauben, als der Arzt uns sagte, sie sei im Koma. »Machen Sie sich keine Sorgen um sie, sie weiß nicht, ob Sie hier sind oder nicht. Bleiben Sie nicht hier im Krankenzimmer; Sie stören nur.« *Woher weiß er das!? Er ist noch nie gestorben!* So lösten wir uns ab und blieben Tag und Nacht viele Stunden bei ihr, solange sie noch am Leben war. Wir hielten ihre Hand! Niemand sollte allein sterben!

Ich hatte die anderen am späten Abend abgelöst; Mama und ich waren allein im Zimmer. Plötzlich öffnete sie die Augen. Sie hatte wunderschöne, große dunkelbraune Augen. Ich hatte gerade gedacht: »Ich werde sie sehr vermissen. Sie war ein großartiger Mensch. Wir hatten so viel Spaß zusammen, sie lachte immer gerne und hatte immer ein Stückchen Schokolade für mich. Sie hatte immer etwas ganz Unerhörtes auf Lager. Und ihr Knoblauch wird mir fehlen.« Haben Sie gemerkt, daß ich dabei nur an mich selbst gedacht habe? »*Ich* werde dieses tun und jenes vermissen; du darfst *mich* nicht verlassen!«

Wissen Sie, was die letzten Worte waren, die sie an mich richtete? Sie öffnete ihre großen, wunderschönen italienischen Augen und sah, wie mir die Tränen die Wangen hinunterliefen, und stellen Sie sich vor, sie sagte: »Felice, woran hältst du dich fest?«

Woran halte ich mich fest? Sehen Sie, was der Tod uns lehren kann? Der Tod ist nichts Unheimliches. Der Tod lehrt uns den Wert der Zeit. Wir erkennen, wie wertvoll sie ist. Wir erkennen, daß wir nicht auf ewig hier sind! Der Tod lehrt uns, hinzuschauen und zu erkennen... und daß die Menschen, die wir lieben, nicht immer die gleichen bleiben werden. Wir schauen uns nicht mehr an! Wir sind so sehr damit beschäftigt, irgend etwas zu tun, daß wir keine Zeit mehr haben, uns anzuschauen. Du wirst nicht ewig hiersein. Du weißt, morgen früh wirst du nicht mehr der gleiche sein. Wie viele von Ihnen haben Kinder, die alt genug sind, um zu heiraten, und jetzt stellen Sie fest, daß Sie bis zu dem Tage, da diese Kinder Ihr Haus verlassen, niemals Zeit gehabt haben, sie aufwachsen zu sehen; oder Sie waren so sehr damit beschäftigt, etwas *für* sie zu tun, daß Sie keine Zeit hatten, *sie* anzusehen!

Das gleiche habe ich einmal auf einer Tagung gesagt. Zwei meiner Zuhörerinnen sahen einander mit Tränen in den Augen an, und die eine sagte: »Wissen Sie, ich habe mein Kind schon so lange nicht mehr angesehen, daß ich mir sein Gesicht jetzt nicht mehr vorstellen kann.« Und die andere sagte: »Bei mir ist es das gleiche.

Gehen wir!« Sie standen auf, verließen den Raum, setzten sich in ihr Auto und fuhren etwa 65 Kilometer nach Hause. Mitten in der Nacht kamen sie an und rissen ihre Kinder aus dem Schlaf. Die Kinder sagten: »Was soll das – was ist los?« Und die Mütter sagten: »Sei still; ich will dich nur ansehen!« Mein Gott! Vergessen Sie das nie!

Die Gesichter der Menschen, die Sie lieben, werden morgen nicht mehr die gleichen sein, und auch Ihr Gesicht wird sich verändert haben. Übersehen Sie das nicht. Die Bäume vor Ihrem Haus vollbringen wunderbare Dinge. Beobachten Sie sie Schritt für Schritt – es ist wie Zauberei. Heute habe ich jemandem gesagt: »Oh, Ihre Bäume!« Und die Antwort lautete: »Was für Bäume?« Wir haben in Kalifornien einmal einen Gouverneur gehabt, der sagte: »Wenn Sie einen Redwood-Baum gesehen haben, dann kennen Sie alle!« Am liebsten würde ich ihn nach Wisconsin schicken! Du lieber Himmel! Der traurigste Ausspruch ist für mich: »Ich wünschte nur, ich hätte…« Begreifen Sie doch, Sie können! Sitzt er jetzt neben Ihnen? *Sehen Sie ihn an.* Sitzt *sie* jetzt neben Ihnen? *Sehen Sie sie an,* berühren Sie ihre Hand. Sie fühlt sich jetzt anders an als das letzte Mal. Wovor fürchten Sie sich?

Thoreau hat gesagt: »Mein Gott, bis an den Rand des Todes gekommen zu sein, ohne je gelebt zu haben!« Der Tod lehrt uns das Leben. Es ist gut, den Tod zu kennen. In Asien begegnet uns der Tod überall auf der Straße. Die Kinder wachsen mit dem Tod auf. Sie fürchten ihn nicht, er hat nichts Erschreckendes für sie. Sie wissen doch, daß man sich gegen *alles* versichern kann. Aber es gibt keine Versicherung gegen Traurigkeit, und niemand kann Sie dagegen versichern, daß Sie sterben. Der Tod ist das Unvermeidlichste von allem. Er kommt zu jedem von uns. Er lehrt uns, was *Liebe* ist – offene Arme. Liebe ist Freiheit. Öffnen Sie Ihre Arme, und die Menschen werden kommen und gehen – wie sie es ohnedies tun werden. Sie können es nicht verhindern! »Ich erlaube dir nicht zu sterben« – was versuchen Sie festzuhalten? Schöpfen Sie das Leben aus; lassen Sie sich vom Kummer überwältigen, schreien Sie, weinen Sie. Und dann lösen Sie sich von dem, was Sie nicht festhalten können.

Es ist auch wesentlich, glaube ich, daß wir das Staunen nicht verlernen. Welcher Zauber umgibt uns doch, und wir beachten alle diese Wunder nicht. Die Menschen in Asien sagen, das Leben ist ein großer Strom, und er fließt, gleichgültig, was wir tun oder nicht tun. Wir können uns entscheiden, mit dem Strom zu fließen, und in Frieden, Freude und Liebe leben, oder wir können beschließen, gegen den Strom zu kämpfen, und in Schmerzen und Angst leben. Aber dem Strom ist das gleichgültig. Das Leben kümmert sich nicht darum. In beiden Fällen mündet unser Lebensstrom in den gleichen Ozean. *Du* mußt entscheiden; es hängt von *dir* ab.

Und schließlich ist es wesentlich, vom Leben nicht nur zu nehmen, sondern ihm auch etwas zurückzugeben.

Wir haben vergessen, daß wir verpflichtet sind zu geben. Ich spende regelmäßig Geld für ein paar wohltätige Einrichtungen, aber weil dieses Geld »in andere Länder« geht, kann ich es nicht von meiner Einkommensteuer absetzen. Die Leute sagen, »Sie sind verrückt!« Wie traurig. Wir haben das Geben verlernt. Ich gebe dir meine Liebe, weil ich dich liebe und nicht, weil ich von dir erwarte, daß auch du mich liebst. Wenn ich etwas gebe und eine Gegengabe erwarte, dann werde ich mit Sicherheit enttäuscht. Wenn du zu einem anderen Menschen ›guten Morgen‹ sagst, dann tust du es freiwillig und nicht, weil du etwas von ihm erwartest. Wenn du etwas erwartest und er sagt nichts, dann fühlst du dich betrogen, »ich wußte, ich hätte nicht ›guten Morgen‹ sagen sollen...«

So weit sind wir tatsächlich gekommen: wenn ich morgens auf die Straße gehe und den Leuten, die mir begegnen, einen guten Morgen wünsche, kann es vorkommen, daß mich jemand fragt: »Kennen wir uns denn?« Und ich sage: »Nein, aber wäre es nicht schön?« Manchmal sagen sie »nein«. Das ist ihr gutes Recht. Aber ich habe getan, was *ich* wollte. Ich habe hallo gesagt. Und sie haben getan, was *sie* wollten; sie haben meinen Gruß erwidert oder nicht.

Buddha sagt, wenn wir nichts erwarten, dann haben wir alles. Liebe, weil du lieben *willst*. Gib, weil du geben *willst*. Die Blumen blühen, weil sie blühen müssen und nicht, weil die Menschen ihnen schmeicheln. Du *lebst* und *liebst,* weil du es willst; weil du es mußt.

Diese Woche kam ein junges Mädchen in mein Büro und sprach fast eine ganze Stunde nur über sich selbst – »ich, ich, ich«! Sie sagte, und das ist ein wörtliches Zitat: »Ich weiß nicht recht, was *ich* vom Leben erwarte.« Schließlich schrie sie dieser Lebensberater, der es so sehr verabscheut, anderen Menschen Vorschriften zu machen, böse an: »Was zum Teufel *geben* Sie dem Leben? Jeden Tag nehmen Sie von der Erde, von der Luft und von der Schönheit dieser Welt – und was sind Sie bereit zu geben?« Wir denken nie daran, etwas zurückzugeben, nicht wahr?

Als ich an einem Buch über Lebensberatung arbeitete, lebte ich drei Monate allein in einem kleinen Blockhaus in Nordkalifornien. Ich unternahm jeden Tag lange Spaziergänge am Smith River in den Redwood-Wäldern und brachte dort viele Stunden zu. Eines Tages entdeckte ich an dem gigantischen Stamm eines dieser Bäume eine Tafel, die ein Waldhüter dort angebracht hatte. Darauf beschrieb er den Lebenszyklus eines solchen Baums, wahrscheinlich ohne sich bewußt zu sein, wie schön das Geschriebene war. Da hieß es, als der Baum soundso groß war, wurde Buddha geboren; als er so hoch war, wurde Jesus geboren; als er diesen Umfang hatte, überquerte Hannibal die Alpen und so weiter. Im letzten Absatz schrieb er: »Auch wenn ein Baum stirbt und am Boden liegt, ist nicht alles vorüber. Allmählich verrottet das Holz, und im Lauf der Jahre wird es zu Erde. Der Baum gibt der Erde alles zurück, was er von ihr empfangen hat, damit andere Bäume leben können.« Ist das nicht aufregend? Mir kam sofort der Gedanke, daß man das auch vom Menschen sagen könnte. Wenigstens am Ende unseres Lebens haben wir etwas zu geben! Ist das nicht ein wunderbarer Kreislauf? Vielleicht hatte Leo Rosten recht, als er sagte, der Sinn unseres Lebens ist es einfach, zu zählen, etwas zu bedeuten, zu bewirken, daß unser Da-Sein einen Unterschied macht. Vielleicht ist *das* wesentlich.

Und jetzt will ich Ihnen noch sagen, wieviel Freude es mir macht, mit Worten umzugehen. Ich spiele gern mit Worten, und ich habe eine Liste von Worten zusammengestellt, die uns, wie ich glaube, zum Wesentlichen führen:

1. *Rechtes Wissen,* das dir die Werkzeuge an die Hand gibt, die du für deine Reise brauchst.
2. *Weisheit,* um das in der Vergangenheit erworbene Wissen so anzuwenden, daß es dir hilft, deine Gegenwart, dein »Jetzt« zu entdecken.
3. *Mitgefühl,* das dir hilft, andere zu akzeptieren, die vielleicht einen anderen Weg gehen als du, und ihnen mit Freundlichkeit und Verständnis zu begegnen, während du mit ihnen, durch sie oder an ihnen vorbei deinen eigenen Weg gehst.
4. *Harmonie,* die dich befähigt, den natürlichen Fluß des Lebens anzunehmen.
5. *Kreativität,* die dir hilft, neue Alternativen und nicht vorgeschriebene Wege auf deiner Reise durch das Leben zu erkennen und zu verwirklichen.
6. *Stärke,* um die Angst zu besiegen und trotz aller Unsicherheit vorwärts zu gehen, ohne Garantie oder Belohnung.
7. *Frieden,* der dir hilft, dich auf deine eigene Mitte zu konzentrieren.
8. *Freude,* damit du auf dem ganzen Weg singen, lachen und tanzen kannst.
9. *Liebe,* die dich dem höchsten Bewußtseinszustand entgegenführt, dessen der Mensch fähig ist.
10. *Einheit,* die uns zu unserem Anfang zurückbringt – an den Ort, wo wir eins sind mit uns und mit allen Dingen.

So hat mich die Erforschung der Liebe zur Erforschung des Lebens gebracht. In Liebe leben heißt das Leben wirklich leben, und wirklich leben heißt in Liebe leben.

Für mich ist das Leben ein Geschenk Gottes. Wie du dein Leben gestaltest, ist dein Geschenk für Gott. Sorge dafür, daß es ein *phantastisches* Geschenk wird.

Das Wesentliche
ist für die Augen unsichtbar

Ich habe darum gebeten, daß das Licht voll eingeschaltet bleibt. Diejenigen unter Ihnen, die mich schon kennen, wissen, daß ich Ihre Augen sehen will, und aus irgendeinem Grund ist mir das heute wichtiger denn je. Ich stehe hier vor einer sehr großen Gruppe von Menschen, und ich spüre so eine starke Verantwortung, daß ich Ihnen alles geben möchte, was ich bin.

Am Beginn meiner Vorträge erzähle ich gern neue Geschichten über meinen Namen, und wer mich schon kennt, weiß, daß es jedesmal wirklich eine neue Geschichte ist. Diesmal ist sie so unerhört, daß sie Ihnen ganz unglaublich erscheinen wird. Auch sie hat sich in Asien zugetragen. Ich mußte mein Visum erneuern lassen und zu diesem Zweck von Thailand nach Kambodscha fahren. Es war eine Zeit großer Spannungen, denn aus Gründen, die ich niemals recht verstanden habe, warfen wir über Kambodscha Bomben ab (und es ist sehr unangenehm, für Bombenabwürfe mitverantwortlich zu sein!). Jedenfalls ging ich über die Grenze, und der Grenzbeamte war sichtlich beunruhigt, weil Touristen die kleine Stadt Poi Pet gewöhnlich nicht aufsuchen. Die Bahnreise von Bangkok dorthin dauert sechs Stunden, und Poi Pet ist ein winziges Dorf unmittelbar hinter der Grenze. Ich zeigte dem Beamten meinen Paß, und er sah mich an, als gehörte ich wirklich nicht hierher, schlug die falsche Seite auf – und trug mich in seinem sehr wichtigen, offiziellen Buch als Mr. »Narbe-über-dem-rechten-Auge« ein.

Ich habe wirklich Glück, weil ich so viel in der Welt herumgekommen bin und weil ich so ungeheuer interessante Dinge erlebte. Heute möchte ich Ihnen etwas mitteilen, das ich überall in unserem Lande sehe. Es ist etwas, das sich augenscheinlich in unserem Bewußtsein abspielt. Ich finde, daß sich allzu viele von uns auf der

»Reise nach außen« verirren. Zu dieser Hinwendung nach außen gehört das Sammeln von Dingen und das Streben, der Reichste, der Größte und der Beste zu sein. Wir verfügen heute über die meisten Dinge, die wir für unsere »Bequemlichkeit« brauchen, und wir sind dabei sehr weit gekommen. Und doch sind wir im Grunde noch ziemlich einsam, viele von uns wissen nicht mehr, wo sie eigentlich stehen, und die meisten von uns sind verwirrt.

Jetzt zeigt sich jedoch eine Tendenz in eine andere Richtung, und das ist die Reise nach *innen*. Das ist für mich sehr aufregend, denn ich habe mein ganzes Leben lang mit Kindern gearbeitet, und ich weiß, daß das einzig Wertvolle, das wir diesen Kindern geben können, das ist, was wir *sind*, und nicht, was wir haben. Allzu oft geben wir ihnen nur die äußeren Dinge. Aber wenn wir älter und weiser werden, erkennen wir, daß dies nicht die wichtigsten Dinge sind. Im Umgang mit Kindern sind die wichtigsten Dinge, die wir ihnen geben müssen, *wer und was wir sind*. Es freut mich jedesmal, wenn ich sehe, daß Menschen wirklich herausfinden wollen, was das ist. Und deshalb habe ich mich, als ich gebeten wurde, heute zu Ihnen zu sprechen, für das Thema entschieden: »Das Wesentliche ist für die Augen unsichtbar.«

Viele Gesichter haben aufgeleuchtet, als ich das sagte; denn viele von Ihnen haben es erkannt. Es ist ein Zitat aus einem wunderbaren Buch von Saint-Exupéry, *Der kleine Prinz*. Es erzählt die Geschichte von einem kleinen Jungen, der auf einem Stern lebt. Auf diesem Stern gibt es außer ihm niemanden und nichts als einen großen Affenbrotbaum und ein paar Vulkane. Der kleine Junge ist sehr zart, empfindsam und wißbegierig. Er liebt Sonnenuntergänge, weil sie gleichzeitig schön und ein wenig traurig sind. Der Planet, auf dem er lebt, ist sehr klein, und deshalb kann der kleine Junge jedesmal, wenn er seinen Stuhl an eine andere Stelle rückt, einen neuen Sonnenuntergang sehen – 44 Sonnenuntergänge am Tag. Großartig!

Eines Tages kommt ein kleines Samenkorn daher, und er beobachtet, wie eine Rose daraus wächst. Er beobachtet aufmerksam, wie sie aufblüht und sich zu einer hinreißenden Blume entwickelt. Er hat noch nie eine Rose gesehen, und während die Blüte ihre ganze Schönheit entfaltet, wird die Rose sehr eitel (wie das manchmal mit schönen Dingen geschieht). Sie zeigt sich von ihrer schönsten Seite und sagt: »Schütze mich vor der Zugluft« und »Schütze mich vor der Sonne«. Schließlich wird der kleine Prinz ganz unglücklich und meint, daß er sie überhaupt nicht versteht. Er verläßt sie und fliegt zu anderen Planeten, um etwas über die Liebe, das Leben und die Menschen zu erfahren und dadurch weise zu werden. Dabei hat er die seltsamsten Erlebnisse.

Auf der Erde begegnet er unter anderem einem sehr weisen Fuchs, und der kleine Fuchs bittet den kleinen Prinzen: »Zähme mich.« Und der kleine Prinz sagt: »Was heißt ›zähmen‹?« Und der Fuchs sagt ihm, wie man sich mit anderen »vertraut macht«. Über diese großartige Lebensweisheit würde ich gerne länger mit Ihnen sprechen, wenn wir die Zeit dazu hätten. Aber Sie können es ja nachlesen. Der kleine Prinz sagt: »Ich möchte dich wohl zähmen, aber ich habe nicht viel Zeit. Ich muß Freunde finden und viele Dinge kennenlernen.« Und der Fuchs sagt: »Wenn du fortgehst, werde ich sehr traurig sein und weinen.« Da fragt ihn der Prinz: »Warum willst du unbedingt, daß ich dich zähme, wenn es dir doch nur Schmerzen bereiten wird?« Und der Fuchs sagt: »Es ist wegen der Farbe der Weizenfelder.« Und der kleine Prinz sagt: »Das verstehe ich nicht.« Da antwortet ihm der Fuchs:

»... ich esse kein Brot. Für mich ist der Weizen zwecklos. Die Weizenfelder erinnern mich an nichts. Und das ist traurig. Aber du hast weizenblondes Haar. Oh, es wird wunderbar sein, wenn du mich einmal gezähmt hast! Das Gold der Weizenfelder wird mich an dich erinnern. Und ich werde das Rauschen des Windes im Getreide liebgewinnen.«

Und dann beginnt das Ritual des Zähmens, das Miteinander-vertraut-Werden. Ich möchte Ihnen einen kleinen Abschnitt aus dem Buch vorlesen; denn hier sagt der Fuchs dem kleinen Prinzen, mit dem er lange befreundet gewesen ist, kurz vor dem Abschied etwas sehr Wichtiges:

So machte denn der kleine Prinz den Fuchs mit sich vertraut. Und als die Stunde des Abschieds nahe war:

»Ach!« sagte der Fuchs, »ich werde weinen.«

»Das ist deine Schuld«, sagte der kleine Prinz, »ich wünschte dir nichts Übles, aber du hast gewollt, daß ich dich zähme.«

»Gewiß«, sagte der Fuchs.

»Aber nun wirst du weinen!« sagte der kleine Prinz.

»Bestimmt«, sagte der Fuchs.

»So hast du also nichts gewonnen!«

»Ich habe«, sagte der Fuchs, »die Farbe des Weizens gewonnen.«

Dann fügte er hinzu:

»Geh die Rosen wieder anschauen. Du wirst begreifen, daß die deine einzig ist in der Welt. Du wirst wiederkommen und mir adieu sagen, und ich werde dir ein Geheimnis schenken.«

Der kleine Prinz ging, die Rosen wiederzusehen:

»Ihr gleicht meiner Rose gar nicht, ihr seid noch nichts«, sagte er zu ihnen. »Niemand hat sich euch vertraut gemacht, und auch ihr habt euch niemandem vertraut gemacht. Ihr seid, wie mein Fuchs war. Der war nichts als ein Fuchs wie hunderttausend andere. Aber ich habe ihn zu meinem Freund gemacht, und jetzt ist er einzig in der Welt.«

Und die Rosen waren sehr beschämt.

»Ihr seid sehr schön, aber ihr seid leer«, sagte er noch. »Man kann für euch nicht sterben. Gewiß, ein Irgendwer, der vorübergeht, könnte glauben, meine Rose ähnle euch. Aber in sich selbst ist sie wichtiger als ihr alle, da sie es ist, die ich begossen habe. Da sie es ist, die ich unter den Glassturz gestellt habe. Da sie es ist, die ich mit dem Wandschirm geschützt habe. Da sie es ist, deren Raupen ich getötet habe (außer den zwei oder drei um der Schmetterlinge willen). Da sie es ist, die ich klagen oder sich rühmen gehört habe oder manchmal auch schweigen. Da es meine Rose ist.«

Und er kam zum Fuchs zurück: »Adieu«, sagte er.

»Adieu«, sagte der Fuchs. »Hier ist mein Geheimnis. Es ist ganz einfach: Man sieht nur mit dem Herzen gut. Das Wesentliche ist für die Augen unsichtbar.«

»Das Wesentliche ist für die Augen unsichtbar«, wiederholte der kleine Prinz, um es sich zu merken.

»Das Wesentliche ist für die Augen unsichtbar.«

Vor einigen Jahren ging ich nach Cornwall und kaufte alle heiligen Schriften, die ich bekommen konnte. Ich nahm sie mit und brachte viele Monate damit zu, sie zu lesen und Gemeinsamkeiten in ihnen zu finden. Und das Folgende fand ich in allen: Wenn wir nur die äußeren Erscheinungen des Lebens und des Menschen betrachten, übersehen wir das Wesentliche. Lassen Sie mich das noch etwas näher erklären: Wenn ich von einem Lehrer spreche, dann spreche ich nicht nur von einem Menschen, der ein Diplom hat, das bestätigt, er habe an soundso vielen langweiligen Lehrgängen teilgenommen. Dann spreche ich von Eltern, vom Vormund, von dem Mann, der an der Straßenecke Eiscreme verkauft. Jeder ist immer ein Lehrer für andere, und deshalb ist es dringend notwendig, daß wir als Lehrer alle wissen, worauf es ankommt; denn nur wenn wir alle gemeinsam das Wesentliche kennen, können wir wissen, was möglich ist. Und das Wunderbare daran ist, daß das Wesentliche so unermeßlich und so unfaßbar ist, während das, was wir mit unseren Augen wahrnehmen, so begrenzt und klein ist.

Einer meiner Helden ist Buckminster Fuller. Dieser kleine alte Mann war neulich hier an unserer Universität. Er ist einfach großartig! Er trägt eine große, dicke Brille, hat an jedem Ohr einen Hörapparat und ist dabei so vital, daß er nur mit einem Stückchen Kreide und einer Tafel jeden seiner Zuhörer drei Stunden lang faszinieren kann. Es ist erstaunlich. Neulich hat auch er die gleiche Frage gestellt, mit der sich schon so viele bedeutende Persönlichkeiten beschäftigt haben: Was ist das Wesentliche am Menschen? Ist es unser Körper? Ist es unser Bewußtsein? Sind es unsere Arme? Unsere Beine? Unsere Finger? Was ist wirklich wesentlich? Wer bin ich? Wer ist das »Ich meines Ichs«?

Er hat für die *Saturday Review/World* einen wunderbaren Artikel geschrieben. Dieser Aufsatz ist ganz typisch für Buckminster Fuller, der sich noch mit 78 Jahren lebhaft dafür interessiert, was den Menschen einzigartig und wunderbar macht. Er fragt sich, warum wir alle so zauberhaft sind und warum wir unseren Mitmenschen, wenn wir ihn wirklich kennenlernen, unbedingt lieben müssen, weil er so einmalig und so unvergleichlich ist. Wenn du auch nur einen einzigen Menschen aus deinem Leben ausschließt, dann bekommst du seine Einmaligkeit von niemandem anderen. Ich wünsche mir zum Beispiel, daß Sie alle an meinem Leben teilnehmen, weil es ohne Sie niemals vollständig sein kann. Aber nur wenn Sie Ihr eigenes Selbst finden, können Sie mir etwas geben, so wie auch ich mein Selbst finden muß. Warum lese ich? Warum reise ich? Warum höre ich zu? Warum kümmere ich mich um andere Menschen? Damit ich immer mehr und mehr bekommen und es mit ihnen teilen kann – das ist der einzige Sinn des Habens.

In diesem Artikel schreibt Buckminster Fuller, dessen strahlende Augen mich immer wieder beeindrucken (und mit 78 Jahren sind solche Augen ein Wunder!), in seinem ganz eigenen Stil:

Ich bin 78, und ich habe nach so vielen Jahren mehr als 1000 Tonnen Wasser, Nahrungsmittel und Luft in mich aufgenommen. Die chemischen Bestandteile dieser Stoffe haben sich zeitweilig in meine Haare, meine Haut, mein Fleisch, meine Knochen, mein Blut usw. verwandelt und sind dann wieder abgebaut worden. Als ich auf die Welt kam, wog ich 7 Pfund. Dann nahm ich zu und wog 70, 170 und sogar 207 Pfund. Als ich 70 Pfund abgenommen hatte, fragte ich mich: »Wer war das, diese 70 Pfund? Ich bin ja noch da.« Die 70 Pfund, die ich verloren hatte, waren das Zehnfache dessen, was ich 1895 bei meiner Geburt gewogen hatte.

Ich bin mir sicher, daß ich nicht das bin, was aus den Mahlzeiten entstanden ist, die ich in letzter Zeit zu mir genommen habe und die sich zum Teil in meine Haare verwandeln werden, die ich mir dann zweimal im Monat schneiden lasse. Die chemischen Bestandteile der 70 Pfund, die ich abgenommen habe, stellten offensichtlich nicht mein »Ich« dar, und dieses »Ich« besteht auch nicht aus den Atomen meines heutigen Körpers. Wir begehen einen großen Irrtum, wenn wir unser »Ich« und unser »Du« mit diesen vergänglichen und daher sinnlich wahrnehmbaren Chemikalien verwechseln... Man hat eine ganze Anzahl von Menschen unmittelbar vor und nach ihrem Tod gewogen. Viele krebskranke arme Leute haben sich bereit erklärt, sich mit ihrem Bett auf eine Waage stellen zu lassen. Der einzige Gewichtsunterschied vor und nach dem Tode war verursacht durch die ausgeatmete Luft und den Urin, den diese Menschen abgegeben haben. Was immer das Leben ist, es wiegt nichts.

Im folgenden spricht er über den menschlichen Verstand. Er sagt, unsere Vorstellungen verändern sich ständig. Der Verstand eines Kindes ist nicht der Verstand eines Erwachsenen. Der Verstand, den wir heute haben, ist ein anderer als der, den wir nächste oder übernächste Woche haben werden. Also ist unser sich verändernder Verstand offenbar nicht das Wesentliche. Was also ist unser Wesenskern? Was ist dieses erstaunliche, nebulöse Etwas, das er als ewig bezeichnet?

Am Ende seines Aufsatzes schreibt er:

... die Menschheit hat eine wesentliche Funktion im Universum – in den großen und kleinen Dimensionen des gewaltigen Szenenentwurfs und seiner Verwirklichung in der Zeit. In unserer Intuition dämmert die Erkenntnis von der Integrität und Unsterblichkeit des Individuums. Bewußtheit ist endlich, Wissen ist ewig. Das Gehirn ist vergänglich, der Geist ewig. Bewußtsein und Wahrnehmung sind vergänglich und endlich. Begreifen und Wissen sind ewig. Kleine Kinder wissen das intuitiv.

Alle, die wir mit Kindern umgehen, sollten entschlossen sein, nicht nur unseren Wesenskern zu finden und diese Kinder daran teilhaben zu lassen, sondern auch ihnen zu helfen, ihren Wesenskern zu finden, ihn zu entwickeln, sich daran zu freuen und ihn mit anderen zu teilen.

Erst wenn du dich damit auseinandergesetzt hast, was an dir selbst wesentlich ist, erst dann kannst du erkennen, was an deinen Kindern wesentlich ist. In Wirklichkeit neigen wir Berufserzieher so oft dazu, die Kinder als das zu betrachten, was sie nach außen hin zu sein scheinen. Wir neigen dazu, sie aufzuteilen. Wir neigen auch dazu, uns gegenseitig nur als *unsere Teile* und nicht als Ganzes zu sehen.

Es hat mich schon immer sehr interessiert, wie wir Kinder betrachten. Ich bin während meines ganzen Lebens als Erzieher tätig gewesen und h·' ə das Folgende festgestellt: Der Sprachpathologe sieht das Kind als einen pathologischen Fall, als jemand, der lispelt, stottert oder ein anderes Sprachproblem hat. Der Beschäftigungstherapeut sieht das Kind als ein motorisches Problem. Für den Schulpsychologen ist es ein emotionales Problem oder ein Fall von Lernschwierigkeiten. Der physikalische Therapeut betrachtet es als Muskelproblem. Für den Neurologen ist es ein gestörtes Zentralnervensystem. Der Verhaltensforscher sieht in ihm eine Verhaltensstörung. Der Legasthenikerberater erblickt in ihm einen Fall von Leseschwäche. Für die Schulverwaltung ist das Kind ein Organisationsproblem. Und für den Lehrer ist es ein Rätsel und oft ein äußerst beunruhigendes! Und obwohl die Eltern sich ehrlich darum bemühen, ihr Kind als ein integriertes Ganzes anzusehen, versuchen die Fachleute sie vom Gegenteil zu überzeugen. Und dann verlieren sie dieses potentielle vollständige Wunder aus den Augen, und das Kind wird auch für sie ein »Problemkind«. Das alles bedeutet für mich, daß wir das Wesentliche nicht sehen.

Alle diese Leute versuchen, das Wesentliche mit den Augen zu sehen; das Auge ist jedoch das ungenaueste, unzuverlässigste und am stärksten von Vorurteilen beeinflußte Organ unseres Körpers. Sie sehen das Kind an, sehen aber in Wirklichkeit an ihm vorbei. Was sie an ihm sehen, gehört zwar sicherlich auch zu ihm, aber das Kind ist ungeheuer viel mehr! Das wirklich Wesentliche an ihm bleibt für das Auge unsichtbar.

. Wenn wir nicht sehr genau achtgeben, dann werden wir tun, was Maslov sagt, und mir gefällt das sehr gut: »Wenn das einzige Werkzeug, das du besitzt, ein Hammer ist, dann wirst du dazu neigen, alles andere so zu behandeln, als sei es ein Nagel.« Wenn wir das Kind ansehen, dann müssen wir es in seiner ganzen Vielfalt erkennen. Wir müssen das Sichtbare und das Unsichtbare sehen, das sein ganzes Wesen ausmacht, und wir brauchen eine sehr große Zahl von Werkzeugen, um dieser Vielfalt gerecht zu werden. Das ist das Aufregende, die Herausforderung, das *Wunderbare* an der Arbeit mit Menschen im Gegensatz zur Arbeit mit Maschinen.

Was hindert uns nun daran, das Wesentliche zu sehen? Es ist, wie ich glaube, vor allem das, was wir gelernt haben – unsere Sprache, unsere Wahrnehmung, all das, was unser Zentralnervensystem für uns getan hat. Unser starrer Verstand. Ich habe erst kürzlich eine Reihe von Büchern über unser Wahrnehmungsvermögen gelesen und bin dabei schließlich zu der Erkenntnis gekommen (und sicher ist das schon tausendmal an anderer Stelle gesagt worden), daß es in Wirklichkeit nicht die Hauptaufgabe des Zentralnervensystems ist, etwas *hereinzulassen,* so wie wir es gelehrt haben, sondern vielmehr, etwas *auszuschalten.* Man nennt das »selektive Wahrnehmung«. Deshalb sehen wir nur einen kleinen Teil der Dinge in unserer unmittelbaren Umgebung. Wir müssen natürlich fähig sein, äußere Reize auszuschalten, wenn wir uns auf etwas Bestimmtes konzentrieren wollen. In diesem Raum geschehen gegenwärtig die verschiedensten Dinge. Sie haben sich vielleicht freiwillig dazu entschlossen, sich auf mich zu konzentrieren. Das ist sehr freundlich von Ihnen; denn es ist wichtig, daß wir miteinander kommunizieren. Sie hören daher nicht, wenn ein anderer hustet oder irgend jemand hereinkommt, und Sie hören nicht den knurrenden Magen Ihres Nachbarn, der sagt, »ich bin hungrig und möchte, daß Buscaglia sich jetzt beeilt.« Sie hören alle diese Dinge nicht, weil Sie beschlossen haben, mir zuzuhören und alles andere auszuschalten. Wenn Sie das nicht täten, dann könnten Sie träumen, an Ihr Zuhause und an Ihre Familie denken oder sich irgend etwas anderes vorstellen. Neueste Untersuchungen haben ergeben, daß manche Leute LSD genommen haben, ohne daran zu denken, wie sehr sie sich damit schaden konnten. Sie waren nicht darauf vorbereitet, daß sich alle ihre Sinne öffneten und alle Sinneseindrücke auf einmal auf sie einstürmten. Und sie endeten schließlich in Nervenkliniken. Unser Nervensystem, so wie wir es erzogen haben, ist dazu da, um abzuschirmen, wegzulassen. Deshalb ist unsere Lernfähigkeit tatsächlich sehr begrenzt.

Zwischen Ihnen und mir geschieht in diesem Augenblick mehr als nur die Übertragung meiner verrückten Worte durch die in der Luft erzeugten Schwingungen. Ich bin überzeugt, daß viele von uns eines Tages so aufnahmefähig für Schwingungen sein werden, daß ich oder ein anderer Redner nur hier stehen und so starke Schwingungen aussenden wird, daß Sie auf Ihren Stühlen davon durchgerüttelt werden! Man wird keine Worte mehr brauchen, um sich zu verständigen; das wird wahrhaftig ein glücklicher Tag sein! Wie Sie wissen, ist die Unvollkommenheit der Sprache einer der größten Mängel auf dieser Welt. Ich bin immer wieder erstaunt darüber, daß wir uns überhaupt verständigen können. Wenn ich Sie zum Beispiel aufforderte, das Wort »Liebe« zu definieren, dann würde ich die verschiedensten Definitionen zu hören bekommen. Das gleiche gilt für die Worte »Heimat«, »Fürsorge«, »Angst«, »Staunen«. Unsere geistigen Fähigkeiten sind also sehr begrenzt, und wir nehmen nur eine geringe Auswahl von Erfahrungen auf.

Wir glauben tatsächlich, daß es außer dem, was wir als Realität wahrnehmen, nichts mehr gibt. Du meine Güte! Wo immer wir auch stehen, wir sind doch erst am Anfang! Wir beginnen doch erst, das Universum und uns selbst zu finden. In kleinen Selbsterfahrungsgruppen können Sie für Minuten erleben, daß Sie Gefühle haben, von denen Sie nie zu träumen wagten, eine neue Fähigkeit zu fühlen, eine neue Fähigkeit zu riechen und zu schmecken – eine wunderbare Erweiterung der Aufnahmefähigkeit, die immer da war, die Sie bisher aber nicht entdeckt hatten. Diese Fähigkeiten müssen nur entwickelt werden. Und das ist nichts Magisches oder Geheimnisvolles; man muß das alles nur *lernen* und *entwickeln.* Aber in unserer unwissenden, begrenzten Welt glauben wir, was wir bisher erkannt hätten, sei schon alles.

Mir ist es damals gar nicht klargeworden, daß Papa mir den besten Unterricht der Welt im Gebrauch meiner fünf Sinne gegeben hat. Ich erzähle immer wieder von Papa, weil er ein großartiger Mann war. So hat er uns Kindern beigebracht, wie man eine Weinprobe macht – ist das nicht herrlich? Und es amüsiert mich immer, wenn wir, besonders in Amerika, in einem Restaurant sitzen und der Kellner fragt, »wollen Sie den Wein probieren, Sir?« Wir werden dann irgendwie verlegen und sagen, »vielen Dank, gerne.« Dann gießt der Kellner ein paar Tropfen ins Glas, wir kosten und sagen, »wunderbar!« Wir würden es auch sagen, wenn es Essig wäre!

Papa pflegte zu sagen: »Weintrinken ist eine Zeremonie – fast ein Sakrament.« Der Wein spricht alle Sinne an. Zuerst hält man ihn gegen das Licht und betrachtet die Farbe. Jeder Wein hat eine andere Farbe. Wenn man dem Weinkellner eine Freude machen will, sagt man: »Oh, sehen Sie sich diese Farbe an – ist sie nicht schön?« Dann zeigt man sie der ganzen Tischrunde. Die Kellner sind es gewöhnt, daß wir die Probe sofort trinken, und warten meist nicht einmal mehr mit dem Einschenken. Sie sind schon halb um den Tisch herum, bevor man den Wein probiert hat. Und dann das Bouquet – das heißt der Duft! Wenn man den Wein ein wenig im Glas schwenkt und dann unter die Nase hält, riecht man das wunderbare Aroma der Trauben. Sie haben also den Wein geschwenkt, Sie haben ihn betrachtet und gerochen – und dann kommt der große Augenblick, in dem Sie die Zunge damit benetzen, zunächst nur die Zungenspitze; denn die Zunge ist so empfindlich, daß sie überall etwas zu sagen hat – während der Wein über die Zunge fließt, sagt Ihnen dieses fein abgestimmte Organ an jeder Stelle etwas anderes. Man beginnt mit der Zunge und nimmt dann den Geschmack im ganzen Munde wahr. Erst wenn das geschehen ist, kann man wirklich sagen, ob der Wein gut oder schlecht ist. Bei einer Weinprobe erlebt man eine ganze Skala wundersamer Empfindungen.

Wir halten auch unser Ego für wesentlich, dieses Selbst, das wir konstruiert haben! Aber ich möchte Ihnen sagen, daß *Sie* dieses Selbst nicht konstruiert haben. Andere haben es für Sie getan. Andere haben Ihnen gesagt, wer Sie sein sollen und wer nicht, wie Sie sich bewegen sollen, wie Sie riechen sollen und wie Sie dies oder jenes tun sollen. Wie wunderbar ist es, Abstand zu nehmen und das zu befolgen, was man in Asien sagt: »Lege dein Ego auf den Tisch.« Tritt aus dir selbst heraus und laß es dort liegen. Sage: »Habe ein wenig Geduld.« Nur auf diese Weise kann man neue Botschaften aufnehmen. Das Selbst umgibt sich mit gewaltigen Mauern, als »Selbst«-Schutz. Es nennt diese Mauern »die Wirklichkeit«. Alles, was nicht dem entspricht, was dieses eingemauerte Selbst als wirklich betrachtet, wird von der Mauer nicht durchgelassen, und wenn dann eine neue Wahrnehmung endlich hereinkommt, ist sie auf das reduziert, was das Selbst als Wirklichkeit ansehen wollte. Deshalb sehen die meisten von uns während ihres ganzen Lebens nur das, was sie sehen *wollen;* sie hören, was sie hören *wollen,* sie riechen, was sie riechen *wollen,* und alles andere bleibt völlig unsichtbar. Alle Dinge sind da, und um sie wahrzunehmen, müssen wir sie nur hereinlassen, sie berühren, sie schmecken, sie kauen, sie umarmen (das ist das schönste), sie so erleben, wie *sie* sind – und nicht, wie *wir* sind.

Wir betrachten auch unsere Süchte als wesentlich. Ich sage unsere »Süchte«, weil wir buchstäblich süchtig sind nach unsinnigen Vorstellungen und nicht wissen, wie wir uns davon befreien sollen. Wir haben die eigenartigsten Neigungen. Eines Tages saß ich allein auf einer Bank bei La Paz und schrieb eine Liste von Süchten und Neigungen auf, mit denen wir uns selbst schaden. Ich bin ein Mensch und habe auch meine besonderen Neigungen. Ich bin alles andere als vollkommen. Manchmal weine ich und fühle mich einsam. Es überwältigt mich, daß die Menschen zu mir kommen und mich anhören. Das erstaunt mich immer wieder. Man erzählte mir, irgend jemand, der aus New Jersey im Flugzeug herkommen wollte, habe angerufen und gefragt: »Ist Leo da? Wenn er nicht da ist, werde ich nicht kommen.« Mein Gott – welche Verantwortung! Was habe ich denn zu sagen? Wahrscheinlich habe ich deshalb das Manuskript für diesen Vortrag 17mal umgeschrieben!

Während ich dort am Strand saß, fielen mir 73 gegen das Selbst gerichtete Neigungen ein. Ich nenne sie mit Paul Reps »die Kennzeichen des Anti-Selbst«. Ist das nicht gut? Das »gegen sich selbst gerichtete Selbst«, jene verrückten Ideen und Vorstellungen, die man uns beigebracht hat und an deren Wert wir glauben; und dann gehen wir durchs Leben und versuchen, neue Eindrücke zu sammeln, aber das gelingt nicht, weil die alten Vorstellungen ihnen den Weg versperren.

Und das schlimmste von allem, was uns daran hindert, das Wesentliche zu sehen, ist die *Gleichgültigkeit.* »Das ist mir wurscht.« »Mir geht es auch so ganz gut.« – »Wer zum Teufel will Schwingungen spüren?« – »Laßt doch Buscaglia seine Schwingungen spüren!« »Wen kümmert das schon?« – »Eine Blume ist eine Blume ist eine Blume.« – »Ein Baum ist ein Baum.« – »Wer will schon 44 Sonnenuntergänge sehen?« Wie ich schon in meinem Buch *Liebe* gesagt habe, ich glaube wirklich, das Gegenteil von Liebe ist nicht Haß, es ist die Apathie, die Gleichgültigkeit. Ich bin bereit, alles zu tun –

und ich meine wirklich *alles* –, um die Menschen aus ihrer Apathie aufzuwecken; denn sie ist schlimmer als der Tod. Ich kann mit dem Haß fertig werden, mit dem Zorn, mit der Verzweiflung, ja, ich kann mit jedem Menschen umgehen, der irgend etwas fühlt, aber mit *nichts* kann ich nichts anfangen. Vor einigen Tagen habe ich einen geradezu vernichtenden Brief bekommen. Darin hieß es: »Ich habe einen Ihrer Vorträge auf Tonband gehört, und darin zitieren Sie Faulkners *Wild Palms*[1]. Sie sagen, ›wenn ich zwischen dem Schmerz und dem Nichts wählen müßte, dann würde ich mich für den Schmerz entscheiden.‹« Dann hieß es weiter: »Ich halte das für verrückt. Ich würde mich jederzeit für das Nichts und gegen den Schmerz entscheiden.«

R. D. Laing, der Psychiater, den ich so oft zitiere, hat gesagt: »Vom Augenblick der Geburt bist du darauf programmiert, ein menschliches Wesen zu werden, aber immer so, wie dieser Begriff von deiner Kultur, von deinen Eltern und von deinen Erziehern definiert wird.« Und das Schreckliche daran ist, daß wir auf diese erlernten Vorstellungen festgelegt werden und anfangen, das Erlernte mit *uns selbst* gleichzusetzen. Hier sind wir selbst, und dann belasten wir dieses Selbst mit Abertausenden von Dingen, die mit uns selbst vielleicht gar nichts zu tun haben, sondern nur mit unseren Familien, mit unserer Kultur, unseren Freunden usw. usf. Wir schleppen sie mit uns herum, und sie werden ein Teil von uns selbst. Schließlich sind wir bereit, zur Verteidigung dieses »Selbst« zu sterben, und wir werden apathisch, also teilnahmslos, um der Herausforderung durch ein neues Selbst auszuweichen.

Wir schaffen uns auch Modelle der Perfektion. Wir bringen das ganze Leben mit dem Versuch zu, die uns umgebende Welt unseren Vorstellungen von Vollkommenheit anzupassen. Wir tun das wirklich! Wie sieht nach solchen Vorstellungen zum Beispiel ein perfekter Tag aus? Ein Tag, der alle unsere Bedürfnisse befriedigt und so verläuft, wie *wir* es uns wünschen. Und was ist ein schlechter Tag? An einem schlechten Tag läuft nicht alles nach Wunsch. Nun, das ist hart! Es ist doch wirklich sehr *bedauerlich,* wenn sich ein Tag nicht so gestaltet, wie wir es uns vorgestellt haben. Der Tag war

[1] in wörtlicher Übersetzung: Wilde Palmen

perfekt – *wir selbst* sind es gewesen, die an der Vollkommenheit dieses Tages herumgebastelt haben.

Solche Erwartungen werden automatisch immer intensiver. Sie schließen jede Möglichkeit aus, neuen Erfahrungen zu begegnen, die unseren Neigungen, unseren Süchten widersprechen. Ich habe das unzählige Male erlebt. Es gibt Familien, die Tag und Nacht arbeiten, um ihren Kindern ein schönes Heim zu schaffen, und die diesen Kindern dann nicht erlauben, darin zu leben: »Setze dich nicht auf die Couch.« – »Das Wohnzimmer ist kein Spielzimmer.« »Zieh deine Schuhe aus.« – »Nicht in diesem Zimmer!« Wir haben uns daran gewöhnt zu sagen, jeder müsse die Universität und das College besuchen; es sei eine Schande, es nicht zu tun. Und dann zwingen wir die jungen Leute in diese Tretmühle, und wenn sie nicht vorher schon zerstört worden sind, dann werden sie mit Sicherheit nachher zerstört.

Ich habe eine Zeitlang sehr eng mit einer Familie zusammengearbeitet und dabei eine furchtbare Erfahrung gemacht. Der 16jährige Sohn hatte große Lernschwierigkeiten und konnte nicht lesen, war aber einer der prächtigsten Jungen, die ich je kennengelernt habe. Er arbeitete jeden Tag außerhalb des Hauses. Körperlich war er in der denkbar besten Verfassung. Er liebte die Menschen, und die Welt war für ihn ein großes Wunder – nicht die Welt seiner Eltern, sondern seine *eigene* wunderbare Welt. Er gab sich die größte Mühe. Kein Lehrer konnte ihm das Lesen beibringen, aber seine Eltern verlangten, daß er es lernte. Sie bestanden darauf und ließen nicht locker; denn sie waren auf die Vorstellung fixiert, *daß jeder Menschen lesen können muß.* Dabei übersahen sie, was für diesen Jungen wirklich wesentlich war. Heute befindet er sich in einer Nervenheilanstalt.

Tatsächlich ist unser Verstand oder Bewußtsein nichts anderes als ein Instrument der Erfahrung, und selbst wenn sich dieser Junge 20mal am Tage unseren angelernten Erwartungen gemäß verhalten würde, beunruhigt uns doch die eine Erwartung, die er nicht erfüllt, und macht uns unglücklich. *So reagieren wir wirklich!* Man kann uns den ganzen Tag loben und erzählen, wie wunderbar und großartig wir sind und was wir alles wert sind. Und dann sagt uns ein Mensch, daß er uns nicht mag, und wir sind am Boden zerstört!

Sie sollten das Buch von Orenstein über das Bewußtsein lesen. Es ist hervorragend und enthält einen sehr interessanten Absatz:

Unsere Sinne setzen uns Grenzen, unser Zentralnervensystem engt uns ein, unsere persönlichen und kulturellen Kategorien begrenzen uns, und auch unsere Sprache tut es. Über all diese Selektionen hinaus bringen uns die Regeln der Wissenschaft dazu, Informationen auszuwählen, die wir für zutreffend halten, und das begrenzt uns ebenfalls.

Wohin wir uns auch wenden, überall stoßen wir auf Grenzen. *Und doch kann sich das alles ändern.* Wir können unser inneres Programm verändern, und das geht sehr leicht. Aber *wir* können es nur *selbst* tun. Sagen Sie sich hier und jetzt in diesem Augenblick: »Ich werde anfangen, Erfahrungen zu machen. Ich werde meine Mahlzeiten schmecken! Ich werde die Menschen auf mich wirken lassen! Ich werde den Himmel anschauen! Ich werde die Düfte riechen, die durch die Luft ziehen! Ich werde die Dinge fühlen! Ich werde mich nicht nur ins Bett fallen lassen, sondern die Laken fühlen, meinen Körper fühlen, ich werde die Gefühle eines anderen Menschen spüren, werde ihn berühren und dabei meiner selbst, der Veränderungen in mir, meines Wachsens und meines Daseins bewußt sein.« Es ist *unerhört*, daß es so viele Möglichkeiten gibt und wir uns mit so wenig zufriedengeben. Wir sind uns nur eines so winzigen Raumes bewußt und begnügen uns mit der Vorstellung, daß das alles sei, was es gibt.

Dann glauben wir, unser physischer Körper sei wesentlich. Mein Gott! Wir verbringen mehr Zeit damit, für unseren Körper zu sorgen als für irgend etwas anderes auf der Welt! Wenn wir am Morgen aufgestanden sind, stellen wir ihn unter die Dusche, parfümieren ihn, kämmen ihm das Haar, strecken die Glieder, deodorieren ihn und kleiden ihn an. Und wenn der Tag vorüber ist, tun wir das gleiche noch einmal in umgekehrter Reihenfolge. Es ist reiner Wahnsinn! Bevor ich nach Asien ging, gab es eine Zeit, in der mich dieser Körper furchtbar gestört hat, weil seine Pflege so viel Zeit in

Anspruch nahm. Ich hielt damals für eine Gruppe von sehr liebenswerten Studenten in meinem Haus ein Seminar ab. Dort saßen wir zusammen und sprachen miteinander. Eines Abends sagte ich ihnen, wie sehr mich mein Körper ärgerte. Einige von ihnen beunruhigte das, denn sie glaubten, ich wollte damit andeuten, daß ich mich umbringen werde. Das werde ich nie tun! Dazu habe ich mich zu gern! Ich hatte eine phantastische Joga-Lehrerin, die mir sagte: »Hören Sie mal! Dieser Körper ist Ihr Fahrzeug. Wenn Sie zur rechten Zeit auf die richtige Weise an den richtigen Ort kommen wollen, dann sorgen Sie dafür, daß sich das Fahrzeug in einem erstklassigen Zustand befindet. Sie respektieren es, weil es das enthält, was wesentlich ist – wenigstens für eine gewisse Zeit.« Und plötzlich hatte ich eine ganz neue Einstellung zu meiner Person. Jetzt streichle ich mich sogar manchmal! Paul Reps beschreibt diesen Zustand sehr treffend: »Bisher konzentrierte sich der Mensch auf seine Arbeit, und jetzt verliert er sich in seinem Spiegel.«

Das Wesentliche sind also nicht unsere Körper. Sicher sind sie wichtig, und sicher sind auch unsere Gedanken und unsere Programme wichtig. Wo immer wir uns in diesem Augenblick befinden, es ist wichtig. Mir gefällt der Gedanke, daß du dich, wo du auch immer bist, in deinem gegenwärtigen Zustand lieben sollst, denn damit beginnt alles. Zunächst mußt du sagen: »Ja, ich liebe mich so, wie ich bin, mit all meinen Süchten und Unzulänglichkeiten, aber das heißt nicht unbedingt, daß ich auch noch morgen hier stehen werde. Es heißt nur, daß es mir hier gefällt, wo ich heute bin. Du kannst nicht weiterkommen, bevor du nicht diese Feststellung getroffen hast. Wenn ich nur einen einzigen Wunsch hätte und einen Zauberstab besäße, dann würde ich ihn über allen Menschen schwenken und sie alle veranlassen, zu sagen und zu *glauben:* »Ich liebe mich so, wie ich gerade jetzt bin, in diesem Augenblick. Es kann mir gar nicht bessergehen!«

In Asien hatte ich das große Glück, unter der Anleitung von Dr. Wu zu studieren; er ist einer der führenden Gelehrten, die sich auf das Tao des Lao Tse spezialisiert haben. Er hat mich etwas Wunderbares gelehrt und mir damit eine noch größere Achtung vor den Menschen eingeflößt. Dieser wunderbare, weise und sanfte Gelehrte, Lao Tse, hat gesagt, jeder sei das vollkommene »Alle«. Wir sind bereits vollkommen. Wir versuchen, in die Vollkommenheit hineinzupfuschen, und daher kommen alle unsere Probleme. Wie wunderbar wäre es, wenn wir die Tatsache akzeptieren könnten, daß wir unser vollkommenes Selbst sind. Ist das nicht logisch? Wer ist ein vollkommeneres »Du« als du selbst? Dein Nachbar? Wie kann dir denn jemand sagen, was dein vollkommenes Selbst ist? Nur du selbst kannst es wissen. Aber du bist dein vollkommenes Selbst, und du bist das einzige vollkommene »Du« *in der ganzen Weltgeschichte,* das diesen besonderen Weg gehen wird! Vielleicht versuchen andere, es unvollkommen zu machen, aber wir sollten dem Rat von E. E. Cummings folgen und unaufhörlich darum kämpfen, dieses »Selbst« sein zu können. Das ist die größte Schlacht, an der du dich beteiligen kannst, und es ist die einzige Schlacht, die zu bestehen sich lohnt. Wie ich schon zu Anfang sagte, wir leben in einer Zeit, in der die Menschen anfangen, sich selbst anzuschauen und die Vollkommenheit zu lieben, die in ihrem wahren Selbst bereits vorhanden ist.

Wir glauben auch, unsere unaufhörlichen geistigen und körperlichen Aktivitäten seien wesentlich. Wissen Sie, als was ich das bezeichne? Atmosphärische Störungen! Die meisten von uns sind tatsächlich ständig voller atmosphärischer Störungen. Paul Reps schreibt in seinem Buch *Be*[1]: »Wenn wir gleichzeitig an fünf oder sechs Dinge denken, dann trainieren wir, chronisch verkrampft zu sein. Überall finden wir das Training zur Verkrampftheit. Nirgends finden wir ein Training der Gelassenheit und des Glücks. Der arme Mensch, der geschaffen wurde, um der Freund aller Kreaturen zu sein, kann sich nicht einmal mit sich selbst befreunden.«

Wir sind immer in Eile, wir müssen ständig irgend etwas analysieren. Wir können unsere Gedanken nicht beruhigen. Wenn wir zu Bett gehen, ist unser Kopf voll von allen möglichen Dingen, und wir wissen nicht, wie wir sie loswerden sollen; deshalb können wir nicht schlafen. Aus diesem Grund bemühen sich heute immer

[1] in wörtlicher Übersetzung: Sei!

mehr Menschen darum, diese atmosphärischen Störungen zu verringern. Und doch gibt es wiederum andere, die sie als Idioten bezeichnen. Aber es ist bitter notwendig, daß wir lernen, unser Bewußtsein zu entleeren; denn sonst werden uns die atmosphärischen Störungen wahnsinnig machen. Du kannst 24 Stunden am Tag dasitzen und dich um deinen Sprößling sorgen. Aber hin und wieder mußt du dich entspannen und alles loslassen. Und wenn du das tust, wirst du etwas Wunderbares erleben. Du findest dabei nicht »nichts«, sondern eher »alles«. Und jetzt – wenn du es einfach so sein läßt, wie es ist – gehört es dir ohne jede Anstrengung. Es ist das einmaligste aller Gefühle.

Wir lernen, unser Bewußtsein zu entleeren, ohne Angst, es zu verlieren. Wir lernen Dinge wie »Suggerierkunde«. Wissen Sie, daß es in den Ländern des kommunistischen Blocks eine neue Wissenschaft gibt (über die wir bald Näheres wissen werden, die jedoch dort bewacht wird wie eine Geheimwaffe)? Es geht darum, daß ein Lehrer einem Studenten, dessen Bewußtsein völlig entleert ist, innerhalb von zwei bis drei Wochen ganze Studienkurse vermitteln kann.

Während meines Asienaufenthalts hatte ich in einem Kloster ein beglückendes Erlebnis. Das erste, was die Mönche mich lehrten, war das »no-mind«[1] nach der Zen-Methode. Woraus besteht diese Methode? Man wird z. B. in einen Raum gebracht, in dem es keine äußeren Reize gibt, in einen dunklen Raum. Dort sitzt man allein mit sich »selbst«. Das Essen wird einem gebracht, aber nur gerade so viel, daß es einen am Leben erhält. Man lebt in völliger Dunkelheit. Man hat keine Bücher, keinen Fernsehapparat, keinen Gesprächspartner, man ist mit sich allein. Und welche Freude ist es, einmal nur sich selbst zu begegnen und abzuwarten, was geschieht! Und wissen Sie, welches meine ersten Gefühle waren? Zunächst hatte ich das Gefühl: »Ich muß weiterdenken. Ich muß an meinen atmosphärischen Störungen festhalten. Ich muß mir selbst sagen ›das ist es also‹.« Und so führte ich also – wörtlich! – Selbstgespräche. Ich saß da und sagte mir Kinderverse auf, weil ich glaubte,

[1] sinngemäß etwa: »Freisein von der Denkmaschine« oder »Vorbeiziehenlassen der Gedanken«

wenn ich mich von der Sprache trennte, würde ich buchstäblich meinen Verstand verlieren.

In einigen heiligen Schriften heißt es (und darüber sollten Sie mal nachdenken): »Wenn du dein Selbst finden willst, dann mußt du dein Selbst verlieren.« Und was für ein Glücksgefühl war es, als ich nach einiger Zeit das Denken losließ, es zum Teufel schickte und mich nur zurücklehnte und alles geschehen ließ. Wie wunderbar war es, ganz ruhig zu bleiben, eine Zeitlang aus meinem Kopf herauszugehen, meinen müden Geist ausruhen zu lassen, einen Augenblick des Friedens zu erleben. Versuchen Sie es! Ich habe dort eine wunderbare Technik gelernt, mit der Sie vielleicht einmal spielen wollen. Man sagte mir: »Konzentrieren Sie sich in der Meditation auf Ihre Nasenspitze. Schließen Sie die Augen. Versammeln Sie alle Gedanken und alle Energie an der Nasenspitze. Reinigen Sie Ihr Bewußtsein von allem anderen. Und dann lassen Sie die Nasenspitze abfallen! Ist das nicht wie im Märchen? Versuchen Sie es abends vor dem Zubettgehen; Sie werden sofort einschlafen.« Jedenfalls sind alle diese atmosphärischen Störungen, die Sie für wesentlich halten, unsinnig! Lösen Sie sich davon, und es wird Sie vielleicht überraschen, wie viele neue Dinge auf Sie zukommen.

Ich habe ein wunderbares Buch entdeckt, die *Kabbala*. Es ist eine alte hebräische Geheimlehre. Eine Passage davon ist für mich so aufregend, daß ich mich Ihnen darüber mitteilen möchte. Da heißt es also:

Der Mensch muß erkennen, daß nichts wirklich ist, sondern daß sich alles im ständigen Werden und Verwandeln befindet. Es gibt keinen Stillstand. Alles wird geboren, wächst und stirbt. Sobald ein Höhepunkt erreicht ist, beginnt der Abstieg. Alles folgt dem Gesetz des Rhythmus. Es gibt keine Realität. Es gibt keine dauernde Qualität, keine Beständigkeit oder Substantialität. Nichts außer dem Wandel ist von Dauer. Der Mensch muß erkennen, daß sich alle Dinge aus anderen Dingen entwickeln und ihn zu anderen Dingen hinführen. Es ist eine ständige Aktion oder Reaktion, ein Hineinfließen oder Herausfließen, ein Aufbauen oder Abreißen, ein Entstehen oder Vergehen, Geburt und Wachstum und Tod. Nichts ist wirklich, und nur der Wandel ist von Dauer.

Um das zu akzeptieren, müssen wir die atmosphärischen Störungen hinter uns lassen. Wir müssen uns verlieren, um uns wiederzufinden. Wir müssen unseren Verstand verlieren, um ihn zu finden.

Wir haben ein großes Sicherheitsbedürfnis und halten das für wesentlich. In unserer Kultur spielt das eine große Rolle – die vielen Sicherheitsbedürfnisse, die wir für wesentlich halten. Wir übernehmen diese Süchte von anderen Erwachsenen, die ebenfalls süchtig nach Sicherheit sind. Wir glauben, es sei notwendig, Dinge anzuhäufen oder einflußreiche Leute zu »sammeln«. Ziele zu haben gibt uns ein Gefühl der Sicherheit. Geld, sehr viel Geld gibt uns ein Gefühl der Sicherheit.

Vor meiner Abreise nach Asien habe ich etwas sehr Interessantes erlebt. Innerhalb von zwei Monaten wurde dreimal in mein Haus eingebrochen. Beim ersten Mal rief ich die Polizei an; ein Beamter kam und sah sich den Schaden an. Wir stellten fest, was fehlte, und ich sagte: »Vielleicht haben diese Leute die Sachen dringender gebraucht als ich.« Der Beamte wurde böse und sagte: »Wenn Sie so denken, sind Sie eine öffentliche Gefahr!« Deshalb sagte ich es nicht wieder. Nach zwei Wochen kamen die Einbrecher wieder. Nach weiteren drei oder vier Wochen wurde mein Haus zum dritten Mal ausgeraubt. Ich setzte mich mitten im Wohnzimmer auf den Boden und dachte: »Jedesmal, wenn sie kommen, nehmen sie etwas mit, und es bleibt immer weniger zum Stehlen übrig. Wenn sie alles mitgenommen haben, wird es sich vielleicht nicht mehr lohnen, bei mir einzubrechen, und so habe ich dann ganz alleine mit dem Verbrechen aufgeräumt.«

Und dann das Geld... Als ich zum ersten Mal nach Asien ging und das Buch *The Way of The Bull*[1] schrieb, lebte ich von 35 Cents am Tage. Als ich das letzte Mal in Asien war, verbrauchte ich täglich 20 Dollar! Aber deshalb war die Reise nicht schöner. Ich wurde nur dicker. Geld ist nicht notwendig. Es ist *angenehm,* aber nicht *notwendig.* Die einzige Sicherheit bist *du selbst.* Darauf

[1] in wörtlicher Übersetzung: »Der Weg des Stieres«

kommt es an. Das Geld verliert täglich an Wert. Alles reißt sich um Gold. Die Buddhisten sagen dazu etwas sehr Beherzigenswertes: »Wir wachen als Engel auf, aber wir schlafen als Dämonen ein, weil wir uns den ganzen Tag nur um unsere Sicherheit kümmern.« Wir mühen uns ab und arbeiten uns zu Tode, weil wir uns dazu gezwungen fühlen, aus Angst oder weil wir vergessen, eine Atempause einzulegen und darüber nachzudenken, was wirklich wesentlich ist und worauf es ankommt. Die Sicherheit liegt in dir selbst. *Du* bist deine einzige Sicherheit.

Und dann halten wir die Befriedigung unserer sinnlichen Bedürfnisse für wesentlich. Je mehr du hast, desto mehr mußt du haben. Du hast nie genug von etwas Gutem. Du hast nie genug Aufmerksamkeit. Du hast nie genug Bestätigung. Du bist ständig darum bemüht, mehr Befriedigung zu bekommen. Aber soviel du auch bekommst, es wird dir nie genügen, solange *du* dir nicht selbst genügst.

Wir suchen ständig Höhepunkte. Wir wollen nicht leiden. Aber wissen Sie, aus dem Leiden kann man viel lernen. Natürlich würde ich lieber durch Freude lernen und Freude lehren, aber es ist ein gewaltiger Irrtum zu glauben, das Leiden habe keinen Wert. Wir sollen uns nicht an unser Leiden klammern und es herbeisehnen. Wir sollen es erfahren, damit fertig werden und es dann loslassen. Aber wir müssen es erfahren, um etwas daraus zu lernen. Zu leiden, ohne daraus zu lernen, wäre absolute Dummheit. Für die meisten von uns ist das Leben ein Streben nach einem angenehmen, ausgeglichenen Zustand. Es ist schön, in Hochstimmung zu sein, und wir sollten so viele Hochs erleben wie nur möglich. Wenn wir auf unseren Hochs aufbauen, mehr und mehr und mehr davon erleben – als eine Art Potential –, dann werden sogar aus den Tiefpunkten nur niedrigere Höhepunkte, und wir können sie leichter akzeptieren und loslassen!

Was also sind wir nicht? Wir sind nicht unsere mentalen atmosphärischen Störungen und nicht unsere Körper. Wir sind nicht das, worauf wir programmiert worden sind. Wir sind nicht unsere Erziehung oder Ausbildung. Wir sind nicht unser gegenwärtiger Geisteszustand. Wir sind nicht unser physisches Selbst. Wir sind nicht unsere Empfindungen. Wir sind nicht unsere Wahrnehmungen. Wir sind nicht unsere Fähigkeiten und nicht unsere gegenwärtigen Gefühle. Wir sind auch nicht identisch mit unseren gegenwärtigen Reaktionen. Wir bestehen zum Teil aus all diesen Dingen, doch wir sind unendlich viel mehr! Wenn du aber diesen Dingen zu sehr verhaftet bist, dann bleibst du für immer an sie gebunden. Erkenne, daß du vielleicht *im Augenblick* aus alledem bestehst, daß es aber nur ein ganz kleiner Teil dessen ist, was du *sein kannst*. Der größere Teil von dir ist noch nicht erkannt und verwirklicht. Das, was von dir verwirklicht ist, ist tatsächlich nur ein winziger Bruchteil dessen, was verwirklicht werden könnte.

Zu meinen Helden gehört auch Dag Hammarskjöld. Er faßt das alles mit den folgenden Worten zusammen:

> In jedem Augenblick entscheidest du dich für dich selbst, aber entscheidest du dich auch für *dein* Selbst? Körper und Seele enthalten tausend Möglichkeiten, aus denen du viele »Ichs« aufbauen kannst. Aber nur eines von ihnen befindet sich in Übereinstimmung mit dem, der sich dafür entscheidet, und dieses eine wirst du niemals finden, wenn du nicht alle jene oberflächlichen Gefühle und Möglichkeiten des Seins und des Handelns ausschließt, mit denen du aus Neugier, Abenteuerlust oder Gier spielst und die dich daran hindern, Anker zu werfen in dem Erlebnis des Mysteriums des Lebens und in dem Bewußtsein des dir anvertrauten Talents und in dem Wunder deines Selbst, das dein wahres »Ich« ist.

Diese Sätze stehen in seinem wunderbaren Buch *Markings*.[1]

Wie nun stellen wir den Kontakt zu uns selbst her? Vor allem dadurch, daß wir *gewahr* werden. Ist das nicht ein schönes Wort – gewahr? Es trifft genau das, worauf es ankommt. Gewahr sein. Alles wahrnehmen. Das Leben wahrnehmen. Wachstum, Tod, Schönheit, Menschen, Blumen, Bäume wahrnehmen. Öffne dich und beginne zu sehen und zu fühlen! Fange an zu erleben und schäme dich

---

[1] in wörtlicher Übersetzung: Markierungen

dessen nicht! Berühre, fühle, schmecke, wie du es bisher nie getan hast. Wachse und höre nicht auf zu wachsen! Jedesmal, wenn du ein Stück wächst, wandelst du dich. Öffne deinen Geist, öffne dein Herz, breite die Arme aus, nimm alles auf. Wenn du aufnahmebereit bist, wird es immer neue Dinge geben, die du aufnehmen kannst. Der Vorrat ist niemals erschöpft. Je mehr du in einem Baum siehst, desto mehr gibt es dort zu sehen. Du hörst eine Beethovensonate, und sie führt dich in die Unendlichkeit. Nimm einen Gedichtband in die Hand, und er führt dich zur Schönheit. Du liebst einen Menschen, und diese Liebe führt dich zu hundert anderen Menschen. Höre nicht auf zu wachsen.

Entdecke Alternativen. Der Lebensstil, den du entwickelt hast, ist nur eine von unendlichen Möglichkeiten. Es gibt Tausende von Möglichkeiten. Ich erzähle immer wieder die Geschichte von dem jungen Mädchen, das auf einen Anruf von ihrem Freund Buster wartet. Sie wartet. Er hat ihr gesagt, er werde sie um 4 Uhr anrufen, aber schon um 1 Uhr ist ihr Herz bereit, den Anruf zu empfangen, und sie wartet. Sie sagt den anderen jungen Mädchen, mit denen sie zusammenlebt, sie sollen das Telefon nicht benutzen. Sie wartet und wartet, und schließlich wird es 4 Uhr, und das Telefon läutet nicht. Sie wartet weiter, und es läutet nicht um 4.30 Uhr, nicht um 5 Uhr und nicht um 6 Uhr. Um 9 Uhr ist sie am Boden zerstört. Sie geht ins Badezimmer und schneidet sich die Pulsadern auf. Warum? Weil das für sie die einzige Alternative war. Ich fange an zu glauben, daß der wirklich geistig gesunde Mensch derjenige ist, der die meisten Alternativen hat, die meisten lebensnahen Alternativen. Jemand, der sagen kann, »wenn das nicht geschieht, was ist sonst noch möglich? Welche Möglichkeiten gibt es noch?«

Wenden wir uns noch einmal diesem Mädchen zu. Was hätte sie anderes tun können? Strengen Sie Ihre Phantasie an! Mußte sie sich gleich die Pulsadern aufschneiden? Was? Ja! Sie hätte *ihn* anrufen können! Das ist doch ganz klar! Sie hätte ihm sagen können: »Was zum Teufel ist los, Buster? Hast du dir den Finger gebrochen?« Und welche Möglichkeiten hatte sie noch? Denken Sie nach! Was wäre gesünder gewesen? Was *noch*? Ja! Sie hätte eine Pizza backen können. Sie hätte sich unter die kalte Dusche stellen können, oder sie hätte mich anrufen können! Es ist doch wirklich traurig, daß sie glaubte, nur diese eine Alternative zu haben. Es gibt nicht nur eine Million Alternativen, sondern auch solche, an die noch niemand jemals auch nur im Traum gedacht hat.

Die Gegensatzpaare gut und schlecht, richtig und falsch, normal und anormal – alles Unsinn! An so etwas sollen wir nicht glauben, sondern an Abstufungen, an Möglichkeiten und an unsere Kreativität. Unter meinen Studenten habe ich ein blindes Mädchen, das viel normaler ist als ich. Sie kann tatsächlich sehen. Sie sagt: »Für mich ist es ebenso normal, blind zu sein, wie es für Sie normal ist zu sehen.« Was ist normal? Was ist richtig? Was ist falsch? Solange du frei bist, hast du die Auswahl und kannst dich für Alternativen entscheiden, vorausgesetzt, du bist bereit, die Verantwortung für deine Freiheit zu übernehmen. Und wenn du die Alternativen ausprobiert hast und keine dich befriedigt, dann gib nicht mir die Schuld. Du hast die falsche Wahl getroffen. Versuche es mit einer anderen Alternative.

Du triffst die Entscheidung, du nimmst den Pinsel in die Hand und wählst deine Farben aus; du malst dein Paradies, und dann lebst du darin. Oder wenn du willst, malst du die Hölle, aber gib nicht mir die Schuld. Nur du kannst für dein Nicht-Sein verantwortlich sein. Vergiß, was *war*. Nimm das, was *ist*! Der Augenblick wird für sich selbst sorgen. Das Leben ist kein isoliertes Phänomen; es ist Teil der allgemeinen Erfahrung – es wird von jedem Augenblick beeinflußt und beeinflußt selbst jeden Augenblick. Du bist nicht zufrieden mit dir? Dann ändere etwas! Sei ein *anderer*. Tue das, was dein *wahres* Ich von dir verlangt, und lerne aus dem, was geschieht.

Und noch eins – scheue dich nicht vor negativen Zuständen. Du kannst aus negativen Zuständen vieles lernen. Weiche nicht den Menschen aus, die dich in einen negativen Zustand versetzen. Wir neigen dazu, diesen Menschen den Rücken zu kehren und fortzugehen, aber sie bringen dich dazu, daß du dich selbst kritisch beurteilst und dich in einem neuen Licht siehst. Es ist nicht Sally, über die du dich ärgerst. Du ärgerst dich über dich selbst. Sie versetzt dich in einen negativen Zustand, weil sie sich nicht so verhält, wie du es von ihr erwartest. Dein Pech! Die Ursache für deinen Schmerz ist nicht Sally – du bist es selbst. Lerne etwas aus deinen negativen Zuständen.

In Asien habe ich auch noch etwas anderes gelernt, das ich Ihnen geben möchte. Manchen von Ihnen mag das sehr abwegig vorkommen, und wenn es Ihnen nicht gefällt, dann hören Sie nicht darauf: Befreien Sie sich von allen *Erwartungen*. Buddha hat einmal etwas Wunderbares gesagt. Er hat viele wunderbare Gedanken ganz einfach ausgedrückt. Er sagte: »Wenn du nichts mehr erwartest, dann hast du alles.« Das ist wunderschön. »Wenn du nichts mehr erwartest, dann hast du alles.« Wenn du das dir Gemäße tust, ohne etwas zu erwarten, dann hast du bereits alles, was du brauchst. Wenn man dir etwas dafür gibt, dann nimm es mit offenen Armen an. Es sollte immer eine Überraschung sein. Wenn du aber eine Antwort erwartest und sie kommt, dann ist das langweilig. Erwarte nichts, und du hast alles. Nimm alles an, was man dir gibt. Wenn es dich freut, umarme es, küsse es, nimm es als freudige Überraschung, aber *erwarte* es nicht. Wenn du dir weh tun willst, dann sei voller Erwartungen. Die Menschen sind nicht dazu da, deine Erwartungen zu erfüllen.

Alles, was du wirklich brauchst, ist schon in dir vorhanden. Du mußt es nur erkennen, um es zu verwirklichen. Du bist das vollkommene »Du«. An dieser Vollkommenheit herumzupfuschen bringt dir nur Schmerz. Wachse in deine Vollkommenheit hinein.

Ich möchte mit einem Zitat aus Bynners Übersetzung von Lao Tses *Der Weg* schließen. In diesem Buch wird das zusammengefaßt, was ich Ihnen gesagt habe, aber mit viel schöneren Worten. Ist es nicht phantastisch, daß alle wirklich weisen Bücher so dünn sind? Ich habe eine Stunde und fünfzehn Minuten gebraucht, um Ihnen das zu sagen, was Lao Tse mit 50 Worten zum Ausdruck bringt.

Das Sein läßt sich nicht mit Worten definieren. Es gibt zwar Begriffe, aber keiner ist absolut zutreffend. Am Anfang gab es Himmel und Erde, aber keine Worte. Worte kommen aus dem Schoß der Materie. Und ob ein Mensch leidenschaftslos den Kern des Lebens sieht oder leidenschaftlich die Oberfläche sieht, Kern und Oberfläche sind das gleiche, und Worte lassen sie verschieden erscheinen, nur um ihre äußere Erscheinung zu beschreiben. Wenn ein Name notwendig ist, laß den Namen

Wunder heißen, und dann, von Wunder zu Wunder, öffnet sich das Sein.

Wenn ein Name notwendig ist, dann bezeichnet das Wunder beides. Von Wunder zu Wunder öffnet sich das Sein.

Das Du deines Du kennt keine Grenzen. Die Kinder, mit denen wir arbeiten, ganz gleich, welches Etikett wir ihnen geben – ihr *Wesenskern*, das Unsterbliche in ihnen, ist grenzenlos. Wer von Ihnen mit Kindern gearbeitet hat, weiß, daß sie ein unbegrenztes Potential haben, gleichgültig, wieviel sie verwirklicht haben. Wir müssen es ihnen nur ermöglichen, das auf *ihre* Weise zu erkennen, und wir müssen dasein, ihnen zu helfen, wenn sie Hilfe, Unterstützung und Ermutigung brauchen. »Und wenn der Name Wunder heißt, dann wird es allen gelingen.«

Brücken bauen,
nicht Barrieren

Das Thema dieser Konferenz hat mich ungeheuer aufgeregt, und ich glaube, Ihnen ist es ebenso ergangen: »Brücken in die Zukunft«. Seit meiner Kindheit bin ich von Brücken fasziniert, und als ich von diesem Thema erfuhr, habe ich sofort zum Wörterbuch gegriffen. Unter dem Stichwort »Brücke« fand ich das Folgende: »Etwas, das eine Kluft überwindet; ein Weg über eine Vertiefung oder ein Hindernis.« Ich fand das großartig, denn in den vergangenen vier oder fünf Jahren habe ich mich aufrichtig darum bemüht, Klüfte zu überbrücken, Wege über Niederungen zu finden, Hindernisse zu überwinden und das Leben für die Menschen, die mir begegnet sind, erträglicher zu machen.

Oft bitte ich Kinder, Begriffe zu definieren. Dabei bekomme ich die schönsten Antworten. Wenn Sie sich wirklich eine Freude machen wollen, fragen Sie ein Kind: »Was bedeutet dies oder das?« Meine fünfjährige Nichte fängt eben an, die Welt für sich zu entdecken. Sie berührt alles, sie versucht alles zu schmecken, und es ist köstlich, das zu beobachten. Ich habe sie gefragt: »Was ist eine Brücke?« Sie dachte lange darüber nach und sagte dann: »Eine Brücke ist, wenn der Boden unter dir wegbricht und du etwas baust, das die Ränder miteinander verbindet.«

Wäre es nicht herrlich, wenn wir anfangen könnten, Brücken in die Zukunft zu bauen, und wenn wir diese Konferenz zum Anlaß nähmen, Ränder zu verbinden, Gräben zuzuschütten und Hindernisse zu überwinden?

Welche Freude hätten wir an diesen zwei oder drei Tagen des Zusammenseins! Doch das bedeutet, daß Sie alle zu sich selbst finden müßten, jeder einzelne von Ihnen. Gemeinsam können wir es leisten, aber alles beginnt beim einzelnen. Bevor wir es als Gruppe anpacken, müssen wir irgendwo anfangen, und ich habe das Gefühl, die erste Brücke, die gebaut werden muß, ist die Brücke des einzelnen zu sich selbst.

Es bekümmert mich, wie wenig Selbstachtung und Glauben an uns selbst wir gelernt haben. Viele von Ihnen wissen, daß ich ungefähr elf Jahre lang ein Seminar über die Liebe abgehalten habe. Ist das nicht unerhört? Liebe als Unterrichtsfach! Ich hoffe, im Lauf der Zeit wirklich etwas damit erreichen zu können. Ich habe meine Studenten gefragt, wer sie sein wollten, wenn sie die Möglichkeit hätten, in die Rolle irgendeines anderen Menschen zu schlüpfen, und wo sie sein möchten. Erstaunlicherweise haben mehr als 80 Prozent dieser liebenswerten, sensiblen jungen Leute gesagt, sie wollten jemand anderes sein, etwa Jackie Onassis! Ich habe an Jackie Onassis nichts auszusetzen, und wenn wir Jackie Onassis genauer kennenlernen könnten, dann würden wir wahrscheinlich feststellen, daß sie die beste Jackie Onassis ist, die man sich vorstellen kann. Aber wenn *du* Jackie Onassis sein möchtest, dann würdest du versagen, und das geschähe dir recht!

Die jungen Männer wollten Burt Reynolds sein! Ein Burt Reynolds ist genug. Es ist wunderbar, daß Burt Reynolds Burt Reynolds ist. Ich bin froh, daß es ihn gibt; ich bin froh, daß es Jackie Onassis gibt, aber ich freue mich auch, daß es *Sie* alle gibt! Es kommt darauf an, daß Sie sich vor den Spiegel stellen und sagen können: »Spieglein, Spieglein an der Wand, wer ist der oder die Schönste im ganzen Land?« Und wenn der Spiegel antwortet, »du bist es, du ganz allein«, dann sollten Sie das glauben. Vielleicht sind Sie nicht ganz so groß, wie Sie es gern wären, und Ihre Hüften sind vielleicht ein wenig zu breit, aber Sie sind das Beste, was Sie haben! Und wenn Sie das erkannt haben, sind Sie auf dem richtigen Weg. Niemand kann Sie aufhalten.

Es gibt nicht viele Schulen, in denen Selbstachtung gelehrt wird. Es gibt nicht viele Vorbilder, die sich hinstellen und sagen können: »Ich mag mich wirklich. Ich mag nicht nur das, was ich bin, sondern ich mag auch den Zauber und das Potential meiner Person.« Denn Sie sind nicht nur das, was Sie gegenwärtig darstellen, sondern in Ihnen schlummern die unglaublichsten Möglichkeiten. Sie sind viel mehr, als Ihnen heute bewußt ist. Besonders unseren Kindern müssen wir immer wieder sagen: »Du bist mehr als jemand, der gerade das Lesen gelernt hat. Du bist mehr als jemand, der etwas begreift. Deine Möglichkeiten sind unbegrenzt.« Wir brauchen Menschen als Lehrer, die das selbst glauben; denn sonst ist es nur hohles Gerede und hat keine Wirkung.

Einer der aufregendsten Augenblicke in meiner ganzen Laufbahn als Lehrer kam, als ich anfing, an der University of Southern California zu unterrichten. Ich hatte bis dahin noch niemals einen Lehrauftrag an einer Universität gehabt. Ich war Lehrer an Grundschulen und Mittelschulen gewesen, und diese Arbeit hatte mir große Freude bereitet. Aber dann ging ich für zwei Jahre nach Asien. Nach meiner Rückkehr beschloß ich, es mal an einer Universität zu versuchen. Als ich zum ersten Mal vor den vielen Studenten im Hörsaal stand, sah ich, daß ich es mit völlig apathischen jungen Leuten zu tun hatte, mit Menschen, die einen solchen Widerwillen gegen das Lernen hatten, daß der Lehrer, wenn er enthusiastisch in den Hörsaal kam und sich auf die Zusammenarbeit mit den Studenten freute, zunächst nur die nach vorn gebeugten Köpfe sah oder dann feststellte, daß seine Zuhörer automatisch alles notierten, was er ihnen sagte. Aus Angst, sie könnten später irgendeine schwierige Frage bei der Prüfung nicht beantworten. Manchmal muß ich Ihnen sagen: »Legen Sie doch die verdammten Stifte weg und hören Sie zu!« (Ich bin wirklich ein »nicht-richtungweisender« Lehrer; ich habe meine Studenten manchmal schon mit Orangen beworfen. Irgendwie muß man sie doch aufwecken!)

Viele von Ihnen wissen, daß Augen für mich sehr wichtig sind, und in unserer Kultur ist dieses Thema nicht sehr beliebt. Wenn man jemandem in die Augen schaut, sieht man sofort den Ausdruck: »Was, zum Teufel, will *er* denn?« Ich will gar nichts. Ich möchte nur von Mensch zu Mensch Kontakt aufnehmen. Niemand braucht sich vor mir zu fürchten. Ich streichle meine Gesprächspartner und umarme sie. Lassen Sie es ruhig zu. Wenn sich jemand fürchtet, vor einer Gruppe von Zuhörern aufzutreten, dann sage ich ihm: »Lassen Sie sich eine Minute Zeit und suchen Sie nach ›freundlich blickenden Augen‹.« Sie werden überrascht sein, wie viele freundliche Augenpaare es gibt. Und wenn Sie ein solches Augenpaar gefunden haben, dann bleiben Sie bei diesem Kontakt; denn wenn Sie etwas

Dummes sagen, wenn Sie einen grammatikalischen Fehler machen, können Sie in diese Augen schauen, und sie werden Ihnen sagen: »Es ist schon in Ordnung. Sprich nur weiter.« So suchte ich in meinem Hörsaal zuerst nach freundlichen Augen, konnte aber nicht allzu viele entdecken. Nach vorn gebeugte Köpfe – ja. Eifrig über das Papier gleitende Stifte – ja. Aber freundliche Augen – nein. In der fünften Reihe fand ich schließlich die wunderschönen Augen eines jungen Mädchens, und ich wußte, daß es die Augen waren, nach denen ich gesucht hatte; denn sie reagierten auf alles, was ich sagte. Ich hatte also Kontakt mit wenigstens einem Menschen, und das war ein Anfang. Ich liebte dieses Mädchen dafür.

Ich habe in meinen Seminaren einige von mir so bezeichnete »freiwillige Verpflichtungen« eingeführt. Dazu gehört, daß mich jeder meiner Studenten mindestens einmal in meinem Büro aufsucht. Ich kann keine Gruppen unterrichten, sondern kann nur Beziehungen zu einzelnen Menschen entwickeln. Deshalb sage ich: »Kommen Sie zu mir, und wir werden uns zusammensetzen. Ich möchte mit Ihnen nicht über die Texte oder den Unterrichtsstoff reden; das können wir bei einer anderen Gelegenheit tun. Ich will nur wissen, wann Sie zum letzten Mal ein Einhorn gesehen haben und ob sie noch an die Existenz eines Zauberwaldes glauben. Und wenn Sie zu mir kommen, werde ich Sie *berühren* – und wenn Sie das stört, dann *nehmen Sie Ihr Beruhigungsmittel.*« Es ist erstaunlich, wie viele Menschen eingeschüchtert sind, wenn man ihnen sagt, »ich will dich berühren«. Ich bin, wie Sie wissen, in einer großen italienischen Familie aufgewachsen, und wir umarmen uns jedesmal, wenn wir uns begegnen. Wenn wir an den Feiertagen zusammenkommen, dauert die Begrüßung 45 Minuten und der Abschied ebenso lange. Die Babys, die Eltern, die Hunde – alle wollen geliebt werden! Und deshalb habe ich niemals unter dem Gefühl gelitten, nicht wirklich dazusein. Wenn man umarmt wird und die Menschen nicht durch einen hindurchsehen, dann existiert man auch. Machen Sie einmal die Probe aufs Exempel!

Vor etwa zwei Jahren kam eine junge Frau in mein Büro, und ich wußte sofort, daß irgend etwas nicht stimmte. Sie hatte irgendwie verschleierte Augen und konnte den Kopf nicht geradehalten. Ich fragte sie: »Was fehlt Ihnen?« Sie antwortete: »O Dr. Buscaglia, um mir für die Begegnung mit Ihnen Mut zu machen, habe ich eine ganze Flasche Brandy ausgetrunken. Und jetzt ist mir schlecht!« Man stelle sich das vor! Jemand trinkt eine ganze Flasche Brandy aus, um sich für eine Begegnung mit *mir* Mut zu machen. Ich strecke meinen Besuchern doch nur die Hände entgegen und sage »hallo«. Ich nehme die Hände meines Besuchers und führe ihn in mein Büro, aber in seinem Gesicht sehe ich die Angst: »Was wird er mir antun?« Ich werde Ihnen gar nichts antun! Sie sollen nur wissen, daß ich auch weine, daß ich auch fühle, daß ich mir auch Sorgen mache und daß ich auch nicht alles weiß. Deshalb können wir uns auf der gleichen Ebene begegnen – von Mensch zu Mensch. Wer in mir einen Guru sieht, dem er folgen muß, hat sich geirrt. Er wird feststellen, daß ich genauso verwirrt bin wie er. Der Unterschied zwischen uns beiden liegt vielleicht nur darin, daß ich es *weiß*. Ein buddhistischer Lehrer hat mir einmal gesagt: »Warum läufst du ständig herum? Du bist schon am Ziel.« Und plötzlich ging mir ein Licht auf – mein Gott, ich bin schon da!

Der Tag, an dem Sie erkennen, daß Sie einzigartig und einmalig in der ganzen Welt sind, wird wundervoll für Sie sein. Es gibt keinen Zufall. Du bist für einen ganz bestimmten Zweck so geschaffen, wie du bist – und laß dir das von niemandem ausreden, auch wenn man dir erzählen will, das sei eine Illusion. (Wenn notwendig, lebe für eine Illusion!) Du bist diese besondere Kombination aus Möglichkeiten und Fähigkeiten, damit du tun kannst, was für dich wichtig ist. Glaube nie, du hättest nichts beizutragen. Die Welt ist ein riesiger unfertiger Wandteppich, und nur du kannst das kleine Fleckchen darauf richtig ausfüllen, das dir zugewiesen ist.

»O mein Gott, an den Rand des Todes gekommen zu sein, nur um festzustellen, daß du nie gelebt hast«, sagt Thoreau. Du hast nie etwas vollbracht. Du hast niemals intensiv gefühlt, du hast nie gelacht, du hast nie geweint, du warst niemals verzweifelt. Du lehnst alle diese Dinge ab, schiebst sie beiseite und lebst in einer Welt des »Niemals«, die es nicht gibt; das ist eine Illusion. Doch in Wirklichkeit bist du das beste Du. Du bist das *einzige* Du. Du hast etwas zu geben. Gib es! Diese Gesellschaft hier ist für mich unter anderem auch deshalb so wertvoll, weil ihr so viele Eltern angehören, die sich wirklich für ihre Aufgabe als Eltern interessieren. Aber es erschreckt mich, wenn ich jemanden sagen höre, »ich bin *nur* ein Vater oder *nur* eine Mutter«. Was bedeutet das? Als Eltern machen sie alles möglich. Das ist Ihre Aufgabe! Lehren Sie uns das; denn Sie wissen es.

Feiern Sie Ihre Menschlichkeit. Feiern Sie Ihre Verrücktheit. Feiern Sie Ihre Unzulänglichkeiten. Feiern Sie Ihre Einsamkeit. Aber feiern Sie sich selbst. Ich möchte nichts anderes sein als der, der ich bin – ein Mensch. Es gefällt mir wirklich, ein Mensch zu sein. Und dazu gehört, daß wir vergessen können; daß wir gegen Wände stoßen; daß wir ins falsche Zimmer laufen; daß wir im falschen Stockwerk aus dem Aufzug steigen. Die Tür öffnet sich, ich gehe hinaus und stelle fest, ich bin im 6. und nicht im 4. Stock, und ich sage, »Oh«, und denke dann: »Alter Esel, schon wieder!« Es ist einfach großartig, ein Mensch zu sein. Gestern abend ging ich zu einer sehr vornehmen Cocktail-Party, und irgend jemand gab mir ein Glas köstlichen rubinroten Wein. Ich bin ein großer Weinliebhaber und nahm das Glas behutsam in die Hand. Plötzlich stürmte jemand auf mich zu, rief »Leo«, ergriff meinen Arm, und der Wein ergoß sich über meinen Anzug. Alle Umstehenden kreischten, aber nur ich hatte etwas von dem Wein abbekommen. Ich rief nur: »Allegria!« Das ist ein Wort, das man in Italien ausruft, wenn Wein verschüttet wird, und es bedeutet Freude, aber niemand konnte das begreifen. Niemand begriff, daß dieser kleine Vorfall meinem Abend mehr Farbe verliehen hatte.

Diejenigen unter Ihnen, die es wirklich ernst meinen und begeisterte Lehrer sind, lernen ständig von den Kindern, die sie unterrichten. Sie öffnen sich den Kindern. Es sind nicht die Typen, die vor der Klasse stehen und knurren, »wir alle warten auf Sally«. Kein Wunder, daß Sally sagt: »Warte nur, du alter…« Stellen Sie sich doch nur vor, was für ein tolles Gefühl es ist, zu wissen, daß die ganze Klasse auf einen wartet! Vielleicht sollte der Lehrer gespannt darauf sein, was Sally Wichtiges zu sagen hat – und zuhören. Es erstaunt mich, wie Erwachsene immer nur auf Kinder »einreden«. Achten Sie darauf, was Sie sagen. In 90 Prozent der Fälle reden Sie auf die Kinder ein, sprechen aber nicht mit ihnen. Sie führen keine Gespräche mit den Kindern. Sie füttern sie mit Worten.

Als ich einmal die Sioux-Indianer in South Dakota besuchte, wurde ich auf dem Flugplatz abgeholt und fuhr mit der ganzen Indianerfamilie in einem großen Lastwagen durch das Ödland. Vorn saßen der kleine David, Mama, Papa und ich. Während die Eltern und ich uns über all die wichtigen Dinge unterhielten, die wir taten, wurde mir plötzlich klar, daß wir die ganze Zeit an dem kleinen David vorbeiredeten. Ich wendete mich an ihn (eine augenblickliche Eingebung!) und fragte: »David, was kannst du?« Und er antwortete: »Eine Menge!« Ich sagte: »Was zum Beispiel?«, und er sagte: »Ich kann spucken.« Großartig, nicht wahr? Viele von Ihnen, die wie ich jahrelang mit behinderten Kindern gearbeitet haben, wissen, daß es Jahre dauern kann, einem Kind beizubringen, die Lippen zu spitzen, um das Wunder zu vollbringen und zu spucken, wenn der Ringmuskel des Mundes in seiner Funktion gestört ist. Aber für uns ist es selbstverständlich, daß man spucken kann. »Und was kannst du noch, David?« – »Ich kann meinen Finger in die Nase stecken.« Natürlich kann er das! Aber ist es nicht ein Wunder, daß du deine Hand aufheben kannst, wenn du den Finger in die Nase stecken willst, und der Finger auch wirklich dorthin kommt? Dieses Wunder ist ein Grund zum Feiern!

Alles beginnt bei dir selbst, und die große Brücke, die zu allen anderen Menschen führt, ist *deine* Brücke. Das ist wichtig. Je mehr ich wachse, desto mehr kann ich Ihnen von mir geben. Ich lerne, damit ich als Lehrer mehr weitergeben kann. Ich strebe nach Weisheit, damit ich Sie ermutigen kann, Ihre Wahrheit zu suchen. Ich schule mein Bewußtsein und meine Sensibilität, um Ihre Sensibilität und Ihr Bewußtsein besser annehmen zu können. Und ich arbeite daran, meine Menschlichkeit zu verstehen, damit ich Sie besser begreifen kann, wenn Sie mir zeigen, daß Sie auch nur ein Mensch sind. Und ich lebe im ständigen Staunen vor den Wundern des Lebens, um es auch Ihnen zu ermöglichen, Ihr Leben zu feiern. Was ich für mich tue, das tue ich für Sie alle. Und was Sie für sich tun, tun Sie für mich. Es ist also nicht selbstsüchtig. Alles, was wir je gelernt haben, haben wir für alle Menschen gelernt, denen wir begegnen.

Verlaßt das »Ich« und kommt zum »Wir«. Das ist die schönste Art, sich selbst zu erkennen und anderen zu helfen, sich zu erkennen. Das gibt uns Kraft. Also ist das erste die Brücke zu dir selbst, aber damit ist es noch nicht getan. Die nächste große Verbindung sind die Brücken zu anderen.

Die 60er Jahre waren eine unglaubliche Zeit. Alle stellten alles in Frage, und meine Tätigkeit als Lehrer in den 60er Jahren war ein Höhepunkt meiner beruflichen Laufbahn. Meine Schüler saßen nicht nur da und schrieben mit; sie stellten alles in Frage, was ich sagte. Eine herrliche Zeit, zu lehren und zu lernen! Die 60er Jahre waren hauptsächlich gekennzeichnet durch neue Ausdrucksformen, Experimente, Widerspruch und Wißbegier. Heute versuchen wir, uns einen Überblick über die 70er Jahre zu verschaffen, und fragen uns, was in den 70er Jahren geschehen ist. Wissen Sie, was allmählich dabei herauskommt? Die 70er Jahre waren eine Zeit der Selbstprüfung, eine ruhige Zeit. Die Menschen blickten nach innen; denn wir begriffen, daß die Reisen nach *außen* nichts mehr brachten. Um wirklich Antworten zu finden, mußten wir uns nach innen wenden. Das haben wir nun schon fast zehn Jahre getan, und das einzige Ergebnis ist anscheinend eine riesige Zahl egozentrischer Individuen, die offenbar nicht mehr fähig sind, sich wieder mit der Außenwelt auseinanderzusetzen. Könnte es sein, daß wir zwei Jahrzehnte vertan haben?

Jetzt ist es Zeit, daß wir aus uns selbst herauskommen. Es ist Zeit, Brücken zu bauen, die zu den *anderen* führen. Das ist die zweite Brücke. Die Lösung wird darin liegen, daß wir für gemeinsame Ziele zusammenarbeiten und uns nicht in die Enge der Provinzialität flüchten und daß wir nicht ständig behaupten, »ich habe recht«. Eine der wichtigsten Entdeckungen, die ich in den vergangenen Jahren gemacht habe, besteht darin, daß ich nicht immer recht haben muß. Ist das nicht schön? Das gibt dir die Möglichkeit, gelegentlich recht zu haben. Und wollen Sie wissen, was ich noch entdeckt habe? Ich kann recht haben, und du kannst recht haben. Wir können beide recht haben. Es gibt zwei Wahrheiten! Und dann habe ich entdeckt, daß es 200 Wahrheiten geben kann, daß es in Wirklichkeit gar kein richtig oder falsch gibt, sondern einen riesigen grauen Bereich mit allen nur denkbaren Abstufungen. Wenn wir in Gegensätzen denken, distanzieren wir uns voneinander. Laßt uns zuerst feststellen, was wir gemeinsam haben. Nicht zwei von uns in diesem Raum sind gleich, aber wir haben doch vieles gemeinsam, und mit dieser Gemeinsamkeit können wir beginnen. Wenn wir damit in Berührung kommen, sind wir auf dem richtigen Weg.

Heute gibt es keinen Ort auf der ganzen Welt – und dazu gehören auch die abgelegensten Gegenden wie die Gebirgstäler in Kaschmir und Nepal oder die von der Außenwelt isolierten Dörfer in Tibet –, den wir nicht innerhalb von 26 Stunden erreichen können. Wir alle sind Nachbarn. Ich kann mich noch an die Zeit erinnern, als der Buscaglia-Klan an jedem Sonntag und bei jedem Wetter nach Long Beach fuhr. Heute erreicht man Long Beach vom Stadtzentrum von Los Angeles aus innerhalb von 25 Minuten, aber damals brauchten wir für die Fahrt drei Stunden. Heute ist alles um vieles näher gerückt.

Kein Blatt fällt mehr vom Baum, ohne daß es einen jeden von uns irgendwie beeinflußt. Wir können uns nirgends verstecken. Jeder beeinflußt jeden. Eine große, gewaltige Schwingung breitet sich in alle Richtungen aus. Wir sollten lieber anfangen, diese Brücken zu bauen, oder die Gräben zwischen uns werden so tief werden, daß sie sich nie mehr überbrücken lassen.

In Zentralthailand, nicht weit von der Grenze zu Malaysia, gibt es den abgelegenen Ort Chayah. Mitten in einer großen Bucht liegt eine kleine Insel, und auf dieser Insel liegt ein buddhistisches Kloster. Es gibt dort kein Süßwasser, und deshalb muß es in einem Boot vom Festland geholt und in einem großen Regenfaß aufbewahrt werden. Mein buddhistischer Lehrer dort versuchte, mir etwas über Engstirnigkeit klarzumachen, und um seine Gedanken zu illustrieren, erzählte er mir eine wunderbare Geschichte. Er sagte: »Du hast den ganzen Tag hart gearbeitet. Du kommst von der Arbeit zurück und möchtest von dem kostbaren Wasser trinken, das, wie du weißt, nicht vergeudet werden darf. Du nimmst den Deckel vom Regenfaß, und wenn du deine Schöpfkelle ins Wasser tauchst, siehst du eine Ameise. Du bist wütend! Du sagst, ›wie kannst du es wagen, in meinem Regenfaß unter meinem Baum in meinem Schatten auf meiner Insel – in meinem Wasser zu sein!‹ Und du zerquetschst die Ameise. Das heißt gebunden, verhaftet sein! Oder du überlegst es dir, bevor du sie zerquetschst, und du sagst: ›Es ist ein sehr heißer Tag, und dies ist der kühlste Platz auf der Insel. Du schadest meinem Wasser nicht.‹ Dann schöpfst du das Wasser neben der Ameise und trinkst es.« Das ist Gelassenheit. Und dann sagte der Mönch: »Es gibt auch etwas, und das heißt ›nicht gebunden‹. Weißt du, was das ist? Im Augenblick, da du den Deckel von der Regentonne nimmst und die Ameise siehst, denkst du nicht an gut, schlecht, richtig, falsch. Du bietest der Ameise sofort ein Stückchen Zucker an.« Das ist Liebe! Wir müssen anfangen zu erkennen, daß du der einzige Mensch bist, der mir den Zucker geben kann, den ich brauche, und daß ich der einzige Mensch bin, der das gleiche für dich tun kann. Wenn wir einander nicht haben, sind wir so viel weniger.

Das Thema »Brücken in die Zukunft« ist sehr schön, aber ich kümmere mich wenig um die »Zukunft«. Mir ist das Heute sehr wichtig. Mein Lehrer hat mir immer wieder gesagt, die meisten von uns lebten in einer Illusion. Wir leben im Gestern und machen uns Gedanken darüber, was gestern geschah. Aber am Gestern können wir nichts mehr ändern, und du bist so lange nicht erwachsen, wie du irgend jemandem oder irgend etwas, das gestern geschah, die Schuld gibst. Trenne dich vom Gestern, denn wenn du es nicht tust, dann hängt es dir wie eine schwere Last um den Hals und zieht dich nach unten. »Meine Eltern haben mir das angetan.« Weißt du wirklich, was deine Eltern dir angetan haben? Sie haben dir das gegeben, was sie wußten. Gott segne sie dafür! Vielleicht sind sie nicht vollkommen gewesen. Das Traurige daran ist – und es ist vielleicht der Grund für deine Enttäuschung –, daß du glaubtest, sie seien vollkommen, und daß sie dich in diesem Glauben *gelassen* haben. Kluge Eltern sagen ihrem Kind: »Sieh mich an. Ich weine. Ich bin einsam. Wir wissen nicht, ob das etwas helfen wird oder nicht, aber wir wollen die Sache mit dir besprechen.« Ich kann mich noch an die Zeit erinnern, da Papa mit all seinen Bambini am Tisch saß und sagte: »Seht, Kinder, ich habe alles verloren. Wir müssen alle zusammenhalten, damit die Buscaglias es schaffen.« Wie schön war dieses Vertrauen, diese Möglichkeit, »zusammenzuarbeiten«, um für das Fortbestehen der Buscaglias zu sorgen, und wie schlimm wäre es gewesen, wenn sich meine Eltern ins Hinterzimmer zurückgezogen hätten, während ich vor Verzweiflung über eine Sache, die ich zwar fühlte, aber nicht verstand, fast gestorben wäre.

Eine Zeitlang habe ich Zeitschriften von Tür zu Tür verkauft. Dabei habe ich manches gelernt. Manche Türen wurden mir vor der Nase zugeschlagen, und die Menschen haben mich beschimpft. Das war ganz in Ordnung – alles Lernen ist gut, solange du wirklich etwas lernst. Und ich weiß noch, wie Mama sagte: »Es ist schon in Ordnung, Tulio, wir werden es schaffen. Wir haben einen Garten. Ich kann jeden Abend diesen wunderbaren Pudding machen.« Und wir alle freuten uns darauf. Kohl, Brot und Wasser. Das füllt den Magen und vertreibt den Hunger. Aber das Zusammensein, das Zusammenarbeiten war so schön – und wir lebten nur im *Heute*. Meine Mutter war wirklich ein wenig verrückt. Manchmal fand sie etwas, das sie verkaufen konnte, und wenn wir an einem solchen Tag nach Hause kamen und glaubten, es werde wieder Kohlpudding geben, dann hatte sie eine herrliche Mahlzeit zubereitet. Mein Vater brummte: »Was ist los – bist du verrückt geworden?« Aber sie antwortete: »Nein! *Heute* brauchen wir Freude.« Und wir setzten uns an den Tisch und stopften uns voll. Man sagt: »Das Gestern ist ein geplatzter Wechsel, und das Morgen ist ein nicht eingelöster Schuldschein. Nur das Heute ist Bargeld auf der Hand.« Gib es aus! Die Gelegenheit kommt nie wieder. Da ist eine ganze Welt, für die du es ausgeben kannst.

Ich möchte Ihnen etwas vorlesen, was mir besonders gut gefällt. Ich fand es im »Journal of Humanistic Psychology«[1]. Der Verfasser ist ein 85jähriger Mann, der wußte, daß er sehr bald sterben würde. Er sagt: »Wenn ich mein Leben noch einmal leben dürfte, dann würde ich versuchen, diesmal mehr Fehler zu machen. Ich würde mich nicht mehr so sehr um Perfektion bemühen.« Wir alle sind irgendwie Perfektionisten. Aber was macht es denn aus, wenn man zugibt, daß man unvollkommen ist? Die Leute können sich dann mit dir identifizieren. Niemand kann sich mit der absoluten Vollkommenheit identifizieren.

---

[1] in wörtlicher Übersetzung: Zeitschrift für die humanistische Psychologie

Er fährt fort: »Ich würde mich mehr entspannen. Ich würde meinen Neigungen nachgeben. Ich würde unvernünftiger sein, als ich es in diesem Leben gewesen bin. Es gibt kaum etwas, das ich wieder so ernst nehmen würde. Ich würde verrückter sein und weniger auf meine Gesundheit achten.« Gefällt Ihnen das nicht?

Der 85jährige Mann sagt: »Ich würde mehr riskieren, mehr Reisen unternehmen. Ich würde mehr Berge besteigen und Flüsse durchschwimmen. Ich würde mehr Sonnenuntergänge anschauen und mehr Orte aufsuchen, die ich in diesem Leben nicht gesehen habe. Ich würde mehr Eiscreme essen und weniger Bohnen.« Wir machen uns tatsächlich ein Vergnügen daraus, auf gute Dinge zu verzichten. Vielleicht wollen wir uns irgendwie damit bestrafen. Natürlich können wir nicht alles tun, wonach uns der Sinn steht, aber gelegentlich sollten wir etwas ganz Ausgefallenes tun. Du gehst in die Delikatessenabteilung des Supermarktes und siehst etwas, worauf du schon lange Appetit hast. Du nimmst es vom Regal. Die Dose kostet 2 Dollar 98, und du sagst »um Gottes willen«, stellst die Dose zurück und kaufst dir eine Dose Bohnen. Sage doch nur ein einziges Mal: »Wie schön« – und kaufe sechs Dosen. Du hast es verdient.

Und weiter sagt er: »Ich würde mehr wirkliche Sorgen und weniger eingebildete Sorgen haben.« 90 Prozent dessen, wovor wir uns fürchten, geschieht ohnedies nicht, aber wir machen uns trotzdem über alle möglichen Dinge unnütze Sorgen. Deshalb verdienen die Versicherungsgesellschaften in Amerika so viel Geld. Man kann sich gegen alles versichern, gegen alle nur denkbaren Unfälle. Er sagt auch: »Sehen Sie, ich gehörte zu den Leuten, die prophylaktisch, vernünftig und nüchtern lebten, Stunde um Stunde, Tag um Tag. Oh, ich habe glückliche Augenblicke erlebt, aber wenn ich noch einmal von vorne anfangen dürfte, dann würde ich dafür sorgen, daß es viel mehr solche Augenblicke für mich gibt. Ja, ich würde versuchen, nur noch glückliche Augenblicke zu erleben.« Falls Sie es noch nicht wissen sollten: das ganze Leben besteht aus Augenblicken. Versäumen Sie nicht das Jetzt! »Ich gehörte zu den Leuten, die ständig ein Thermometer, eine Wärmflasche, ein Mundwasser, einen Regenmantel und einen Fallschirm bei sich haben. Das nächste Mal würde ich mit leichterem Gepäck reisen.«

Buddha hat einmal etwas Unglaubliches gesagt: »Je weniger du hast, um desto weniger mußt du dich sorgen.« Und jeder sagt, »o ja, das ist wirklich wahr.« Und doch hören wir nie auf, uns mit immer mehr Dingen zu umgeben. In unseren Schränken liegen Sachen, die wir seit tausend Jahren nicht mehr gebraucht haben. Die Teller, die Tante Mathilda auf der »Mayflower«[1] mitgebracht hat. Nimm sie heraus! Es ist eine Beleidigung für den, der diese Teller gemacht hat, sie in einem Schrank einzuschließen. Benutze sie, denn dazu sind sie gemacht. Aber nichts ist für die Ewigkeit gemacht.

Und schließlich sagt er: »Wenn ich noch einmal anfangen dürfte, dann würde ich im Frühjahr früher barfuß laufen und später im Herbst damit aufhören. Ich würde mehr Karussell fahren, mehr Sonnenaufgänge beobachten und mit mehr Kindern spielen, wenn mir ein neues Leben geschenkt würde. Aber das wird nicht geschehen.« Weder Sie noch ich wissen, wie das Jenseits aussieht, aber wir kennen das Diesseits. Es ist ein Geschenk Gottes an uns, und was wir damit anfangen, ist unser Geschenk an Gott.

Das Leben liegt in unserer Hand. Wenn wir wollen, können wir uns für die Freude entscheiden, oder wir können, wohin wir auch blicken, Verzweiflung entdecken. Es liegt allein an uns. Warum sehen einige Menschen immer einen schönen Himmel, eine schöne grüne Landschaft, prächtige Blumen und unglaublich anziehende Menschen, während es anderen schwerfällt, überhaupt etwas Schönes zu entdecken? Kazantzakis sagt: »Du hast Pinsel und Farben. Male dein Paradies und gehe hinein.« Es kommt nicht darauf an, welche Farben du jetzt verwendest; du kannst dich in jedem Augenblick für neue Farben entscheiden.

Und noch eins zum Schluß: Wir sollten uns erlauben, verrückt zu sein. Die Normalität, wie wir sie verstehen, hängt mir zum Halse heraus. Ich habe im Lexikon das Wort *madness,* Verrücktheit, nachgeschlagen, und unter den Definitionen fand ich die Begriffe »Ekstase«, »Enthusiasmus« und »Gelächter«. (Sehen Sie selbst nach, wenn Sie mir nicht glauben.) Es bedrückt mich, daß wir in ei-

[1] Einwandererschiff aus dem Jahre 1620

ner Gesellschaft leben, die nur noch das Lachen aus der Konserve kennt. Irgend jemand führt uns im Fernsehen eine Verrücktheit vor, und alle schütten sich aus vor Lachen. Ich sitze dabei und überlege mir: »Ist irgend etwas mit mir nicht ganz in Ordnung? Ich finde das nicht komisch.« Ich habe es erlebt, wie unser ganzes Haus von Lachen widerhallte – Lachen, das von Herzen kam – und wir uns auf dem Boden wälzten und mit der Faust auf den Teppich schlugen. Heute gibt es das offenbar nicht mehr. Emily Post sagt, Frauen in unserer Kultur lachen nicht, sie kichern. Schade, Emily! Lassen wir *Emily* kichern. *Sie* aber sollen lachen! Die Ekstase ist uns weitgehend unbekannt. Wir reden ständig davon, Begeisterung zu »erzeugen«. Das ist lächerlich.

Mein buddhistischer Lehrer verwendete das Wort »Verzükkung« – hat Ihnen das etwas zu sagen? Verzückung! Auch darauf haben wir ein Recht, ebenso wie auf Schmerz, Verzweiflung und Angst. Als menschliches Wesen hast du das Recht, Verzückung zu erleben, bevor du stirbst. Einige von Ihnen haben gewiß das Gefühl großer Freude und großer Ekstase erlebt, aber Verzückung? Assagioli sagt in seinem Werk über Psychosynthese, daß unsere Probleme sehr oft dadurch entstehen, daß unser Leben zur Routine geworden ist, zur niemals endenden Routine. Wir tun jeden Tag und immer wieder das gleiche auf die gleiche Weise und langweilen uns dabei zu Tode. Und wenn wir uns selbst langweilen, sind wir auch für andere meist langweilig. Er sagt: »Löse dich von der Routine! Gib die alten Gewohnheiten auf.« Denken Sie einmal darüber nach. Die meisten von uns verbringen ihr Leben Tag für Tag auf die gleiche Weise. Wir steigen jeden Morgen auf der gleichen Seite aus dem Bett. Wir gehen ins Badezimmer, nehmen die Zahnpasta, drücken sie auf die Zahnbürste, sehen in den Spiegel und stöhnen, »o Gott!« Wir gehen unter die Brause, dann trinken wir unseren Kaffee und gehen jeden Tag durch die gleiche Tür hinaus. Wenn Sie das nächste Mal aufstehen, dann krabbeln Sie doch zuerst über Ihre Frau oder über Ihren Mann. »He, was tust du da?« »Ich ändere mein Leben!« Oder öffnen Sie das Fenster, springen Sie hinaus und laufen Sie im Nachthemd siebenmal um das Haus. »Was tust du da, Sally?« Und Sie rufen fröhlich: »Ich laufe!« Gehen Sie dann wieder ins Haus und sagen Sie Ihrer schönen, anmuti-

gen Ehefrau: »Heute wollen wir auswärts frühstücken.« Sie wird
Ihnen sagen: »Aber es ist doch nicht Sonntag.« Dann können Sie
antworten: »Ja, aber wir können es trotzdem tun.« Sie werden feststellen, daß Sie ein Frühstück noch nie so genossen haben.

Und dann die letzte Brücke: Alle diese Brücken müssen in Liebe
gebaut werden. Thornton Wilder hat das am schönsten und tref-
fendsten ausgedrückt: »Es gibt ein Land der Lebenden und ein
Land der Toten, und die Brücke ist die Liebe. Sie ist die einzige
Überlebensmöglichkeit und das einzig Bedeutungsvolle.«

Ich möchte mit dem folgendem Gedanken schließen: In Indien
legt man zur Begrüßung oder zum Abschied die Handflächen zusammen und sagt »namaste«. Das bedeutet: »Ich ehre den Ort in
dir, wo das ganze Universum ruht. Ich ehre diesen Ort in dir, und
wenn du an jenem Ort bist und ich am gleichen Ort in mir bin, dann
sind wir beide eins.« Namaste.

Die Kunst,
ein ganzer Mensch zu sein

Ich freue mich jedesmal, wenn jemand mich vorstellt und meinen Namen richtig ausspricht. Buscaglia. Wie eine Verdi-Oper. Ich *liebe* diesen Namen. Vor einigen Jahren wurde ich gebeten, in Asien Vorträge zu halten. Dazu brauchte ich die Genehmigung der Bundesregierung; denn ich sollte vor Angehörigen der Armee und der Marine sprechen. Ich ging zum zuständigen Amt, füllte die Formblätter aus und gab sie dem Angestellten, der sie prüfen mußte. Wenn das erledigt ist, ruft er einen über ein Mikrofon auf. Ich wußte, daß der Mann dabei Schwierigkeiten haben werde. Wenn Sie meinen vollen Namen hören, werden Sie das verstehen: Felice Leonardo Buscaglia. Wie gesagt, in einer Verdi-Oper würde das vielleicht sehr schön klingen, aber Joe Smith wird bei der Aussprache Schwierigkeiten haben. Bei Sally Jones und James Brown ging alles glatt, aber ich wußte, daß jetzt mein Name an die Reihe kam; denn als er das Papier in die Hand nahm, betrachtete er es sehr genau und nahm gewissermaßen einen Anlauf. Dann holte er tief Atem und begann mit dem ersten Vornamen: »Phyllis?« Ich bin wirklich bereit, auf alles zu reagieren, aber Phyllis! Ich habe nichts gegen den Namen Phyllis; es ist ein schöner Name, aber er paßt nicht zu mir – nicht ganz.

Ich weiß immer nicht recht, wo ich anfangen soll; denn einige von Ihnen haben meine Bücher gelesen, haben mir wunderbare Briefe geschrieben oder meine Vorträge auf Band gehört und wissen recht genau, wo ich stehe. Und andere – und das sollte auch so sein – haben keine Ahnung, wer ich bin. Das ist gut so; denn nun können wir uns heute abend kennenlernen. Eines meiner schönsten Erlebnisse hatte ich, als ich auf einer Konferenz der Blindenvereinigung sprechen durfte. Nach dem Vortrag kam ein ganz reizender blinder Mann zu mir und sagte: »Dr. Buscaglia, darf ich Sie abtasten?« Sind Sie schon einmal abgetastet worden? Es war wie eine kühle Brise oder ein elektrischer Strom, der meine Haut vibrieren ließ. Wir können uns also tatsächlich mit unseren Fingerspitzen erfühlen, und wenn Sie es wollen, dann kann ich mich nachher hinstellen, und wir können es ausprobieren. Sie wissen, daß ich als Italiener ein großer Freund von Umarmungen bin. Mama pflegte zu sagen: »Du kannst etwas erst glauben, wenn du es angefaßt hast.« Wenn Sie also wollen, daß ich Ihnen glaube – nun, Sie wissen schon...

Heute abend will ich zu Ihnen über ein Thema sprechen, das mir sehr am Herzen liegt, und das ist die Kunst – buchstäblich die *Kunst* –, ein ganzer Mensch zu sein. Ich weiß nicht, wie Sie darüber denken, aber ich liebe die Vorstellung, ein menschliches Wesen zu sein und alle Kräfte und Möglichkeiten dafür zu haben.

Mich hat zutiefst bewegt, was ich in einem Buch von Haim Ginott gelesen habe. Es ist eine erschütternde Aussage, verfaßt von einer Lehrerin, die sich Ginott mitgeteilt hat. Sie sagt:

Ich bin die Überlebende eines Konzentrationslagers. Meine Augen haben gesehen, was niemand sehen sollte. Von Fachingenieuren gebaute Gaskammern. Kinder, die von gut ausgebildeten Ärzten vergiftet wurden. Säuglinge, die von Krankenschwestern umgebracht wurden. Frauen und Säuglinge, die von akademisch gebildeten Männern erschossen wurden. Deshalb bin ich sehr mißtrauisch gegenüber unserem Bildungssystem. Meine Forderung lautet: Erziehen Sie Ihre Studenten zur Menschlichkeit. Sie dürfen keine gelehrten Ungeheuer heranziehen, keine wissenschaftlich ausgebildeten Psychopathen oder akademisch gebildete Eichmanns. Lesen und Schreiben und Grammatik und Geschichte und Arithmetik haben nur dann einen Wert, wenn sie dazu beitragen, unsere Schüler und Studenten menschlich zu machen.

Wissen Sie, was mir auffällt? Wir unterrichten die Menschen in allen nur denkbaren Fächern, nur nicht in dem, was das wesentlichste ist, und das ist das Leben. Kein Lehrer sagt uns etwas über das Leben. Man erwartet von dir, daß du das schon weißt. Niemand lehrt dich, ein Mensch zu sein, und niemand sagt dir, was das bedeutet. Niemand spricht von der Würde, die damit verbunden ist, wenn du sagst, »ich bin ein Mensch«. Jeder setzt voraus, daß du es bereits hast oder daß du es durch Osmose erworben hast. Es funktioniert aber nicht durch Osmose!

Ich beteilige mich gern an Talkshows, weil ich dabei viele interessante Menschen treffe. Jeder will eine Definition haben. Ist das nicht interessant? »Dr. Buscaglia, definieren Sie bitte den Begriff Liebe.« Und ich sage: »Nein!! Aber beobachten Sie mich. Ich versuche, die Liebe zu leben.«

Die Liebe ist schwer zu definieren; denn sie ist so umfassend. Je mehr Freude und Schönheit ich erlebe, desto stärker wird meine Liebesfähigkeit. Mit jedem Tag wächst meine Fähigkeit zu lieben. Die Liebe definieren heißt sie begrenzen. Aber irgendwie habe ich doch eine Vorstellung davon, wo ich mich gerade befinde. Ich weiß aber auch, daß Sie mir, wenn ich Ihnen die Hand reiche, neue Definitionen, neue Erkenntnisse und neue Ideen vermitteln könnten, und dann könnten wir gemeinsam wachsen.

Heute haben sich hier vielleicht 2000 Menschen versammelt. Und es gibt keinen einzigen unter Ihnen, der die Einsamkeit nicht kennt. Ist das nicht wunderbar? Es gibt keinen Menschen, der nicht die Verzweiflung kennt. Ist das nicht tröstlich? Es gibt keinen, der nicht schon geweint hat. Aber es gibt auch nicht viele, die noch nie gelacht haben und nicht wissen, was Freude ist. Über all das können wir uns verständigen. Wir sind gleich, weil auch ich das alles kenne; und wir alle kämpfen um das gleiche: Wir wollen ganze Menschen werden – etwas Besseres können wir nicht werden. Was für ein Ziel!

Das Aufregendste für mich ist – glaube ich – die Erkenntnis, daß ich fähig bin, ein ganzer Mensch zu sein. Ich kann kein Gott sein, aber ich *kann* ein ganzer lebendiger Mensch sein! Und jetzt will ich mit Ihnen darüber sprechen, was nach meiner Ansicht die Voraussetzung dafür ist, ein ganzer Mensch zu werden.

Wir müssen zu einer Grundvoraussetzung zurückkehren. Das wird viele von Ihnen schockieren, und es wird Ihnen vielleicht nicht gefallen, aber ich werde es riskieren. Es gehört zu meinen Grundüberzeugungen. Wir müssen es wagen zu sagen, »ich liebe mich«.

Du kannst niemandem auf der ganzen Welt etwas geben, was du nicht selbst hast, und deshalb mußt du dich darauf konzentrieren, etwas zu *erwerben*. Du mußt zum schönsten, sensibelsten, wunderbarsten, prächtigsten, einzigartigsten, phantastischsten Menschen der Welt werden, um all das zu verschenken und mit anderen zu teilen. Denken Sie darüber nach. Wenn ich nichts weiß, dann kann ich Ihnen nur meine Unwissenheit vermitteln. Wenn ich keine Freude habe, kann ich Ihnen nur Verzweiflung vermitteln. Wenn ich keine Freiheit habe, kann ich Sie nur in Käfige sperren. Aber alles, was ich habe, kann ich verschenken. Nur dazu habe ich es. Aber zuerst muß ich es haben. Und deshalb setze ich alles daran, der beste Leo zu werden, den es je auf dieser Welt gegeben hat.

Wenn ich der beste Leo bin, dann kann ich dich als das beste *Du* lieben. Niemand soll mir blind folgen. Wer *meine* Gewohnheiten annimmt, wird so wie *ich* und verliert sich selbst. Jeder muß *seinen eigenen* Weg gehen. Du bist jene magische Kombination, die es nie zum zweiten Mal geben wird, und es kommt nicht darauf an, wer du bist, wie erhaben du dich fühlst oder wie einsam. Jeder einzelne ist etwas Einzigartiges und Besonderes. Ich wünschte, wir könnten unseren Kindern das schon sehr früh sagen, damit sie nicht *ihr ganzes Leben* dazu brauchen, es zu erkennen. In jedem von uns lebt eine einzigartige Welt, die er mit anderen teilen kann.

Wer sich intensiv mit dem menschlichen Wahrnehmungsvermögen und mit menschlichen Gefühlen beschäftigt hat, weiß, daß jeder die Welt anders sieht. Und doch ist es die gleiche Welt. Wir sehen einen Baum nicht in der gleichen Weise, und doch ist es derselbe Baum. Wäre es nicht wunderbar, wenn wir die Empfindungen, die der Baum in uns auslöst, miteinander teilen und damit zwei verschiedene Bilder von diesem Baum gewinnen könnten? Allein der Gedanke an eine solche Möglichkeit macht mir Herzklopfen. Und doch fragen mich die Leute immer wieder: »Was habe ich schon zu bieten?« Wissen Sie, was Sie zu bieten haben? Das Schlüsselwort in einem Kreuzworträtsel. Wenn Sie Ihrer Verantwortung nicht gerecht werden, dann wird dieses Bild niemals vollständig. Ich werde niemals Ihren Baum sehen, und ich bin überzeugt, alles Elend, alle Verzweiflung und aller Schmerz bedrücken uns weiterhin, weil die Menschen sich nicht selbst verwirklicht haben und ihre persönliche Welt nicht mit anderen teilen. Würden sie es tun, dann wäre unser Bild klarer. Du hast etwas ganz Einmaliges auf den großen Wandteppich zu malen oder zu weben, das ist *dein* Beitrag. Laß diese Gelegenheit nicht ungenutzt. Du *bist* ein phantastischer, wunderbarer Mensch, und es gibt dich nur *ein einziges Mal.*

Wenn Sie das nächste Mal an einem Spiegel vorbeikommen, blicken Sie hinein und sagen Sie: »Tatsächlich, es ist wirklich wahr; es gibt mich nur einmal!« Wenn wir das doch begreifen würden! Und das Schöne daran ist, daß es gleichgültig ist, an welcher Stelle dieses »Ichs« wir im Augenblick stehen. Wir stehen erst am Anfang unserer Entdeckungsreise; denn – wissen Sie – noch niemand ist jemals bis an die äußersten Grenzen menschlicher Möglichkeiten vorgestoßen. Du bestehst aus *unbegrenzten Möglichkeiten.*

Erich Fromm sagt, das Traurige am heutigen Leben sei, daß die meisten von uns sterben, bevor sie ganz geboren sind. Verpassen Sie sich nicht selbst! Elisabeth Kübler-Ross berichtet, die Menschen, die auf dem Totenbett am lautesten jammern, sind diejenigen, die nie gelebt haben. Sie haben das Leben von außen beobachtet, aber nicht aktiv daran teilgenommen. Sie haben nichts riskiert, sondern das Drama nur aus den Kulissen verfolgt.

Jedesmal, wenn wir einem anderen die Hand entgegenstrecken, riskieren wir, geschlagen zu werden. Das Risiko steht 50 zu 50 – besser als in Las Vegas –, und es besteht eben auch die Möglichkeit, daß der andere seine Hand ausstreckt und dich liebevoll berührt.

In einem Park habe ich einmal etwas sehr Schönes erlebt. Eine Mama und ein Papa hatten sich die Zeit genommen und einmal auf alle die verrückten und eiligen und so »wichtigen« Dinge verzichtet, die sonst den Tag ausfüllen, um mit ihrem kleinen Kind im Park spazierenzugehen. Der kleine Kerl lief auf das Seeufer zu. Papa sah es und wollte ihn daran hindern. Mama – es muß eine ganz einzigartige Mutter gewesen sein – hielt ihn fest und sagte: »Laß ihn doch laufen!« Und der kleine Kerl, er konnte sich noch kaum auf den Beinen halten, wackelte weiter den Hang hinunter. Die Geschichte hat ein glückliches Ende; das Kind ist nicht ertrunken. Ich bin sicher, Mama hat die Szene mit Herzklopfen beobachtet. Aber jedes Wachsen bedeutet ein Risiko.

Ich bin so verrückt, jeden spüren zu lassen, daß ich ihn sehe. Der Himmel weiß, wie viele von uns nur deshalb einsam sind, weil niemand sie sieht. Dann überkommt uns das Gefühl, daß wir gar nicht existieren. Wenn ich durch das Universitätsgelände gehe, sage ich: »Guten Morgen. Hallo, wie geht es Ihnen?« Die Reaktionen sind oft unglaublich. Manchmal lautet die Antwort »Hallo«. Aber andere zeigen sehr deutlich, wie sehr sie sich darüber ärgern, daß ich in ihre Privatsphäre eingedrungen bin – und das habe ich wahrscheinlich auch getan! »Kenne ich Sie denn?«, und ich sage: »Nein, aber wäre es nicht nett?« Und manchmal erwidern sie: »Nein, das wäre es nicht.«

. In solchen Fällen habe ich eine eigene, wirkungsvolle Methode – und glauben Sie ja nicht, daß mich eine solche Ablehnung nicht schmerzt. Ich habe aber einen Abwehrmechanismus entwickelt, der meinen Schmerz dämpft und der so unglaublich ist, daß Freud sich im Grabe umdrehen würde. Ich gehe weiter und denke: »Wie schade, daß er mich nicht kennenlernen will; denn ich bin doch ein so netter Mensch. Wenn ich ihn morgen wiedersehe, werde ich *wieder* guten Morgen sagen und ihm noch mal eine Chance geben.« Also wissen Sie, das wirkt hervorragend.

Wenn ich ihn dann wiedersehe, sage ich »Hallo!« Und wenn er wieder sagt, »kenne ich Sie denn?« Dann sage ich: »JA! Wir haben uns gestern kennengelernt!«

Wir müssen es wieder lernen, etwas zu riskieren. Erinnern wir uns an unsere Kindheit, als die ganze Welt ein riesiges, wunderbares Geheimnis war, das wir verstehen wollten. Versetzen wir uns wieder in diese Stimmung. Sage dir: »Ich will alles kennenlernen. Ich will alles fühlen, berühren, schmecken und verstehen. Zwar reicht das ganze Leben nicht dazu aus, aber um so dringender muß ich jetzt damit anfangen.« Laß jeden Augenblick so wertvoll sein, als sei es der letzte – und er kann es sehr wohl sein.

Viele Menschen halten den Tod für einen richtigen Schurken. Ich bin zu meinem Glück so weit gekommen, daß ich mit dem Tod Frieden geschlossen habe. Ich betrachte den Tod als eine sehr positive Kraft, weil er mir sagt, daß meine Zeit begrenzt ist, und weil er nicht versucht, mich zu täuschen. Der Tod sagt uns das vom Augenblick der Geburt an. Er hat sich niemals vor uns versteckt. Wenn er verborgen ist, dann nur, weil wir ihn verdrängt haben. Niemand wird diese Welt lebend verlassen. Aber wissen Sie, es gibt tatsächlich einige, die das glauben. Wir tun so, als würden wir ewig leben!» »Oh, das werde ich *morgen* tun.« – »Ich wollte schon immer diesen Berg besteigen. Morgen werde ich es tun.« Aber vielleicht wird es nicht mehr dazu kommen.

Meine Schüler sagen: »Wenn ich mit der Schule fertig bin, werde ich Zeit zum Lesen haben.« Und ich antworte: »Das wirst du nicht! Wenn du es *jetzt* nicht tust, dann wirst du *niemals* lesen.«

Jetzt ist die Zeit. Verschiebe es nicht auf morgen, wenn du anderen sagen willst, daß du sie liebst. Tue es *jetzt*. Überrumple sie! Greife zum Telefon und melde ein Ferngespräch an: »He, Mama? Hier spricht Felice. Ich weiß, bei dir ist es drei Uhr morgens, aber ich muß dir etwas sagen. Ich liebe dich.«

Wenn sie jetzt nicht an einem Herzanfall stirbt, dann war das vielleicht der wichtigste Augenblick ihres Lebens. Ich bekomme immer wieder zu hören: »Nun, sie weiß das doch längst.« Vielleicht – aber wird es *dir* je zuviel, es immer wieder zu hören?

Sage es jetzt. Man kann es auf die verschiedenste Weise sagen. Strecke deine Hand aus und berühre sie. Drücke sie an dich. Sage es ihm! Gehe nach Hause und wecke die Kinder auf. »*He! Ich liebe dich, ich liebe dich, ich liebe dich –.*«

»Mein Gott, Mama ist verrückt geworden!«

»Recht hast du!«

Vergiß niemals, daß alles bei dir selbst beginnt und du niemanden auf der Welt feiern kannst, bevor du dich nicht selbst gefeiert hast – mit deiner ganzen Verschrobenheit, deiner Vergeßlichkeit und sogar deiner Fähigkeit, anderen weh zu tun.

Eine der großartigsten Fähigkeiten, die wir besitzen, ist die Fähigkeit zu verzeihen. Ich verzeihe dir, daß du nicht vollkommen bist. Erst wenn ich selbst vollkommen bin, werde ich verlangen, daß auch alle anderen vollkommen sind. Du kannst also ganz beruhigt sein! Deshalb feiere dich selbst und deine Menschlichkeit voller Freude, voller Staunen und in dem Bewußtsein, daß dein Leben ein Wunder ist. Und dann feiere auch die *anderen*. Welche Freude, wenn ich *Euch* feiere!

Die meisten von Ihnen, die meine Arbeit kennen, wissen, daß ich verrückt nach Blättern bin. Der Herbst ist für mich die schönste Jahreszeit. Er hat einen ganz besonderen Zauber. Ich *liebe* die Blätter. Sie haben mir sehr viel zu sagen. Wenn der Herbst kommt, bin ich umgeben von Platanen, die ihre Blätter verlieren. Und wenn die Blätter fallen, lasse ich sie gern liegen. Einige von ihnen hebe ich auf und bringe sie meinen Studenten mit. Ich sage ihnen: »Ist das nicht unglaublich! Ist ein Blatt nicht ein Wunder?« Ich spreche über Empfindungen und Wahrnehmungen und nehme ein Blatt als Beispiel. Und wer mich begriffen hat, nimmt dann das Blatt in die Hand. (Sie wußten nicht, daß es zum Unterricht gehörte.) *Jetzt* hat es eine Bedeutung! Aber dieses Blatt war auch ganz für sich allein bedeutend.

Ich denke an ein wunderbares blindes Mädchen unter meinen Studenten. Als wir darüber sprachen, was uns die Blätter zu sagen haben, meinte jemand, »Sieht das nicht schön aus?« Und »Sieh nur diese kleinen Adern!« Und während wir darüber sprachen, was wir sahen, sagte sie etwas, an das wir anderen noch gar nicht gedacht hatten. »Habt ihr bemerkt, wie gut so ein getrocknetes Blatt *riecht*?«

Ich liebe die Blätter, und wenn sie fallen, lasse ich sie am liebsten am Boden liegen. Aber ich habe sehr saubere, ordentliche Nachbarn. Für sie muß alles sauber – sauber – sauber sein. Und für sie ist das Haus von Buscaglia schmutzig – schmutzig – schmutzig. Aber bei ihnen ist es sauber – sauber – sauber. Verstehen Sie, was ich meine? Einer meiner Nachbarn hat sogar eine Maschine, mit der er diese Blätter aufsaugen kann – mit lautem Schnarren. Ich kann das gar nicht mit ansehen. *Meine* Blätter sind sicher.

Eines Tages hielt ich in meinem Haus ein Seminar ab. Plötzlich kamen die Nachbarn – es sind wirklich ganz reizende Leute, aber eben sauber.

Sie klopften an die Tür. Ich ließ meine Studenten einen Augenblick allein und öffnete. Sie sagten: »Leo, wir wissen, daß Sie an den Wochenenden verreisen und in der übrigen Zeit sehr viel an der Universität arbeiten. Sie haben keine Zeit, die Blätter fortzuräumen. Wir haben diesen herrlichen Staubsauger. Wir werden es für Sie tun!« Es sind wirklich sehr hilfsbereite Nachbarn. Aber ich sagte: »Nein danke, das ist schon in Ordnung. Ich wußte wirklich nicht, daß meine Blätter Sie stören. Ich werde selbst hinausgehen und sie wegräumen.« Wir unterhielten uns noch ein paar Minuten, und dann gingen sie fort. Meine Studenten waren empört: *»Nun hören Sie! Sie hätten ihnen sagen sollen, das ist mein Haus, und hier kann ich tun, was ich...«* Ich sagte: »Haltet den Mund!« (Ich bin wirklich ein »nicht-richtungweisender« Berater.) »Geht hinaus, fegt alle Blätter zusammen und tut sie in die Schubkarre. Dann bringt sie herein und schüttet sie auf den Fußboden in meinem Wohnzimmer.«

Sie sahen mich ungläubig an. »Ist das Ihr Ernst?«

»Ja, ich meine es ernst! Niemand hat mir zu sagen, was auf dem Fußboden meines Wohnzimmers liegen darf.« So schütteten wir alle diese herrlichen Gebilde auf den Teppich in meinem Wohnzimmer, setzten uns auf die Blätter und fuhren mit unserem Seminar fort.

Aber ich möchte Ihnen sagen, manchmal brauche ich meine Nachbarn wirklich. Ich bin froh, daß es sie gibt. Gelegentlich erreichen wir dadurch, daß wir auf eine Nebensächlichkeit verzichten, etwas viel Wichtigeres. Ich hatte meine Nachbarn, und sie waren glücklich; und ich hatte meine Blätter und war glücklich mit ihnen. Das war eine ganz einfache Sache. Wissen Sie, daß es bei den meisten Scheidungen und in den meisten Fällen, in denen menschliche Beziehungen zerbrechen, um ganz *törichte, bedeutungslose und verrückte* Dinge geht! »Ich will mich scheiden lassen. Sie drückt die Zahnpastatube immer in der Mitte zusammen, und das macht mich wahnsinnig!« Mein Gott, kaufe doch zwei Tuben!

»Er verstreut seine Kleidungsstücke über das ganze Haus, und ich bin sein Dienstmädchen!«

Du bist nicht sein Dienstmädchen, wenn du es nicht willst! Laß die Sachen auf dem Boden liegen! Gehe !arum herum! »Aber was werden die Nachbarn denken?« Nun, es wird ihr Problem sein, wenn sie hereinkommen und sagen, »was ist denn das? Sechs Anzüge auf dem...«–»Oh, sie gehören meinem Mann, ist er nicht ein Witzbold? Er findet es herrlich, wenn seine Anzüge auf dem Boden liegen. Deshalb bleiben sie auch dort. Es macht ihm so viel Spaß, sie morgens zu sortieren.«

Wenn Sie sich das nächste Mal über solche Dinge ärgern, gehen Sie ihnen auf den Grund. Gewöhnlich sind es Verrücktheiten. Wenn Sie sich hinsetzen und darüber nachdenken, müssen Sie sicher lachen. Dann können Sie sagen: »Ist es nicht großartig, ein Mensch zu sein?«

Was mich an unserer Kultur mit am meisten beunruhigt, ist unser Mangel an Humor. Wir nehmen alles so verdammt ernst. Wir haben es verlernt zu lachen. Diejenigen unter Ihnen, die in meinem Alter oder noch älter sind, werden sich erinnern können, wieviel wir zu Hause gelacht haben. Heute höre ich kaum noch jemanden lachen.

Ich muß immer wieder an meine Mutter denken. Sie war wirklich eine bemerkenswerte Frau – mit schönen Rundungen! Und sie aß sehr gerne. Das habe ich von ihr geerbt. Aber die Madison Avenue sagt uns, um attraktiv zu sein, müssen wir furchtbar schlank sein. Aber das hängt davon ab, wo wir stehen. Gehen Sie einmal nach Italien und beobachten Sie, wer am ausgelassensten ist. Je größer das Gewicht, desto fröhlicher! Mama konnte manchmal richtige Lachkrämpfe bekommen. Dann setzte sie sich auf den Fußboden und wurde vom Lachen geschüttelt, ihre ganzen 180 Pfund, und wir lachten mit ihr.

Aber heute scheint den Leuten das Lachen vergangen zu sein. Wir lachen nicht mehr. Nichts ist komisch. Wir haben es verlernt, fröhlich zu sein, und was noch schlimmer ist, wir bekennen uns nicht mehr zu unseren eigenen kleinen Verrücktheiten. Geben wir es doch zu: Jeder von uns hat seine kleinen Ticks. *Und wie lustig ist es, diesen Verrücktheiten einmal wieder freien Lauf zu lassen!*

Geben Sie diesen Impulsen nach, wenigstens von Zeit zu Zeit. Sie werden sehen, der Tag ist gerettet!

Vor einiger Zeit erhielt ich die Einladung, vor tausend Nonnen in Wisconsin einen Vortrag zu halten. Tausend Nonnen und Felice! Ich bin überzeugt, Mama da oben ist in Verzückung geraten: »Mein kleiner Felice spricht zu tausend Nonnen!« Es war ein unbeschreiblich schönes Wochenende. Als sie mich einluden, sagten sie: »Wir haben kein Geld, aber wir feiern die Rückkehr in unser Mutterhaus, und einige von uns haben sich schon seit zehn Jahren nicht mehr gesehen. Es wird herrlich werden, und wir möchten, daß Sie kommen und unsere Liebe mit uns teilen.«

So fuhr ich denn hin, und sie reagierten auf alles, was ich ihnen sagte. Es war Herbst, und der Herbst in Wisconsin ist eine phantastische Jahreszeit. Das Herbstlaub an den Bäumen war unbeschreiblich schön. Die Nonnen gingen hinaus und füllten einen großen Sack mit abgefallenen Blättern, um sie mir nach Hause mitzugeben. Und dann bekam ich von ihnen den größten Kürbis, den ich je gesehen habe. Die Kürbisse in Wisconsin sind berühmt. Gewaltig! Eine der Nonnen konnte Brot backen, das jeden Feinschmekker begeistert hätte. Ich war den Tränen nahe, als ich es aß. Sie sollten mich einmal bei einem guten Essen beobachten. Dabei kommen mir wirklich die Tränen. Die Leute fragen: »Was ist los, Buscaglia?« – »Oh, das schmeckt zu gut!«

Sie schenkten mir auch zwei Brote. Und bevor ich noch am gleichen Abend in Chicago das Flugzeug bestieg, gaben sie mir sechs Pfund in Wisconsin hergestellten Käse mit. Ich war der einzige Fluggast, für den die Stewardessen zu sorgen hatten; *ich* mit meinem Kürbis, einem Sack Herbstblätter und dem Käse. Ich hatte alles als Handgepäck in die Maschine mitgenommen.

Nach dem üblichen »Kaffee, Tee oder Milch?« wurden die Lichter abgeblendet. Es gibt nichts Schöneres, als über Hunderte von Meilen bei abgedunkeltem Licht hoch über den Wolken zu fliegen. Du bist von allem losgelöst und schwebst im Nichts. Plötzlich kam mir ein ganz verrückter Gedanke. Ich ging in die Mitte des Flugzeugs, stellte die Armlehnen senkrecht und schüttete meine Blätter auf die Sitze. Dann nahm ich den Kürbis und legte ihn auf die Blätter, links und rechts daneben je einen Laib Brot. Schließlich garnierte ich das Ganze mit dem Käse. Dann läutete ich nach der Stewardess.

Ganz verschlafen kam das arme Mädchen hereingetorkelt. Sie glaubte, ich würde Kaffee, Tee oder Milch verlangen. Und ich sagte: »Schauen Sie sich das an!« – »O mein Gott!«, sie strahlte wie ein Weihnachtsbaum. Ich sagte: »Ich möchte alle diese Dinge mit Ihnen teilen. Ich habe sie geschenkt bekommen, und ich möchte Ihnen und den anderen Stewardessen etwas davon abgeben.«

Sie sagte: »Warten Sie einen Augenblick.« Dann holte sie die anderen und auch zwei schöne Flaschen Wein aus Kalifornien, den sie in Gläsern und nicht in den sonst üblichen scheußlichen Plastikbechern servierte. Die Zeit verging tatsächlich wie im Fluge. Wir beschlossen, uns jedes Jahr im Herbst wiederzusehen, und das alles, weil irgend jemand mit ganz gewöhnlichen irdischen Dingen eine magische Verwandlung vorgenommen hatte.

Weil du ein menschliches Wesen bist, hast du magische Kräfte. Wecke sie in dir. Wenn du die Lust verspürst, etwas ganz Verrücktes zu tun, unterdrücke diesen Impuls nicht. Gib ihm nach, *nur einmal* – und erzähle mir, was passiert!

Und dann glaube ich, wenn wir menschlich sein wollen, dann müssen wir, weil es nichts Besseres gibt, auch demokratisch sein. Das bedeutet, wir müssen erkennen, daß niemand besser oder schlechter ist als wir. Ich fürchte, manchmal vergessen wir allzu leicht, daß alle anderen auch menschliche Qualitäten haben. Ich erzähle gern die folgende Geschichte; denn ich habe viel daraus gelernt. Ich wurde mit 15 oder 20 Erziehern aus allen Teilen der Vereinigten Staaten eingeladen, an einem Gelehrtenkongreß teilzunehmen. Drei Tage lang wurde der Inhalt hochwissenschaftlicher Facharbeiten vor uns ausgebreitet. Mein Gott! Ich kann nur sagen, wenn die Zukunft des Erziehungswesens in den Vereinigten Staaten in den Händen dieser klugen Leute liegt, dann sind wir *zum Untergang verdammt!* Als die Hälfte der Zeit vergangen war, hatte ich genug. Die Verrücktheit in mir gewann die Oberhand. Ich sagte: »Ich bitte vielmals um Entschuldigung, verzeihen Sie mir«, und verschwand.

Es war in St. Louis, und ich ging am Flußufer entlang. Dort begegnete ich einem kleinen alten Mann. Zahnlos und, wie wir sagen würden, schmutzig, denn wir sind natürlich sauber. Alles ist relativ. Neben ihm stand eine Flasche Landwein, und er aß ein Stück Käse. Er sah mich mit breitem Lächeln an. Fast wäre ich vorbeigegangen. Er sagte: »Guten Morgen, mein Sohn.« Wer mich »mein Sohn« nennt, ist sofort mein Freund. Ich setzte mich neben ihn, und wir sprachen über Gott und die Welt. Wir tranken den Wein, aßen den Käse und philosophierten. Ich sagte zu dem Mann: »Wissen Sie, Sie sehen so glücklich und zufrieden, so ausgeglichen und friedlich aus. Haben Sie ein Geheimrezept?« Ohne einen Augenblick zu zögern erwiderte er: »Allerdings.«

Ich sagte: »Würden Sie es mir verraten?«

»Natürlich, mein Sohn«, sagte er. »Wenn du dein ganzes Leben glücklich sein willst, dann sorge dafür, daß dein Kopf *voll* und dein Magen *leer* ist.« Weisheit! Und niemand hat *ihn* zur Teilnahme an einem Gelehrtenkongreß eingeladen! Man hätte es tun sollen!

Ich bin fest davon überzeugt, daß diese fabelhafte Qualität der Menschlichkeit mit all ihren Wundern ein Geschenk Gottes an dich ist. Und was du damit tust, ist dein Geschenk an Gott. Gib dich mit nichts Geringerem zufrieden als damit, daß du Gott das vollkommene Geschenk anbietest, das du bist. Und freue dich daran, daß du es tun kannst. Vielen Dank.

Die Kinder von morgen

Sie haben diese Konferenz unter ein aufregendes Thema gestellt. Ich nehme an, Sie empfinden es ebenso wie ich als ziemlich lächerlich und verrückt, *ein* Jahr als »Jahr des Kindes« zu bezeichnen. *Jedes* Jahr sollte ein Jahr des Kindes sein, und es wird Zeit, daß wir das erkennen. Vielleicht werden wir etwas in Gang bringen und gemeinsam dafür sorgen, daß man allgemein erkennt, wie dringend unsere Kinder uns brauchen. Heute will ich mit Ihnen über die Kinder von morgen sprechen und darüber, ob sie liebende Menschen oder Verlierer sein werden.

Zunächst will ich Ihnen einen Abschnitt aus Anthony Storrs wunderbarem Buch, *The World of Children*[1] vorlesen. Er sagt, wir alle seien Kinder, auch wenn die meisten von uns es vergessen haben. Ich denke, es wäre schön, wenn wir uns wieder daran erinnern könnten, wie es war, als wir anfingen, die Welt abzutasten und zu entdecken, als wir z. B. den ersten Baum sahen. Jeder einzelne von uns hat einmal seine erste Blume gefunden und das Feuer entdeckt. Es ist ein langer Prozeß, und wir befinden uns auch noch heute auf dieser Entdeckungsreise, jedenfalls hoffe ich das. Immer noch entdecken wir die Welt mit unseren Sinnen. Es genügt uns nicht, einen Baum nur zu sehen; wir wollen auch hinaufklettern, wir wollen seinen Duft riechen, wir wollen ihn umarmen, wir wollen ihn schmecken und kauen, wir wollen ihn in all seinen Aspekten *erleben*. Und das ist das Wunderbare und Magische am Leben. Doch Storr sagt das Folgende:

Wie erniedrigend ist es doch eigentlich, ein Kind zu sein. Man ist so klein, daß man aufgehoben werden und nach Laune der

---

[1] in wörtlicher Übersetzung: Die Welt der Kinder

Erwachsenen herumgetragen werden kann. Man wird gefüttert oder nicht gefüttert. Man wird gewaschen oder bleibt schmutzig. Man wird beglückt oder zum Weinen gebracht. Es ist in der Tat ein so unwürdiger Zustand, daß es niemanden überraschen darf, wenn sich einige von uns nie davon erholen. Es ist in der Tat eine der Urängste des Menschen, als Sache und nicht als Person behandelt zu werden. Wir fürchten, von unpersönlichen Kräften manipuliert und herumgestoßen und von den Mächtigen und uns Überlegenen als etwas abgetan zu werden, was völlig belanglos ist.

Jeder von uns ist vielleicht ein winziges Atom in einem riesigen Universum, aber wir brauchen das Gefühl, daß wir zählen. Wir verlangen die Beachtung unserer Individualität. Wenn wir als Person völlig übersehen werden, dann ist das eine Art Tod, den wir am lebendigen Leibe erfahren und gegen den wir mit aller uns zur Verfügung stehenden Kraft kämpfen müssen.

Ich glaube, diejenigen von uns, deren Beruf es ist, anderen Menschen zu helfen, wissen vielleicht mehr als jeder andere, wie schwer es ist, jenes Selbst zu finden, an diesem Selbst festzuhalten und nicht nur zu sagen, »ich bin«, sondern »ich werde«; denn in Wirklichkeit sind wir in vieler Hinsicht noch gar nicht einmal geboren. Und soweit ich weiß, gibt es bis heute noch keine Schule für das Leben und nur verzweifelt wenige Vorbilder – Menschen, die sich hinstellen und sagen können: »Ich entwickle mich, ich bin. Und das ist wunderbar. Das Leben ist gut, die Welt ist schön.«

Es gibt ein fabelhaftes Buch, das immer zu meinen Lieblingsbüchern gehörte, und das ist *Der Idiot* von Dostojewski. Ich weiß nicht, wie viele es von Ihnen gelesen haben, aber eines Tages, wenn Sie viel Zeit haben – es ist ein sehr dicker Band, aber es lohnt sich –, dann nehmen Sie es zur Hand und lesen Sie es; denn es hat eine magische Kraft. Es handelt vom Fürsten Myschkin, der eine Art verirrter Heiliger in einer sündigen Welt ist. Es scheint, als verwandle sich alles, was er guten Glaubens berührt, in Schmerz und Verzweiflung, und er kann es nicht begreifen. Er hat epileptische

Anfälle, und jedesmal, wenn er diese Anfälle hat, hat er überwältigende Einsichten. Dostojewski schildert das wie folgt:

> Dann war es ihm plötzlich, als täte sich etwas vor ihm auf: Unbeschreibliches, nie dagewesenes Licht erstrahlte in seinem Inneren und erhellte seine Seele. Das dauerte im ganzen vielleicht nur eine halbe Stunde, doch dann entsann er sich später noch deutlich und bewußt des Anfangs, des ersten Tones jenes entsetzlichen Schreis, der sich plötzlich ganz von selbst seiner Brust entrang und den er mit keiner Gewalt aufzuhalten, zu unterdrücken oder abzubrechen vermocht hätte. Dann schwand ihm momentan das Bewußtsein, und tiefe Finsternis trat ein.

Ähnliches erlebte er bei jedem epileptischen Anfall, und einmal, gegen Ende des Romans, durchzuckt ihn ein Gedanke, und er ruft aus: »O Gott, warum sagen wir es nicht den Kindern?«

Und ich muß das wiederholen: »Warum sagen wir es nicht den Kindern?« Warum sagen wir ihnen nicht, daß sie wählen können, daß sie Liebende werden können und nicht zu den Verlierern gehören müssen. Wenn wir uns umschauen, sehen wir, daß es schrecklich viele Verlierer gibt. Ich weiß nicht, wie Sie das empfinden, aber mich erschüttert es, daß sich in den Vereinigten Staaten alljährlich mehr als 26000 Menschen das Leben nehmen. Die neuesten Statistiken zeigen, daß die Zahl der Gewaltverbrechen im ganzen Lande um 7 Prozent zugenommen hat. Wo sind die Menschen geblieben, die heiraten, eine Familie gründen und 20, 30, 40 oder 50 Jahre ein glückliches Familienleben führen konnten? Was ist anders geworden? Nun, vielleicht liegt der Unterschied darin, daß wir in eingezäunten Gärten aufgewachsen sind. Man hat uns gegen das Leben abgeschirmt. Man hat uns nicht erlaubt zu sehen, wie das Leben wirklich ist – als sei das Leben häßlich und als müßten wir uns davor fürchten und als müßten wir deshalb hinter künstlichen Mauern in Gärten aufwachsen, wo es nur Blumen und andere schöne Dinge gibt. Erst wenn wir herangewachsen sind und voller Erwartungen über diese Mauer klettern, stellen wir fest, daß uns die Werkzeuge fehlen, in der Wirklichkeit zu überleben.

Wir wollen keine Schmerzen ertragen, und deshalb nehmen wir Pillen; wir nehmen Drogen, flippen total aus und betäuben uns mit Alkohol. Wir fürchten uns zu leben, aber noch mehr fürchten wir den Tod. Wir geben der Vergangenheit an allem die Schuld, *wir lieben es,* der Vergangenheit und allen Menschen aus der Vergangenheit Vorwürfe zu machen, aber wir selbst fühlen uns unfähig, die Gegenwart zu bewältigen und etwas für die Zukunft zu tun. Wir sind mißtrauisch gegenüber anderen, aber am wenigsten trauen wir uns selbst. Wir haben es verlernt, auf unsere eigene Stimme zu hören. Was wir tun, entspricht nicht unserem Wesen. Wir erfüllen nicht die Forderungen der Gegenwart. Wir lassen die Zügel schleifen. Wir wissen nicht, daß wir die Wahl haben und uns für die Freude entscheiden können. Uns fehlt jede Zielstrebigkeit, und wir können den Sinn des Lebens nicht erkennen. Wir fragen uns nicht mehr, »wozu bin ich überhaupt hier?« Sind wir nur deshalb hergekommen, um einen Raum auszufüllen?

Ich habe viel Zeit in Zen-Klöstern, buddhistischen Klöstern und Aschrams in Indien zugebracht, weil ich soviel wie möglich aus den verschiedensten Kulturen lernen wollte. Ich hatte das große Glück, die verschiedensten Wege kennenzulernen. Aber in Indien habe ich etwas gesehen, was mir sonst nirgends begegnet ist, und es geschah irgendwie auf magische Weise. Als ich nach Kalkutta kam, stieg ich aus dem Zug und war noch nicht 400 Meter gegangen, als ich plötzlich wie im Zeitraffer alles sehen konnte, was das Leben uns zu geben hat. Ich sah Elend und Verzweiflung, ich sah hungernde Kinder und Menschen mit hoffnungslosen Gesichtern. Ich sah Freude und Verzückung, ja Verzückung. Ich sah Blumen, Tanz, Schönheit und Tod – und das alles auf einer Strecke von nur 400 Metern. Wie viele Jahre hatte ich gebraucht, um damit anzufangen, den Sinn des Lebens zu erforschen!

Das meine ich, wenn ich sage, daß wir unseren Kindern das Leben vorenthalten. Wir warten, bis sie erwachsen geworden sind, um ihnen etwas über das Sterben zu sagen. Wir wiegen unsere Kinder in dem Glauben, das Leben sei ein Rosengarten. Wie enttäuscht sind sie, wenn sie feststellen, daß es nicht so ist. Wir lassen unsere Kinder glauben, wir seien vollkommen. Wie niederschmetternd ist es für sie, wenn ihnen das Gegenteil bewußt wird. Was ist denn falsch daran, unsere Kinder mit allem Menschlichen vertraut zu machen, um sie zu Menschen zu erziehen?

Aber bevor wir unsere Kinder mit dem Leben vertraut machen können, müssen wir wieder lernen, einfach mit ihnen zu sprechen. Ich würde gern ein Buch schreiben mit dem Titel »Wie spricht man mit Kindern«; denn ich stelle immer wieder fest, daß die Erwachsenen auf die Kinder *einreden*. Wir reden durch die Kinder hindurch oder an ihnen vorbei. Wir führen keine richtigen Gespräche *mit* ihnen. Um lebendigen Kontakt mit ihnen aufzunehmen, müssen wir uns darin üben, in die Knie zu gehen. Wir müssen uns auf ihre Ebene begeben, damit wir uns bei einem solchen Gespräch gegenseitig ins Gesicht sehen können. Wir müssen versuchen, uns in ihre Welt zu versetzen, und aufhören, ihnen etwas über unsere Welt zu erzählen. Wir müssen auf sie hören. Wir müssen sie auffordern, uns zu erzählen, was sie sehen, fühlen und hören. Es wird Sie überraschen, was Sie dabei lernen können. Sie werden an die Wunder Ihrer eigenen Kindheit erinnert werden, die Sie längst vergessen haben.

Wissen Sie, was ich in den letzten Jahren festgestellt habe? Ich beschäftige mich mehr damit, Dinge zu *verlernen* als etwas Neues zu lernen. Ich muß mich von all dem Abfall befreien, mit dem mich andere Menschen belastet haben. Und für Sie gilt das gleiche. Mit jedem Stück Abfall, das ich beseitige, werde ich freier: und je freier ich werde, desto mehr kann ich für Sie sein. Mein Haupttätigkeitsfeld sind die Schulen; denn, wie ich schon gesagt habe, für mich ist der Beruf des Lehrers das allerwichtigste. Und was höre ich dort? Immer noch höre ich Lehrer schreien: »Wir werden dieses Klassenzimmer nicht verlassen, bevor ihr nicht alle einen geraden Strich ziehen könnt.« Großartig! Niemand darf etwas lernen, bevor dieser verdammte Strich nicht gerade ist. »Nun Johnny, warum hast du das getan?« Mein Gott, um diese Frage zu beantworten, brauchten wir ein ganzes Leben! Was soll Johnny sagen? »Ich weiß es nicht.« Sind Sie schon einmal gefragt worden, warum *Sie* dieses oder jenes getan haben? Was würden Sie antworten? Es gibt schon unglaubliche Methoden der Nicht-Kommunikation zwischen Kindern und Erwachsenen!

Mir gefällt sehr gut, was Haim Ginott sagt:
Ein Kind hat ein Recht auf klare Aussagen der Erwachsenen. Wie Eltern und Lehrer mit Kindern sprechen, hilft ihnen, zu erkennen, was sie von sich selbst zu halten haben. Die Aussagen der Erwachsenen beeinflussen die Selbsteinschätzung und das Selbstwertgefühl des Kindes. Die Worte der Erwachsenen bestimmen zu einem großen Teil sein Schicksal. Eltern und Lehrer müssen die verborgenen Unsinnigkeiten aus ihrer Umgangssprache verbannen. Wenn ein Kind durch die Aussagen von Erwachsenen veranlaßt wird, seinen eigenen Wahrnehmungen zu mißtrauen, dann werden seine Gefühle verletzt, und es beginnt, an seinem eigenen Wert zu zweifeln. Die sogenannte »normale« Umgangssprache macht die Kinder wahnsinnig. Dieses Beschuldigen und Beschämen, das Predigen und Moralisieren, das Fordern und Befehlen, das Ermahnen und Anklagen, das Lächerlichmachen und Herabsetzen, das Drohen und Bestechen, das Diagnostizieren und Prognostizieren – alle diese Techniken brutalisieren, vulgarisieren und enthumanisieren die Kinder. Ein gesunder Geisteszustand wird nur erreicht, wenn wir unserer eigenen inneren Wirklichkeit vertrauen, und dieses Vertrauen entsteht nur im Verlauf von echter Kommunikation.

Was *muß* ein Kind wissen? Ich möchte Ihnen einiges mitteilen, was unsere Kinder meiner Meinung nach unbedingt wissen sollten. Zuallererst sollten wir den Kindern begreiflich machen, welcher kostbare Schatz ihre eigene Phantasie ist. Wir müssen sie überzeugen, daß sie einzigartig sind, daß jedes einzelne von ihnen auf der ganzen Welt nur ein einziges Mal existiert. Ich glaube, einige von uns haben das vergessen.

In unserer Gesellschaft fühlen wir uns anscheinend wohler, wenn wir jeden in eine bestimmte Form pressen können. Niemand darf geformt werden! Sehen Sie sich die Gesichter der Kinder an. Ich habe nie zwei Kindergesichter gesehen, die sich nur annähernd gleichen, und das gefällt mir. Ich stelle mir gerne vor, daß jedes einzelne Kind eine Kombination von Kräften und Eigenschaften ist, die es in der Geschichte der Menschheit nie wieder geben wird. Wenn wir das begreifen, dann erfaßt uns ein gewisser Stolz. Und was hat das zu bedeuten? Glauben Sie, daß ihr Da-Sein sinnlos sei? Ist die Einzigartigkeit der Kinder völlig bedeutungslos? Ich vergleiche die Welt gern mit einem riesigen Wandteppich, und jeder von uns hat die Aufgabe, ein kleines Fleckchen auf diesem Teppich auszufüllen. Wenn wir dieser Verantwortung nicht nachkommen, dann wird der Teppich niemals vollendet werden, und das schadet uns allen. Ich möchte nicht, daß aus dir eine Kopie von *mir* wird. Der Himmel weiß, einmal »Ich« ist genug. Und ich mag dieses Spiel nicht: »Folge dem Guru.« Dieses Spiel bedeutet: Wenn du dein Ich verlieren willst, dann folge mir; wenn du mir folgst, dann führt dich das zu mir, und du selbst gehst verloren! Ich aber möchte jedem zurufen: »Folge *dir selbst*!« Denn wenn du dir selbst folgst und an deinen Wesenskern kommst, und wenn ich an meinen Wesenskern gelange, dann werden wir eines Tages eins werden und nicht als Fremde nebeneinanderstehen.

Wir müssen also unseren Kindern vermitteln, daß sie in der ganzen Welt einmalig sind. Wir müssen ihnen zeigen, daß jedes von ihnen das denkbar beste Ich ist. Und das ist schwer, weil wir es zunächst nicht glauben. Niemand sieht uns und niemand berührt uns.

Wir müssen unseren Kindern begreiflich machen, daß sie nicht nur diese unglaubliche Einzigartigkeit besitzen, sondern daß sie auch etwas haben, was wir manchmal vergessen. Es schlummern unentdeckte Kräfte in ihnen. Ihr unentdecktes Potential ist viel größer als das, was bisher sichtbar geworden ist. Und das ist das Wunderbare. Es kommt nicht darauf an, was sie heute sind; sie stehen erst am Anfang, und erst im Lauf der wunderbaren Reise durch das Leben wird alles zutage kommen, und sie werden ihr eigenes Selbst entdecken.

Erst kürzlich habe ich angefangen zu begreifen, was es bedeutete, als mir jemand vor vielen Jahren sagte: »In meinem Haus gibt es viele Zimmer.« Ich hatte geglaubt, mein Haus bestünde nur aus einem riesigen, sehr bequemen Wohnzimmer. Es war ein sehr schönes Zimmer, hübsch eingerichtet, sauber und auch einigermaßen ordentlich. Alles mögliche spielte sich in diesem Wohnzimmer ab.

Hier konnte ich meine Gäste empfangen, hier konnte ich leben und alles tun, was mir gefiel. Doch eines Tages entdeckte ich, daß alles, was sich in diesem Zimmer angesammelt hatte, von anderen hereingebracht worden war. Tausend Innenarchitekten hatten mein Wohnzimmer eingerichtet. Aber ich stellte auch plötzlich fest, daß viele Türen aus dem Zimmer hinausführten. Eines Tages kam ich auf den verrückten Gedanken, eine dieser Türen zu öffnen. Ich kam in einen feuchten, dunklen, von Spinnweben durchzogenen Raum. Der Anblick ängstigte mich, und mein erster Impuls war, die Tür wieder zu schließen. Aber dann erkannte ich, daß dieses Zimmer auch zu meinem Haus gehörte und daß es deshalb meine Pflicht war, es zu reinigen, einzurichten und darin zu leben. Ich machte mich voller Eifer an diese neue Aufgabe, und das Ergebnis war erstaunlich. Heute ist es ein schönes, geräumiges Zimmer, und wenn ich Gäste einlade, habe ich *zwei* Räume für sie. Das neue Zimmer hat sieben weitere Türen, und ich habe auch diese Türen geöffnet. Die eine führte mich zur Musik, die nächste zur Kunst, eine führte zur Liebe, eine zur Schönheit, eine weitere zur Freude, und jetzt habe ich viele Zimmer, und jedes dieser Zimmer hat sieben Türen. Ein Ende gibt es nicht! Niemand hat jemals feststellen können, wie viele Zimmer es in seinem Haus gibt. Wir können unsere Entdeckungsreise bis in alle Ewigkeit fortsetzen.

Wissen Sie, was mich wirklich begeistert? Wir sind die einzigen Lebewesen, die über das Denken nachdenken können. Wir verwenden symbolische Symbole, um über das Denken nachzudenken. Wir können analysieren, wir können träumen, wir können in unserer Vorstellung etwas Neues schaffen – das macht unser Menschsein aus, und von diesem Wunder und Zauber müßten wir doch eigentlich überwältigt sein.

Ich glaube, wenn ich nur einen einzigen Wunsch frei hätte, dann würde ich mir wünschen, *dich* zu *dir* zurückführen zu können. Das ist nicht im egozentrischen Sinne gemeint, sondern in dem Sinn, daß du wissen sollst, daß du aus dir die wunderbarste, erstaunlichste, weltoffenste, schönste und kreativste Person der Welt machen kannst. Und du sollst dieses Selbst nicht irgendwo verstecken, sondern es verschenken, weil du anderen nur schenken kannst, was du selbst besitzt. Wenn du unwissend bist, vermittelst du den anderen

deine Unwissenheit. Darum mußt du dich um Weisheit bemühen.
Wenn du dir hast Fesseln anlegen lassen, dann vermittelst du anderen deine Vorurteile, und deshalb mußt du dich um deine persönliche Freiheit bemühen. All das kommt aus dir selbst. Wenn ich etwas für mich tue, dann tue ich es auch für dich. Je mehr ich mich selbst lieben kann, desto mehr Liebe kann ich dir schenken. Ich glaube, wir sollten unseren Kindern diese Erkenntnis schon sehr früh vermitteln.

Wir müssen unseren Kindern begreiflich machen, daß es auch andere Menschen gibt. Es klingt vielleicht etwas eigenartig, aber ich bin neulich auf eine erstaunliche Tatsache gestoßen: Es gibt auf diesem ganzen Globus keinen Ort mehr, an den wir nicht innerhalb von 23 Stunden gelangen können, und sei er auch so abgelegen wie die Gebirgstäler in Kaschmir. Das bedeutet, daß wir alle Nachbarn sind. Früher konnte man die Menschen, die so weit entfernt von uns lebten, vergessen, und sie wurden auch vergessen. Aber heute ist die Entfernung nicht mehr so groß. Wir werden von keinen Mauern mehr getrennt. Sie lassen sich sehr leicht übersteigen oder durch Bomben zerstören.

Neulich hat man an einer Universität im mittleren Westen mit den Studenten ein interessantes soziologisches Experiment durchgeführt; es ging dabei um Teilen und Geben. Jeder Student wurde aufgefordert, 10 Cents mitzubringen. Man sagte ihnen: »In Indien gibt es Menschen, die verhungern. Es ist eine Seuche ausgebrochen, und sie brauchen dringend Hilfe. Wenn Sie etwas spenden wollen, dann legen Sie die 10 Cents in einen Umschlag und schreiben Sie ›Indien‹ darauf. Aber Indien ist sehr weit von uns entfernt. In einem Ghetto nicht weit von hier lebt eine Familie, die sich in einer großen Notlage befindet und dringend Lebensmittel braucht. Wenn Sie diesen Leuten helfen wollen, dann können Sie es anonym tun. Legen Sie die 10 Cents in einen Umschlag und schreiben Sie ›arme Familie‹ darauf. An unserer Universität haben wir, wie Sie vielleicht wissen, noch kein Fotokopiergerät. Wir brauchen es dringend für diejenigen von Ihnen, die bestimmte Papiere und Manuskripte fotokopieren wollen. Wenn Sie für die Anschaffung dieses Geräts etwas spenden wollen, legen Sie 10 Cents in den Umschlag und schreiben Sie ›Kopiergerät‹ darauf.« 80 Prozent des Geldes wurden für die Anschaffung eines Kopiergeräts gespendet.

Wir haben aufgehört, am Schicksal unserer Mitmenschen Anteil zu nehmen. Wir bilden kleine geschlossene Gruppen. Wir sagen: »Dies sind die Dinge, die mich etwas angehen. Was da draußen geschieht, ist mir gleichgültig.« Ich glaube, Sie haben das Leben erst richtig begriffen, wenn Ihnen bewußt geworden ist, daß kein Blatt vom Baum fällt, ohne daß dieser Vorgang irgendwie auch eine Auswirkung auf Sie selbst hat. Wir können uns nicht mehr verstekken! Der Boss brüllt Sie an. Sie kommen nach Hause und schreien Ihren Mann oder Ihre Frau an. Ihr Mann oder Ihre Frau schlägt das Kind. Das Kind stößt mit den Füßen nach dem Hund, der Hund beißt die Katze, und die Katze uriniert auf den Teppich. Wo hat es angefangen? Ich brauche dich, und wir sollten wieder zu der Verbindung mit anderen zurückfinden, um wieder geben und empfangen zu können. Wir müssen es lernen, einander wieder zu vertrauen und zu glauben und wieder zusammenzuarbeiten.

Zum gegenseitigen Erkennen gehören zwei. Willst du wissen, wer du bist? Sieh den Menschen, die dich lieben, in die Augen. Sie sind die einzigen, die es wagen werden, dir zu sagen, daß du einen Schmutzfleck auf der Nase hast. Alle anderen lassen dich den ganzen Tag mit diesem Schmutzfleck auf der Nase herumlaufen. Wer dich liebt, wird dir sagen: »He, Liebling, du hast einen Schmutzfleck auf der Nase.«

Ich halte es für unbedingt notwendig, daß wir mit unseren Kindern über den Tod sprechen und aufhören, sie gegen dieses Thema abzuschirmen und so zu tun, als seien wir unsterblich. Wir verhalten uns tatsächlich so, als glaubten wir das. Freud hat manches Beherzigenswerte gesagt, unter anderem auch, daß viele unserer Probleme und unsere Unfähigkeit zu leben darauf zurückzuführen seien, daß wir glaubten, nie sterben zu müssen. Wir tun so, als würden wir ewig leben. Wenn du darüber nachdenkst, dann glaubst du immer, der andere werde sterben, nicht du selbst. Nun, ich habe eine Neuigkeit für Sie. Wir werden *alle* sterben! Das ist die demokratischste Sache, die es gibt. Wer du auch bist, so reich und berühmt du auch sein magst, gleichgültig, wie viele akademische

Grade du erworben hast, ob du dein Leben vertan hast oder ob es das schönste Leben gewesen ist, das man sich vorstellen kann, du mußt sterben. Aber warum sollen wir uns davor fürchten? Du fürchtest dich vor dem Tode nur dann, wenn du nicht lebst. Wenn du jeden Augenblick deines Lebens auskostest und erfüllst, dann wirst du nicht jammern und klagen. Wenn du deine Mitmenschen liebevoll behandelt hast, solange sie am Leben waren, dann wirst du dich nicht laut schluchzend über ihren Sarg werfen und schreien: »Geh nicht fort, geh nicht fort!« Wir lassen doch tatsächlich die Menschen nicht einmal mehr in Würde sterben. Wir wekken in ihnen ein Schuldgefühl, wenn wir jammern, »um Himmels willen, stirb nicht!«

Welche seltsame Vorstellung haben wir doch vom Tod. Wir wollen unsere Kinder nicht zu Begräbnissen mitnehmen. Einige von Ihnen werden sich noch daran erinnern, am offenen Sarg gestanden zu haben. Und dann hat man Sie aufgefordert, Großpapa und Großmama noch einmal anzusehen und sich von ihnen zu verabschieden. Manchen von Ihnen hat man erklärt, daß alles stirbt, so wie die Blumen im Winter sterben und im Frühjahr wieder blühen. Der Tod gehört in den wunderbaren Kreislauf des *Lebens*. Wenn du das erkannt hast, dann verschwindet deine Furcht. Der Tod ist ein guter Freund, ein unglaublich guter Freund; denn er sagt uns, daß unsere Zeit begrenzt ist und wir jetzt in diesem Augenblick leben. Deshalb ist jede Minute so kostbar. Wir lesen das und sagen: »O ja, wie wahr!« Aber leben wir entsprechend? Wie herrlich ist es, den Augenblick zu genießen, wenn du eine Blume betrachtest. Wenn jemand mit dir spricht, dann höre doch um Gottes willen zu und blicke nicht über die Schulter, um dich nach etwas anderem umzusehen. Es ist Zeit für einen Cocktail! Es gibt keine größere Beleidigung. Wenn du nicht mit mir zusammensein willst, dann *tue es nicht*! Das ist ganz in Ordnung. Ich kann es ertragen. Aber wenn du dich entschlossen hast, mit mir zusammenzusein, dann bleibe bitte auch *bei mir*. Du sagst, »ich werde den Ozean betrachten.« Siehst du den Ozean auch wirklich? »Oh, ist das nicht ein wunderschöner Sonnenuntergang.« Meinst du das auch, siehst du es, und weißt du, daß es diesen Sonnenuntergang nie wieder geben wird?

Der Tod lehrt uns – wenn wir darauf hören wollen –, daß es darauf ankommt, jetzt zu leben. Jetzt ist es Zeit, ans Telefon zu gehen und den Menschen anzurufen, den du liebst. Der Tod lehrt uns die Freude des Augenblicks. Er lehrt uns, daß wir nicht ewig leben. Er lehrt uns, daß nichts von Dauer ist. Er lehrt uns loszulassen; es gibt nichts, was du für immer festhalten kannst. Und er sagt uns, wir sollten unsere Erwartungen aufgeben und es dem Morgen überlassen, seine Geschichte zu erzählen; denn niemand weiß, ob er heute abend wieder nach Hause kommen wird. Für mich bedeutet das eine gewaltige Herausforderung. Der Tod sagt: »Lebe jetzt!« Lassen Sie uns das den Kindern sagen.

Schließlich möchte ich unseren Kindern sagen, daß das Leben nicht nur aus Leid, Elend und Verzweiflung besteht, wie wir es aus den Nachrichten und Zeitungen erfahren. Das sind die Dinge, die Schlagzeilen machen. Von den vielen erfreulichen, wunderbaren und phantastischen Ereignissen hören wir kaum etwas. Aber auch von ihnen sollen unsere Kinder etwas erfahren. Um ihnen das zu vermitteln, müssen wir unsere eigene Freude spüren und unsere eigenen Verrücktheiten kennen. Wir sind alle irgendwie verrückt! Und wenn Sie es nicht glauben, dann sind Sie noch verrückter als die meisten. Jede Routine erzeugt Langeweile. Freude, Staunen, Verzückung entspringen der Überraschung. Wenn die Routine dich langweilt, dann wirst auch du *langweilig*. Und du wunderst dich, daß andere nichts mit dir zu tun haben wollen. Wir haben die Wahl. Du kannst entscheiden, wie du dein Leben führen willst. Du kannst dich für die Freude, für die Freiheit, für die Kreativität und die Überraschung oder für die Gleichgültigkeit und die Langeweile entscheiden. Und du kannst diese Entscheidung jetzt in diesem Augenblick treffen!

Im folgenden wird das alles schön zusammengefaßt. Der Autor ist Frederick Moffett vom »Bureau of Instructional Supervision, New York Department of Education«.[1] Die Überschrift lautet »Wie ein Kind lernt«.

»Ein Kind beginnt zu lernen, wenn es seine Finger und Zehen bewegt und sich dessen bewußt wird. Es nimmt die Gewohn-

---

[1] in wörtlicher Übersetzung: Büro der Schulinspektion, Erziehungsministerium des Staates New York

heiten und Haltungen der Menschen in seiner Umgebung an und setzt sich mit seiner eigenen Umwelt auseinander. So lernt ein Kind mehr durch Versuche als durch Irrtum, mehr durch Freude als durch Schmerz, mehr durch eigene Erfahrung als durch das, was wir ihm vorschlagen und sagen, und mehr durch Hinweise als durch Anweisungen. So lernt ein Kind durch Zuneigung, durch Liebe, durch Geduld, durch Verständnis, durch das Gefühl der Zugehörigkeit, durch Tun und durch Sein. Täglich lernt das Kind ein wenig von dem kennen, was du weißt, und wird ein wenig bereichert durch das, was du denkst und begreifst. Was du träumst und glaubst, überträgt sich auf das Kind. So wie du deutlich oder verschwommen wahrnimmst, klar oder verworren denkst, töricht oder weise glaubst, trübe oder *goldene* Träume hast« – das gefällt mir ganz besonders –, »so wie du lügst oder die Wahrheit sagst, so lernt ein Kind.«

Wir müssen unseren Kindern sagen, daß sie die Wahl haben, zu Liebenden oder zu Verlierern zu werden. Der Verzicht auf die Liebe bedeutet den Verzicht auf das Leben. Thornton Wilder sagt: »Es gibt ein Land der Lebenden und ein Land der Toten, und die Brücke ist die Liebe. Die einzige Überlebensmöglichkeit und der einzige Sinn.«

Laßt es uns den Kindern sagen!

Das vertraute Du

Ich bin wirklich davon überzeugt, daß wir nie vor Einsamkeit sterben werden, wenn es auf der Welt nur *einen einzigen* Menschen
gibt, den wir völlig ohne Scheu und ohne uns zu schämen berühren
können.

Ein einziger Mensch! Ich sage nicht 50, 100 oder 1000. Es kommt
auch gar nicht darauf an, wer dieser Mensch ist, ob diese Beziehung zwischen zwei Frauen oder zwei Männern besteht, es muß
einfach jemand sein, zu dem du gehen kannst, um ihm alles ehrlich
zu sagen, und der dir zuhört. Es muß jemand sein, vor dem du dich
nicht verstecken mußt; jemand, dem du sagen kannst, »das sind
meine Gefühle«, und der dir sagt, »gut, es ist alles in Ordnung.«
»Das bin ich!« »Es ist gut so.«

Oft frage ich meine Schüler und Studenten: »Wie viele von Ihnen haben einen solchen Menschen?« Sie sollen mir keine Antwort
auf diese Frage geben, denken Sie nur darüber nach! Zu Hause? In
Ihrer Familie? Können Sie zu Ihrem Ehemann gehen? Können Sie
sich Ihrer Frau anvertrauen? Können Sie zu Ihrem Nachbarn gehen? Können diese Menschen zu Ihnen kommen? Es gibt nicht
sehr viele Menschen, die ein solches Vertrautsein, wirkliche Intimität kennen. Das ist erschreckend.

Aber wir können uns für die Freude des Vertrautseins entscheiden. Warum nicht? Ich werde Ihnen vorlesen, welche Gründe die
Menschen dafür angeben, daß sie Intimität ablehnen. (Das Erstaunliche ist, daß ich mich auch selbst in diesen Antworten wie-
dergefunden habe, und auch Ihnen wird es so gehen.) Hören Sie,
was diese Leute zu sagen hatten:

»Ich fürchte mich nicht vor der Intimität; ich fürchte, verletzt zu
werden.«

»Alle Beziehungen fangen sofort an, mich zu langweilen. Sobald man einander kennt und die Beziehung nicht mehr neu ist, schwindet die Begeisterung.«

»Die Leute wollen keine Intimität, sie wollen nur Sex.«

»Ich möchte nicht, daß andere wissen, wie ich wirklich bin; wenn sie es wüßten, wären sie entsetzt.«

»Ich halte nichts von der Intimität und glaube nicht, daß so etwas möglich ist. Die Menschen sind einfach zu verschieden.«

»Intimität macht mich immer unsicher und eifersüchtig. Je tiefer die Gefühle sind, die ich einem anderen entgegenbringe, desto stärker werden meine Unsicherheit und meine Eifersucht. Deshalb begegne ich anderen Menschen mit Gleichmut. Dann können sie mich nicht verletzen.«

»Es ist komisch, aber offenbar muß ich mich gerade mit den Menschen, die mir am nächsten stehen, ständig streiten und sie verletzen.«

»Jedesmal, wenn ich eine intime Beziehung anknüpfe, fühle ich mich betrogen. Ich weiß, daß da noch mehr sein muß, und deshalb suche ich es zu ergründen und zerstöre alles dabei.«

»Wir alle haben schrecklich viele Bedürfnisse, und es sind alles verschiedene Bedürfnisse. Wenn ich versuche, den Bedürfnissen eines anderen gerecht zu werden, dann kompliziert das mein Leben. Ich habe selbst Probleme genug.«

Diese Aussagen sind sehr menschlich und sehr ehrlich. Es ist wahr, daß intime menschliche Beziehungen ein Risiko einschließen. Es ist wahr, daß wir uns dabei gegenseitig verletzen können und daß solche Beziehungen große Anforderungen an uns stellen. Es ist auch richtig, daß wir uns unter Umständen ändern müssen, wenn wir sie eingehen, daß dabei unsere tiefsten Gefühle berührt werden und wir uns dabei manchmal sehr unglücklich fühlen können. Aber, wie ich schon gesagt habe, es ist auch wahr, daß unsere einzige Alternative zur Intimität ein Zustand der Verzweiflung und Einsamkeit ist.

Unsere moderne Gesellschaft fördert die Intimität nicht. Jede vierte Ehe wird geschieden. In Kalifornien sind es sogar 50 Prozent. Ist das nicht erschütternd? Jede zweite Ehe scheitert. Unverbindliche Beziehungen, die mit starker Zuneigung und Zärtlichkeit beginnen, dauern drei Monate. Wenn es ein bißchen schwierig oder unangenehm wird und man diese Belastung nicht mehr ertragen will, trennt man sich. Es gibt auch Bücher wie das bekannte *Feel Free*.[1] Ich möchte Ihnen einen Abschnitt daraus vorlesen:

»Wenn eine Beziehung langweilig und flau wird, scheue dich nicht, sie abzubrechen, und fühle dich nicht schuldig; denn länger dauernde Beziehungen zwischen zwei Menschen sind heute nicht mehr möglich.«

Der Autor ist Psychiater! Wenn wir uns also streiten und verschiedener Meinung sind, dann rät er uns zu sagen: »Zum Teufel mit dir. Ich bin nicht bereit, das mit dir auszubaden! Wer macht sich schon diese Mühe? Weshalb soll man irgendwelche Probleme lösen? Es ist viel leichter, einen anderen Partner zu finden.«

George Leonard sagt: »Wir können die Erde umkreisen, wir können auf dem Mond landen, aber diese Gesellschaft hat es noch nicht möglich gemacht, daß zwei Menschen sieben Tage lang harmonisch zusammenleben, ohne einander erwürgen zu wollen.« Man sagt uns, die intime Vertraulichkeit zwischen den Menschen sei aus der Mode gekommen, aber ich sage, *solche engen Beziehungen sind entscheidend wichtig, oder wir werden alle dem Wahnsinn verfallen.* Ziehe dich zurück und lebe in der Isolation, wenn du es kannst. Ich glaube, deine Fähigkeit, sinnvolle und dauernde Beziehungen zu anderen Menschen zu unterhalten, ist der Maßstab für die Beurteilung deiner geistigen und seelischen Gesundheit. Es kommt nicht auf die *Zahl* solcher Beziehungen, sondern auf ihre *Qualität* an.

Es gibt die verschiedensten Abstufungen der Intimität. Ich erinnere mich zum Beispiel an die Zeit, als ich an meiner Dissertation arbeitete und es mit sogenannten »kaputten Schizophrenen« zu tun hatte, mit denen es nicht möglich war, einen Kontakt herzustellen. Wenn man sie berührte, schrien sie einen an, »laß mich in Ruhe!« Sie standen stundenlang am Fenster und starrten hinaus ins Nichts. Als nächste Stufe erleben wir rituelle Beziehungen, eine rituelle gegenseitige Wahrnehmung; wir gehen die Straße entlang und sagen, »Hallo, Mary; wie geht es Ihnen?« Und sie antwortet, »gut«. (Sie ist leprakrank und wird demnächst sterben, aber sie sagt

---

[1] in wörtlicher Übersetzung: Fühle dich frei

»gut«.) Sie gibt diese Antwort ganz automatisch. (Uns ist es im übrigen auch vollkommen gleichgültig, wie es ihr geht!) »Wie geht es dir, Minnie?« Sie sagt: »Oh, mein Hexenschuß bringt mich um.« Das wollen wir doch nicht hören! Weshalb also fragen wir? Wäre es nicht sehr viel schöner, wenn wir sagten: »Hallo, Mary«, und ihr dabei so in die Augen sähen, daß sie unsere Anteilnahme spürte? Frage daher nach nichts, was du nicht wirklich wissen willst. Wenn sie es dir aber sagt, dann setze dich zu ihr, zünde den Kamin an und höre zu.

Auf der nächsthöheren Stufe steht das, was ich als »Cocktail-Party-Geschwätz« bezeichne, und das ist wirklich etwas recht Eigenartiges. Wir reden über alle die Dinge, mit denen wir keinen Anstoß erregen können und die im Grunde völlig bedeutungslos sind. Sind Sie jemals auf einer Cocktail-Party gewesen, und haben Sie dabei gewagt zu sagen: »Lassen Sie uns einmal über die wirklich wichtigen Dinge reden; über Religion, Politik, Liebe. Ist Gott tot?« Sie werden nie wieder eingeladen werden!

Auf einer etwas höheren Stufe erleben wir »die Spiele, die die Leute miteinander spielen«, wie Berne das nennt. Das ist auch ein recht seltsamer Zeitvertreib. Du versuchst, in die Intimsphäre deines Gegenüber einzudringen, um die von dir gewünschte Reaktion auszulösen. Dein Mann oder deine Frau hat dich in letzter Zeit, wie du glaubst, vernachlässigt. Du kommst nach Hause und fragst: »Was fehlt dir, mein Liebling?« Die Antwort: »Ach, nichts.« Und du sagst: »Aber irgend etwas muß doch mit dir los sein. Sieh dich an! Du bist leichenblaß.« »Es ist nichts.« »Aber warum benimmst du dich dann so?« *»Es ist nichts!«* »Aber Liebling, irgend etwas muß dir doch fehlen.« »Nein« – und so geht es immer weiter.

Aber die höchste Stufe, auf der wir mit anderen in Beziehung treten können, und darüber möchte ich heute mit Ihnen sprechen, ist das *wirkliche Vertrautsein.* Es ist jene intime Beziehung, bei der wir geben und nehmen, ohne den anderen auszubeuten. »Ich will dich nicht benutzen, ich will dich lieben. Ich will dich erleben. Ich will dich kennenlernen. Ich will dich riechen. Ich will dich fühlen. Ich will mit dir wachsen. Ich will mit dir tanzen und mit dir weinen. Ich will dich liebkosen.« Aber wie schon gesagt, das erfordert alle unsere Kräfte.

Sich um Intimität zu bemühen, ist riskant und kann schmerzlich sein. Aber eine intime Beziehung ist für dich die einzige Möglichkeit, dich selbst zu erkennen und zu wachsen. In meinem Buch *Liebe* habe ich gesagt: »Wenn ich dich liebe und du mich liebst, dann spiegeln wir uns gegenseitig, und wenn wir uns im Spiegel des anderen sehen, blicken wir in die Unendlichkeit.« Wenn ich mich selbst kennenlernen will, so kann ich das nicht erreichen, wenn ich allein lebe. Ich kann mich nur erkennen, wenn ich erlebe, wie ihr auf mich reagiert – jeder einzelne von euch; und wenn ihr euch von mir abwendet, dann sollte ich mich vielleicht selbst prüfen. Wie viele Menschen kennen wir, die allem und jedem die Schuld geben, nur nicht sich selbst? Die Gesellschaft ist gegen sie, die Sekretärin ist gegen sie, die Kinder sind gegen sie. Sogar Gott ist gegen sie. Nun, wenn das so ist, könnte es dann nicht sein, daß an diesen Menschen *selbst* etwas ist, was die anderen veranlaßt, sich von ihnen abzuwenden? Vielleicht sollten sie sich einmal gründlich selbst betrachten. Selbsterkenntnis gewinnt man am besten dadurch, daß man darauf achtet, wie andere auf einen reagieren.

Das Zweitwichtigste in bezug auf Anteilnahme ist, glaube ich, daß wir uns dem anderen Menschen verpflichtet fühlen. Das ist das beste Mittel gegen die Einsamkeit. Ist es nicht schön zu wissen, daß jemand dich empfangen wird, wenn du nach Hause kommst? Ich weiß nicht, wie viele von Ihnen die Bücher von Joan Didion kennen. Sie ist eine wunderbare, sensible Schriftstellerin, die fast niemand liest. Ihr neuestes Buch hat den Titel *A Book of Common Prayer*[1] und erzählt eine unglaubliche Geschichte. Ihr geht es in erster Linie um die Befreiung der Frau, nicht im üblichen Sinne; sie fordert uns vielmehr auf, die Frauen nicht mehr auszubeuten. Wir sollen dafür sorgen, daß Frauen nicht mehr ausgebeutet werden.

In ihrem schon vor einiger Zeit erschienenen Buch *Play It Like It Lays*[2] schildert sie das Leben eines schönen Filmsternchens in Hollywood, das von jedermann ausgenutzt wird. Der Regisseur nutzt dieses Mädchen aus, der Produzent tut es, die Musiker tun es, und das treibt sie allmählich zum Wahnsinn. Sie wird buchstäblich zum

[1] in wörtlicher Übersetzung: Ein Buch des gemeinsamen Gebets
[2] in wörtlicher Übersetzung (etwa): Spiele, wie es kommt

Gebrauchsgegenstand, der von jedermann benutzt und dann fortgeworfen wird. Sie stirbt vor Einsamkeit und findet keinen Menschen, der es ehrlich mit ihr meint. Immer wenn sie glaubt, einen ehrlichen Menschen gefunden zu haben, wird sie enttäuscht. Das Buch enthält einen Abschnitt, den ich Ihnen vorlesen möchte. Er beschreibt diese an die Nieren gehende Einsamkeit, die wir, wenn wir ehrlich sind, alle schon einmal erlebt haben:

Sie beobachtete die anderen im Supermarkt, und sie erkannte alle Zeichen. Am Samstagabend gegen 7 Uhr standen sie in einer Reihe vor der Kasse und warteten darauf, abgefertigt zu werden. Dabei lasen sie die Horoskope und die Zeitschrift *Harper's Bazaar*. In ihren Einkaufswagen lagen ein Lammkotelett und vielleicht zwei Dosen Katzenfutter und die Sonntagszeitung – die Frühausgabe mit den Comics. Manche von ihnen waren recht hübsch. Ihre Röcke hatten die richtige Länge, ihre Sonnenbrillen den richtigen Farbton. Aber sie hatten einen Zug um den Mund, der ihre Verwundbarkeit und vielleicht auch ein wenig Verkrampftheit zeigte. Da standen sie nun mit einem Lammkotelett, zwei Dosen Katzenfutter und der Zeitung. Um nicht ebenso zu wirken, kaufte Maria immer für einen ganzen Haushalt ein: literweise Grapefruitsaft, Chilisoße, Linsen und Nudeln, Rigatoni, Gemüse in Dosen und 20-Pfund-Trommeln Waschmittel. Sie kannte die Zeichen der Einsamen, und deshalb kaufte sie niemals eine kleine Tube Zahnpasta oder eine einzelne Illustrierte. Das Haus in Beverly Hills quoll über von Zucker, Maismehl, tiefgefrorenen Brötchen und spanischen Zwiebeln – aber Maria aß nur Quark.

Wie dringend brauchen wir einander!
Und noch etwas anderes; vertraute persönliche Beziehungen lassen unsere Welt größer werden. Ich wünschte, ich hätte hier eine Wandtafel; denn ich würde Ihnen das gern zeigen. Es lohnt sich, darüber nachzudenken. Hier steht das »Ich«, und das »Ich« begegnet dem »Du«, und wir bleiben zusammen, weil wir voneinander angezogen werden, weil wir gemeinsame Interessen haben

und das, was uns beide bewegt, miteinander teilen wollen. Aus diesem Miteinander-Teilen entsteht das »Wir«. Und wenn wir fortfahren, miteinander zu teilen, können wir immer mehr Dinge als »unsere« Dinge bezeichnen. Das »Du« bleibt immer das »Du«, und das »Ich« bleibt das »Ich«. Wir verschwinden nicht, wir lösen uns nicht auf, aber wir entwickeln *zusammen* das »Wir«, und das ist es, was uns verbindet.

Wehe dir, wenn du dich für einen anderen Menschen ganz aufgibst. Dann bist du für immer verloren. Behaupte dich, wie auch die anderen sich behaupten. Aber dann bringe »sie« zusammen und bilde das »Wir«. Entwickle dieses »Wir«, damit es immer größer wird, während gleichzeitig das »Du« und das »Ich« ebenfalls ständig wachsen und jene gewaltigen konzentrischen Kreise bilden, die sich unaufhörlich ausdehnen! Die Intimität ist jenes wunderbare »Wir«. Und wenn es das Schicksal will, daß dieses besondere »Wir« verlorengeht, dann hast du noch immer das »Ich« und liebevolle Erinnerungen, auf denen du neue Beziehungen aufbauen kannst.

Ich arbeite an einer Universität, wo die Frauen vieler Studenten das Geld verdienen, um ihren Männern das Studium zu ermöglichen. Es kommt nicht oft vor, daß ich Ratschläge gebe, aber ich weise gern auf Alternativen hin, und ich warne diese jungen Frauen davor, den ganzen Tag in einem langweiligen Büro an der Schreibmaschine zu sitzen, während ihr Mann an der Universität mit allen möglichen interessanten neuen Ideen eine schöne Zeit verbringt. Sie sollten ihren Männern sagen: »Weißt du, Buster, alle Beziehungen sind eine Angelegenheit von 50:50. Ich werde jeden Mittwochabend ausgehen. Du kannst mir helfen, indem du die Hausarbeit übernimmst.«

Du darfst niemals aufhören zu wachsen. Jeder Tag muß etwas Neues bringen. Und bei allem bist du in erster Linie dir selbst verantwortlich. Denn wenn du diese Verantwortung nicht spürst, dann kannst du auch anderen nichts geben. Du kannst nur geben, was du selbst hast. Wenn du lebendig wirst, indem du fröhlich durch die Welt tanzt, auf Bäume kletterst und verrückte Dinge tust, dann wirst du ein anregender, interessanter Mensch werden und bleiben.

So ist es die *Gleichheit,* die uns einander näherbringt, aber es ist das Neue, das uns zusammenhält. Sei klug, sei anregend, sei aufregend, entwickle neue Ideen, um sie mit den anderen zu teilen, wachse und entwickle dich selbst. Bleibe immer unberechenbar!

Während meiner Tätigkeit als Familienberater erzählte mir ein Ehepaar die folgende durch und durch wahre Geschichte. Dieser Mann und diese Frau hatten drei Kinder aufgezogen. Sie hatten in diesen Jahren schwer und hart gearbeitet und schließlich auch die jüngste Tochter verheiratet. Nach der Hochzeit gingen die Eltern nach Hause und setzten sich einander gegenüber. Der Mann sah seine Frau an und sagte: »Wer in aller Welt bist du?« Das geschieht häufiger, als wir glauben! Wir sind so sehr damit beschäftigt, für andere zu sorgen, daß wir vergessen, daß unser eigenes Leben das Wesentliche ist. Tut ab und zu etwas Ausgefallenes, eßt »gefilte Fisch« bei Kerzenlicht. Wenn ihr »gefilte Fisch« nicht mögt, probiert es mit einem McDonald's-Hamburger! Aber zündet eine Kerze an und legt eine Schallplatte mit romantischer Musik auf! Trinkt eine Flasche Wein und laßt es euch gutgehen! »Diese Stunde gehört *uns,* und wir gehen jetzt auch nicht ans Telefon.« Tut es, auch wenn es schon Mitternacht ist – das ist sowieso die schönste Zeit. Wir haben vergessen, wie schön es ist, die Morgendämmerung zu erleben.

Der Tod jeder Intimität ist das ewige Einerlei. Wir haben Angst vor Veränderung. Intimität braucht Veränderung. Sie verwandelt sich unaufhörlich, alles in ihr verwandelt sich, und wir können nicht erwarten, daß unser Partner ständig der gleiche bleibt; auch er verändert sich!

Vertrautheit kann man auch nicht *erwarten.* Bei allen zwischenmenschlichen Beziehungen können wir *nichts* vom anderen erwarten. Niemand kann immer das sein oder das tun, was deinen Wünschen entspricht. Laß dich überraschen; denn wenn du es recht bedenkst, dann kommt jede Enttäuschung doch nur daher, daß irgend jemand *deine* Erwartungen nicht erfüllt hat. Denke darüber nach! Du bist jedesmal niedergeschlagen, wenn jemand dich nicht angerufen oder deinen Geburtstag vergessen hat. – Wenn dieser Jemand daran gedacht hat, dann tanze um den Tisch, mache Freudensprünge und sei ganz aus dem Häuschen! Wenn er nicht daran gedacht hat, ist es auch o.k. Es kommt vor allem darauf an, daß wir in unseren Beziehungen spontan sind.

Achte einmal genau darauf, was dann geschieht. Versuche, über die Dinge zu lachen, die andere Leute ärgern. »Er hat meinen Geburtstag vergessen, der liebe alte Dummkopf. Ich werde *mir selbst* ein Geburtstagsgeschenk kaufen. Das ist viel besser. Dann bekomme ich genau das, was ich gerne möchte.« Berechenbarkeit ist langweilig. Wenn du ein faszinierender Mensch sein willst, dann sei unberechenbar. Das einzige, worauf du dich bei mir verlassen kannst, ist meine Unberechenbarkeit. Du wirst nie vorhersagen können, was ich tun oder sagen werde. Ich ändere mein Verhalten ständig, und ich tue es gern. Wenn meine Studenten sagen, »am Dienstag haben Sie aber etwas ganz anderes gesagt«, dann sage ich, »ich weiß; seit Dienstag bin ich ein Stück gewachsen. Erwarten Sie von mir, daß ich heute noch derselbe Leo bin wie am Dienstag?«

Zeige den Menschen, mit denen du umgehst, deine Gefühle. Wenn dir zum Weinen ist, weine dir die Augen aus! Und wenn du lachen mußt, dann lache, bis dir die Tränen kommen. Kreische, wenn du kreischen willst, wirf dich auf den Fußboden! Überrasche alle anderen!

Und *warte* nicht damit, deine Gefühle mitzuteilen. Ich glaube, eines der destruktivsten Elemente in zwischenmenschlichen Beziehungen ist unsere Unfähigkeit, das, was wir fühlen, jetzt sofort mitzuteilen. Ich gebe den Leuten immer den Rat, keine kurzen Streitgespräche zu führen. Kein Thema ist jemals ganz abgeschlossen. Aber leider werden die meisten Streitgespräche beendet, bevor man eine Lösung gefunden hat und bevor alle Beteiligten wissen, worum es eigentlich ging. Je länger du diskutierst, desto näher kommst du den Gefühlen, die dahinterstehen. Wenn daher dein Gesprächspartner aus dem Zimmer gehen will, laufe hinterher, sage »Warte! Ich habe das noch nicht verstanden. Rede weiter!« Und am Schluß wirst du feststellen, daß ihr euch wegen einer ganz dummen Sache gestritten habt.

Wenn wir uns je gegenseitig gebraucht haben, dann brauchen wir uns jetzt. Die Familie bricht auseinander, die Scheidungsraten steigen; Beziehungen sind unverbindlich und größtenteils bedeutungslos. Die Zahl der Selbstmorde, besonders bei den jungen Menschen, hat sich verdoppelt. Intimität ist keine einfache Sache; sie ist eine große Herausforderung an unsere menschliche Reife. Sie ist unsere größte Hoffnung.

Entscheide dich für
das Leben

Für mich ist das *Leben* das Großartigste, was wir haben. Und wo Leben ist, da ist auch Hoffnung – wie das alte Sprichwort sagt. Wenn wir also das Leben *wählen,* wird es vielleicht gar nicht so schwierig sein, wie wir es uns möglicherweise vorstellen. Und doch gibt es so viele, die es nicht wählen. Vor nicht allzulanger Zeit kam einer meiner Studenten zu mir in die Universität. Er war völlig mutlos und sagte: »Sie und Ihre Ideen über das Leben. Sie machen mich ganz krank. Sie sagen, ›wähle das Leben‹. Weshalb, zum Teufel, sollte ich das tun? Das Leben hat *mich* gewählt. Ich habe nicht *verlangt,* geboren zu werden. Man hat mich gezwungen, auf diese Erde zu kommen, und wenn ich mich nicht für das Leben entscheide, dann kann ich nicht begreifen, weshalb es meine Verantwortung ist, es zu tun.«

Tausende von Menschen werden jährlich in Nervenkliniken eingeliefert und überantworten ihr Leben den Ärzten und Therapeuten. Andere verzichten auf ein eigenes Leben und sagen, »lebe du mein Leben *für* mich«, anstatt dieses wunderbare Geschenk anzunehmen und es in seiner ganzen *Fülle* zu leben.

Ich weiß nicht, ob Sie sich dessen bewußt sind, aber das Phänomen der Kindesmißhandlung nimmt in erschreckendem Maße zu; wir schlagen unsere Kinder so grausam, wie man es sich gar nicht vorstellen kann. Erst kürzlich ist ein kleines Mädchen in Los Angeles so brutal verprügelt worden, daß ihre Augen herausgedrückt wurden. Das ist geradezu unglaublich. Und noch eine andere Krankheitserscheinung zeichnet sich ab; wir mißhandeln alte Leute. Wir *schlagen* alte Leute. Kinder schlagen ihre alt gewordenen Mütter und Väter.

Bei einer Befragung von Tausenden von Männern und Frauen über 65 haben nur 20 Prozent dieser Menschen erklärt, sie seien

»glücklich«. Die anderen bezeichneten sich als *»Opfer«*. Wohin soll das führen? Ist das der Sinn des Lebens? Sollen wir am Ende unseres Lebens zu Opfern werden?

Es gibt viele Menschen, die vom Tod, von der Verzweiflung und vom Elend reden. Man kann es überall hören. Lesen Sie die Zeitungen. Schalten Sie das Fernsehgerät ein. Sie können aber auch sagen, das Leben ist *gut,* das Leben ist *schön,* laßt uns das Leben *feiern.*

Haben Sie schon einmal im Lexikon nachgeschlagen und gelesen, wie das Leben dort definiert wird? Ich möchte es Ihnen vorlesen; denn es ist hinreißend: »Das Leben ist die Qualität, die ein vitales und funktionsfähiges Wesen von einem toten Wesen unterscheidet.« Ist das nicht *hinreißend?* Aber eine große Hilfe ist es nicht, oder? Es gibt noch eine andere Definition, und die mag ich ganz besonders. Sie sagt, »die Periode der Nützlichkeit von irgend etwas«. Ich denke, wenn die Nützlichkeit darüber entscheidet, ob wir lebendig oder tot sind, dann laufen hier furchtbar viele Tote herum. Am besten gefällt mir die dritte Definition: »Die Lebenszeit durchlaufen oder zubringen«. Die meisten von uns durchlaufen ihre Lebenszeit tatsächlich und bringen sie nur zu. Nicht sehr viele von uns sind im wahrsten Sinne des Wortes wirklich lebendig und ganz am Leben. Ich bin überzeugt, solange wir unser Leben anderen in die Hände geben, werden wir niemals wirklich leben. *Wir müssen die Verantwortung dafür übernehmen, daß wir unser eigenes Leben wählen und definieren.*

Ich glaube wirklich, die meisten Menschen haben *Angst* vor dem Leben. Ich weiß nicht, warum das so ist. Wir fürchten uns davor, zu sein, was wir sind! Wir haben wunderbare und unsinnige, verrückte Gefühle, aber wir handeln nicht danach. Du siehst eine wirklich attraktive, schöne Frau und denkst: »Ich möchte ihr sagen, wie schön sie ist.« Aber *dann* überlegst du es dir und denkst, »nein, das kann ich doch nicht machen.« Und sie erfährt in ihrem ganzen Leben nicht, daß du dich an ihrer Schönheit erfreut hast! Ja, vielleicht erfährt sie nicht einmal, daß sie schön ist! Das ist eine Schande; denn wenn wir selbst nicht voll und ganz leben, dann hindern wir auch andere daran, voll und ganz zu leben!

Wir haben Angst davor, unser Leben zu leben, und deshalb erleben wir nichts, sehen wir nichts. Wir fühlen nichts. Wir *riskieren* nichts! Wir nehmen nicht Anteil! Und deshalb leben wir nicht – denn leben heißt sich aktiv beteiligen. Leben heißt sich die Hände schmutzig machen. Leben heißt mitten hineinspringen. Leben heißt aufs Gesicht fallen. Leben heißt über dich selbst hinausgehen – bis zu den Sternen!

Aber du mußt dich selbst entscheiden, für dich selbst. »Was bedeutet das Leben für mich?« Ich bin überzeugt, wenn wir jeden Tag ebensoviel Zeit – nein, nur *ein Viertel* der Zeit – darauf verwenden würden, über das Leben, über leben und lieben nachzudenken, wie auf die Vorbereitung unserer Mahlzeiten, dann wären wir einfach *großartig*!

Aber das Leben löst dieses Problem auf eine wunderbare Art. Es fasziniert mich immer wieder zu sehen, wie das Leben, wenn es nicht gelebt wird, in uns *explodiert*. Es ist so, als wenn man den Deckel eines Topfes mit kochendem Wasser festhalten will. Etwas wird passieren, davon bin ich überzeugt. Entweder wirst du extrem stark von Angst, Schmerz, Einsamkeit, Wahnvorstellungen ergriffen, oder du wirst gefühllos. Das alles sind Anzeichen dafür, daß du nicht lebendig bist, daß du nicht lebst! Wenn du also einen dieser Zustände an dir feststellst, dann krempele die Ärmel hoch und sage, »ich will leben«. Im gleichen Augenblick, da du dich in das Leben stürzt, wird der Dampf abgelassen, und es kann dir nichts mehr geschehen. Es ist nicht leicht, aber das Leben läßt uns wissen, daß wir es leben müssen. Wie wunderbar!

Die Menschen kommen zu mir und sagen: »Bei Ihnen ist offenbar alles in Ordnung. Wenn das Leben so großartig ist, warum gibt es dann den Tod, den Schmerz, das Elend und all diese negativen Dinge? Warum müssen Kinder leiden? Warum gibt es Mord, Vergewaltigungen und Kriege? Warum, warum warum?«

Ich antworte: »Woher, zum Teufel, soll ich das wissen?« Größere Männer als ich haben sich jahrelang mit diesen Fragen abgequält. Aber wissen Sie, was ich getan habe? Ich habe aufgehört, diese Fragen zu stellen, und begonnen, die Antworten durch ein aktives Leben zu finden, und das hat einen großen Wandel in mir bewirkt.

Warum gibt es den Tod? *Ich* weiß nicht, warum es den Tod gibt.

Warum gibt es den Schmerz? Ich wünschte, es gäbe ihn nicht, aber ich weiß nicht, »warum« es ihn gibt. Wenn ich mein ganzes Leben damit verbringen würde, die Antworten auf solche Fragen zu suchen, würde ich niemals leben.

Aber ich sage diesen Menschen, daß ich ein wenig vom Leben verstehe. Es gibt so etwas wie Freude, und ich weiß das, weil ich sie *gespürt* habe. Und es gibt so etwas wie eine *wunderbare Verrücktheit*; denn ich habe sie erlebt. Und ich weiß, daß es so etwas wie Liebe gibt; denn ich habe *geliebt*. Ich weiß, daß es so etwas wie *Ekstase* gibt; denn ich habe *Ekstase* erlebt. Und ich weiß auch, daß es so etwas wie *Verzückung* gibt; denn ich kenne Menschen, die diesen Zustand erlebt haben. Oh, ich liebe dieses Wort »Verzückung«! *Bemühe dich, Verzückung zu erfahren!* Ich weigere mich zu sterben, bevor ich weiß, was Verzückung ist!

Eines weiß ich jedenfalls; du kannst dir diese Dinge schenken. Du kannst sie erzeugen. Während deines ganzen Lebens bist du dir selbst *geschenkt* worden. Du bist du *geworden*. Du hast es gelernt, du selbst zu *sein*. Und das Wunderbare ist – und als Erzieher und Lehrer kann ich dir das bestätigen – alles, was man lernen kann, kann man auch verlernen und auf neue Weise wieder lernen. Wenn du also irgend etwas sein willst, dann kannst du es auch *sein* – vorausgesetzt, du bist bereit, dir die Finger schmutzig zu machen, ein wenig zu leiden, ein wenig zu kämpfen und dich ein wenig darum zu bemühen; denn es geschieht nicht von selbst. Du mußt daran arbeiten. Es ist alles schon da!

Ich stelle es mir gerne so vor: Wenn du geboren wirst, bekommst du die ganze Welt als Geburtstagsgeschenk. Ein *prächtiges* Paket, verziert mit unglaublich schönen Bändern. Und es gibt Menschen, die sich nicht einmal die Mühe machen, diese Bänder zu lösen, geschweige denn das Paket zu öffnen. Und wenn sie es tun, dann erwarten sie darin nur Schönheit, Wunder und Ekstase. Doch zu ihrer Überraschung müssen sie feststellen, daß das Leben auch Schmerz und Verzweiflung bereithält. Auch Einsamkeit und Verwirrung. Das gehört alles zum Leben. Ich weiß nicht, wie es Ihnen geht, aber ich möchte das Leben nicht versäumen. Ich möchte alles kennenlernen, was dieses Paket enthält. Hier liegt eine kleine Schachtel, und die Aufschrift heißt Schmerz. Auch sie ist mir zugedacht; ich werde sie öffnen und erfahren, was Schmerz ist. Und jene kleine Schachtel trägt die Aufschrift Einsamkeit. Und weißt du, was geschieht, wenn ich sie öffne? Ich *erlebe die Einsamkeit.* Und wenn du mir sagst, »ich bin einsam«, dann kann ich *deine* Einsamkeit etwas besser verstehen, und wir können uns zusammensetzen, uns bei den Händen halten, und jeder spürt die Einsamkeit des anderen. Ich will *alle* diese Dinge kennenlernen, weil ich *weiß,* daß ich auch *Verzückung* erfahren kann. Wenn es sie gibt, werde ich sie finden. Ich weiß, daß ich Schmerz in Freude verwandeln kann. Und du kannst das auch. Es ist mir gelungen, Angst in Wahrheit zu verwandeln. Und du kannst das auch. Was mir gelingt, wird auch dir gelingen. Ich bin kein Übermensch. Was ich kann, kannst du auch. Unter Ihnen gibt es einige, die es sogar besser können. Und wenn es Ihnen bisher noch nicht gelungen ist, dann liegt es nicht daran. daß Sie diese Fähigkeit *nicht haben,* sondern daran, daß Sie sich nicht darum bemüht haben. Es ist alles *da,* und es ist das *deine.*

Wir können Verzweiflung in Hoffnung verwandeln, und das ist eine geradezu magische Erfahrung. Wir können alle Tränen abwischen und statt dessen lächeln.

Zwei große Kräfte sind am Werk, eine äußere und eine innere. Über äußere Kräfte wie Tornados, Erdbeben, Überschwemmungen, Katastrophen, Krankheit und Schmerz haben wir wenig Gewalt.

Das Entscheidende ist die *innere* Kraft. Wie *reagiere* ich auf diese Katastrophen? *Das* habe ich ganz in meiner Gewalt. Glauben Sie es oder nicht. Vor einigen Jahren hatten wir in Los Angeles ein starkes Erdbeben. Es dämmerte gerade. Ich hörte ein gewaltiges »Krachen«, und die Wände in meinem Wohnzimmer stürzten zusammen. Durch den Korridor fegte eine Staubwolke. Ich hänge genauso am Leben wie Sie, und deshalb war meine erste Reaktion: »Buscaglia, mach, daß du hinauskommst!« Ich lief hinaus, ganz mutlos, und dachte: »Mein hübsches, wunderbares Haus ist zerstört und mit ihm alles, was ich hier zusammengetragen habe – für immer verloren.«

Dann kam eine große *Ruhe* über mich, und ich setzte mich auf die Veranda hinter dem Haus. Die Staubwolken fegten vorüber, und es gab immer wieder kleine Erdstöße. Hinter dem Gartenzaun standen meine Nachbarn, und ich rief hinüber, »Hallo!« Sie antworteten: »Leo, Ihr Haus!« Ich sagte: »Ich weiß, es hat mein Haus getroffen, aber ich kann noch nicht genau sehen. Ich warte noch.«

Dann fingen wir an zu lachen. Die Installation in meinem Haus war zerstört, aber die Nachbarn hatten Gas und konnten Kaffee kochen. Wir setzten uns bis zum Sonnenaufgang unter die Bäume im Garten, und als es hell war, gingen wir hinein und sahen uns den Schaden an. Ich konnte nichts daran ändern. Ich hätte hysterisch werden können, aber mir über meine Gefühle klarzuwerden und das alles zu akzeptieren – das war auch möglich.

Die Menschen fragen mich immer: »Wie sind Sie eigentlich dazu gekommen, das Leben zu lieben?« Ich weiß es wirklich nicht. Wie weiß man, wann etwas anfängt? Wenn Sie glauben, ich sei in Nepal auf einen hohen Berg gestiegen und hätte dort eine großartige Vision gehabt, dann muß ich Sie leider enttäuschen. Es wäre schön, wenn ich Ihnen das erzählen könnte, aber es stimmt nicht. Ich *weiß* nicht, wann es begonnen hat, aber ich habe so ein Gefühl, daß es vielleicht mit Tulio und Rosa, meinen unglaublichen Eltern, angefangen hat. Sie waren die verrücktesten Menschen, die man sich vorstellen kann. Beide. Es tut mir leid, daß sie nicht mehr am Leben sind; denn ich würde sie *von Herzen gern* mit Ihnen teilen. Sie waren so toll; sie lebten in ihrem verrückten Stil, daß es gerade schön war. Ich glaube, wir Kinder haben viel von dieser wunderbaren Verrücktheit gelernt, die einen in Schwung hält, wenn alles andere so irrsinnig normal ist!

Jeder sagt, »dieser Buscaglia ist verrückt«. Auch an der Universität genieße ich diesen Ruf... »Er ist völlig verdreht.« Aber das ist ganz wunderbar; denn ich habe aus diesem Grund eine gewisse Narrenfreiheit. Wenn man für verrückt gehalten wird, dann kann man sich fast alles leisten, es sei denn, man schlägt so sehr über die Stränge, daß die Polizei geholt werden muß.

Papa starb vor fünf oder sechs Jahren. Immer wenn ich nach San Francisco komme, spüre ich große Sehnsucht; denn er liebte diese Stadt. Mama und Papa gingen gern nach North Beach; die Gegend erinnerte sie an Italien. Dort aßen sie Pasta, bis sie fast platzten, sprachen italienisch und fühlten sich wieder ihrer heimatlichen

Kultur verbunden. Dann kehrten sie wieder in das unübersehbare Ödland von Los Angeles zurück.

Für uns waren diese Ausflüge wunderschön. Die Eltern nahmen immer alle ihre *bambini* mit; sie fuhren nie alleine fort. Wir quetschten uns alle in diesen alten Chevrolet, bis wir fast zu den Fenstern hinausquollen. Mama legte Wert auf bequemes Reisen – sie nahm Gartenstühle mit. Auf den Rastplätzen essen die meisten Menschen ihre Butterbrote, Erdnüsse oder so etwas Ähnliches. Das genügte Mama nicht. Sie kochte Gnocchi, und wir schlemmten. Dann wurden wir wieder im Wagen verstaut, zusammen mit dem Herd, der Kühlbox und dem Nudelgerät. Es dauerte *Tage,* bis wir in San Francisco waren. Ich dachte immer, San Francisco sei 2000 Meilen von Los Angeles entfernt.

Ich hoffe, es wird uns gelingen, mit Eltern, Geschwistern und allen lieben Menschen Frieden zu schließen, bevor sie sterben. Papa erkrankte an Krebs und wußte, daß er nur noch kurze Zeit zu leben hatte. Ich ging also zu ihm und sagte: »Papa, ich möchte während dieser Zeit etwas mit dir unternehmen. Wenn es dir recht ist, möchte ich jetzt bei dir bleiben. Wohin sollen wir fahren? Willst du Italien wiedersehen?«

»O nein, nein! Ich bin jetzt hier zu Hause. Aber ich würde gern nach San Francisco fahren.« Also setzten wir uns in den Wagen und fuhren nach San Francisco. Fünf Tage lang genossen wir diese herrliche Stadt. Und jeden Tag aßen wir fünf Mahlzeiten! Wir unternahmen alles mögliche zusammen.

Und wissen Sie, was er noch unternehmen wollte? Das wird Ihnen zeigen, wie verrückt er war. Ihm gefielen die Spielautomaten in Las Vegas. Er wollte nach Las Vegas fahren und an diesen Münzschluckern spielen – nicht um das große Geld, sondern nur um kleine Beträge an den Spielautomaten. Ich sprach mit der Hostess und sagte ihr: »Sehen Sie diesen Mann vor dem Spielautomaten? Sorgen Sie dafür, daß ihm das Kleingeld nicht ausgeht.« Ich gab ihr Dollars, und sie füllte den Apparat mit fünf Dollar an. Er rief begeistert: »Ich gewinne! Ich gewinne schon den ganzen Abend!« Natürlich hatte er mein Spiel durchschaut. Er war viel zu intelligent, um das nicht zu merken – aber er hat es genossen. Er hat sich sehr wohl gefühlt!

Sein Tod hat mich dennoch sehr schwer getroffen, so wie es auch Ihnen schwerfallen wird, von einem Menschen, den Sie lieben, Abschied zu nehmen. Als ich von seinem Begräbnis nach Hause kam, war ich völlig niedergeschlagen. Auf der Veranda fand ich einen riesigen Blumenstrauß und eine wunderbare Schokoladentorte. Einer meiner Freunde hatte einen Zettel daran geheftet: »Leo, das soll Dich daran erinnern, daß es noch immer schöne Dinge zum Anschauen und köstliche Dinge zu essen gibt.«

Sie sehen, ich konnte nichts daran ändern, daß Papa starb, als seine Zeit gekommen war, aber die inneren Kräfte halfen mir zu sagen: »Ja, es ist gut so.«

Mein Vater war jemand, der alles, was er hatte, wieder verschenkte. Alles! Er hatte nie etwas. Sobald es uns etwas besserging und wir uns Schuhe und sonst etwas hätten kaufen können, verschenkte er sein Geld wieder. So landeten wir immer wieder im finanziellen Tief. Aber Mama verstand es, mit ganz bescheidenen Zutaten köstliche Mahlzeiten zu kochen. Dazu gehörte auch ein Pudding aus Brot, Brühe und Kohl – pan e choi. Diese Mischung kommt in die Backröhre. Sie dehnt sich im Magen *enorm* aus, und du spürst den Hunger nicht mehr. Wenn es uns schlechtging, dann gab es immer pan e choi.

Oft kam Papa ganz verzweifelt und mutlos nach Hause. Aber die Eltern haben sich mit ihren Sorgen niemals vor uns versteckt. Sie ließen uns an allem teilnehmen, auch an ihren Sorgen und Ängsten. Nie versuchten sie, sich als Helden aufzuspielen, und dafür bin ich ihnen dankbar. Sie waren für uns nicht Symbole der Vollkommenheit; sie waren Symbole der Menschlichkeit!

Eines Tages kam Papa nach Hause, setzte sich mit uns an den Tisch und teilte uns mit, daß sein Partner mit dem gemeinsamen Geld durchgebrannt war. Er wußte nicht einmal, womit er unsere nächste Mahlzeit bezahlen sollte.

Mama hatte eine verrückte Gewohnheit – sie konnte über alles lachen. Auch das kam ihr irgendwie komisch vor. Papa war wütend auf sie, aber sie lachte, daß ihr die Tränen über die Wangen liefen. Und wissen Sie, was sie dann tat? Wir verließen alle das Haus und kamen erst am Abend wieder. Inzwischen hatte sie ein Festmahl zubereitet, wie wir es sonst nur bei einer Taufe oder einer Hochzeit gegessen hätten: Antipasto, Pasta, Kalbsbraten – alles, was dazugehört!

Mein Vater sagte: »Mein Gott, was soll das bedeuten?«

Sie sagte: »Dafür habe ich alles ausgegeben.«

Er sagte: »Du bist *verrückt*!«

Sie sagte: »*Jetzt* brauchen wir Freude, nicht später. Jetzt brauchen wir diese Aufmunterung. Halt den Mund und iß!«

Ist das nicht interessant?

Wir setzten uns um den Tisch. Es ist schon viele Jahre her, und ich kann Ihnen sagen, daß ich dieses Abendessen nie vergessen werde, Mamas »Notdiner«. Und wissen Sie was, wir haben überlebt! Ist das nicht verrückt? Wir haben überlebt! Ich stehe hier vor Ihnen! Und Papa wurde 86 Jahre alt.

Es gibt gewiß von außen wirkende Kräfte, aber es kommt darauf an, wie du *persönlich* auf diese Kräfte reagierst. Du kannst Verzweiflung in Freude verwandeln. Glaube es! Versuche es das nächste Mal!

Aber von einem bin ich überzeugt: Das Elend verlangt nach Gesellschaft. Es liebt nicht nur die Gesellschaft, es verlangt danach! Der ins Elend Geratene will, daß es auch dir schlechtgeht. Ich kann Ihnen sagen, solche Leute setzen alles daran, uns von unserem elenden Zustand zu überzeugen. »Wage nicht, glücklich zu sein!« Nun, *mich* werden sie nicht soweit bringen. Sie wollen, daß wir ihnen Gesellschaft leisten, und ich werde ihnen Gesellschaft leisten, aber ich werde *fröhlich* sein und nicht in ihre Klagelieder einstimmen.

Um dazu fähig zu sein, müssen wir wählen, Entscheidungen treffen, und eine der wichtigsten Entscheidungen besteht darin, daß wir »uns selbst wählen«.

Entscheide dich für dich selbst.

Höre auf, dich zu hassen. Höre auf, dich selbst herabzusetzen. Umarme dich und sagte: »Du bist schon in Ordnung! Vielleicht gehen dir die Haare aus, aber du bist alles, was ich habe!«

Wenn du mit deinen Schwächen Frieden schließen kannst, hast du schon gewonnen! Sie sind nicht die Hauptsache, sondern nur ein kleiner Teil von dir.

Du mußt dich selbst wählen. Ich bin überzeugt, die Leute, die sich das Leben nehmen, die nicht *leben,* sind hauptsächlich diejenigen, die keine Selbstachtung haben. Ich weiß nicht, wann du das das letztemal gehört hast, aber ich möchte es hier betonen: *Du bist ein Wunder.*

Ich bin immer wieder beeindruckt. Alle diese verschiedenen Gesichter... Und jedes in seiner Art schön und unwiederholbar; andere Augen, andere Nasen, andere Münder. Die Menschen sind so verschieden, daß sie nach ihren Fingerabdrücken identifiziert werden können! Das allein sagt Ihnen doch schon, wie einmalig Sie sind!

Warum bist du so einzigartig geschaffen worden? Damit du ebenso werden kannst wie jeder andere? Das glaube ich nicht. Ich glaube nicht, daß das die Absicht Gottes gewesen ist. Ich glaube, du wurdest einzigartig geschaffen, weil du eine einzigartige Aussage zu machen hast. Bemühe dich während deines ganzen Lebens darum herauszufinden, worin diese Aussage besteht. Entwickle diesen Beitrag zum Leben, laß mich daran teilhaben; denn wenn du mich teilhaben läßt, werden wir beide mehr sein. Du hast die Pflicht und die Verantwortung dafür, alles zu werden, was du bist. Wenn du dich selbst verlierst, dann bleibt nichts übrig.

Bewahre deine Würde; bewahre deine Integrität. Niemand kann dich herabsetzen, es sei denn *du* selbst. Andere mögen dich falsch einschätzen, aber du *weißt,* wer du bist. *Sei* es ganz, und sei stolz darauf. »Ich bin ich« – denken Sie an den Ausspruch der Medea am Schluß dieses ergreifenden Dramas. Auf die Frage, »Medea, was ist noch geblieben?« antwortet sie: »Was ist geblieben? Da bin ich *ich*!« Das ist großartig; denn du bist so viel

Jeder von uns hat seine eigene Entwicklungsgeschichte. Ist das nicht erstaunlich? Wir haben zahlreiche soziologische Untersuchungen vorgenommen. In einer Familie können die gleichen Eltern ein Kind haben, das zum Heiligen wird, und ein anderes, das sich zu einem Dämon entwickelt. Warum? Sagt das nicht etwas über die Einmaligkeit jedes einzelnen aus und über die Art und Weise, wie wir die Dinge wahrnehmen? Sie alle sind heute abend hier zusammengekommen, und jeder einzelne von Ihnen sieht die Welt in einem anderen Licht. Jeder von Ihnen hat seine eigene Lebensgeschichte. Einige von Ihnen hatten Eltern, die liebevoll, zart-fühlend und voller Verständnis waren. Andere hatten ungute El-tern, die zwar versucht haben, ihr Bestes zu geben, denen das aber nicht gelungen ist. Manche von Ihnen haben bis heute ein Leben geführt, bei dem Sie große Durststrecken überwinden mußten. Das Leben anderer war angefüllt mit aufregenden und befriedigen-den Ereignissen. Aber Sie alle sind heute abend hier zusammenge-kommen.

Auch daraus ergibt sich die Frage, »warum«. Welche Gemein-samkeit hat uns veranlaßt, uns hier zu versammeln? Ich weiß es nicht, aber ich bin überzeugt, daß sie existiert. Da ist *etwas* – und das hat für mich eine magische Qualität. Denken Sie doch einmal über dieses Wunder nach! Jeder von Ihnen hat seine ganz persönli-che Geschichte mitgebracht, und jeder hat seine ganz eigenen ein-maligen Empfindungen. Einige von Ihnen sind im Augenblick sehr einsam und verzweifelt, andere sind sehr verwirrt, wieder andere sind verbittert. Einige sind voller Freude. Andere sind außer sich vor Begeisterung. Einige haben eine wunderbare Ausstrahlung mitgebracht, besondere Schwingungen. All das ist wesentlich. Al-les ist gut. Alles ist schön. Nehmen Sie das alles an – es ist alles ein Teil von Ihnen. Das Geheimnis liegt darin, daß das alles uns zu-sammengeführt hat. Lassen Sie uns nicht nach dem Warum fragen.

In unserem Kulturkreis neigen wir dazu, *alles* zu analysieren. Ir-gend jemand sagt dir »ich liebe dich«, und du sagst, »wie meinst du das?« Wir haben es schon fast verlernt, Erfahrungen voll auszu-schöpfen. Alles, was uns begegnet, wird einer eigenartigen Ausle-seprüfung unterzogen, und wenn es schließlich zu uns gelangt, dann ist es nicht das, was *es* ist, sondern das, was *wir* wollen, daß es ist, und deshalb verändern wir uns nicht. Wir wachsen nicht, und wir werden nicht reifer. Wir machen das gleiche Tag für Tag für Tag... Aber du bist eine Geschichte. Du bist eine einzigartige Ge-schichte. Du bist eine wundervolle Geschichte! Doch wie sie auch sein mag, sie ist vergangen und vorbei. Liebe sie und nimm sie an. Und lerne wieder zu verzeihen! Für das Leben kannst du dich nur entscheiden, wenn du auch vergeben kannst! Du vergibst den Men-schen, die dir Böses angetan haben, indem du zu vergeben *lernst* und ihnen sagst, daß du ihnen nichts mehr nachträgst. Wenn du das nicht tust, dann trägst du alle diese Dinge wie eine schwere Last auf deinem Rücken mit dir herum, und diese Last wird dich *niederdrücken*. Wenn du lernst zu verzeihen und barmherzig zu sein, dann befreist du dich von dieser Last und kannst die dadurch frei gewordene Energie dazu verwenden, zu wachsen und schöner zu werden. Schleppe also deine Vergangenheit nicht wie eine Last mit dir herum. *Laß sie los!* Lerne aus ihr und laß sie los.

Eugene O'Neill hat etwas sehr Schönes gesagt:

Niemand kann die Wunden heilen, die das Leben uns geschlagen hat. Sie werden uns zugefügt, bevor wir erkannt haben, was geschieht, und sie lassen uns während unseres ganzen Lebens bestimmte Dinge tun, bis diese Dinge uns daran hindern, das zu werden, was wir sein wollen. Und auf diese Weise scheinen wir uns selbst für alle Zeiten zu verlieren.

Du bist also eine Vergangenheit, aber du bist auch eine *Zukunft*. Du weißt das, aber wer kann sagen, was die Zukunft bringen wird? Das kann niemand. Weshalb sollten wir uns daher um die Zukunft Sorgen machen? Die einzigen Leute, die durch die Sorge um die Zukunft reich werden, sind die Versicherungsgesellschaften. Angeblich machen sie das Leben sicherer. Du lieber Himmel! Wenn irgend jemand uns *verunsichert,* dann sind es die Versicherungsgesellschaften! Sie reden uns ein, wir sollten uns vor allen möglichen Gefahren schützen, und nun fangen wir an, uns über unsere Sorgen zu sorgen.

Du bist aber auch die Gegenwart. Du bist ein »Jetzt«. Mit deinem Willen, deiner Intelligenz, deinem Streben und deiner Verzückung kannst du von jetzt an alles werden, was du nur willst.

Das klingt für Sie vielleicht sehr, sehr naiv, aber ich bin zutiefst davon überzeugt, wenn Sie sich heute abend entschließen würden zu »sein«... Nehmen wir an, Sie würden heute abend, wenn Sie nach Hause gehen, sagen, »ich werde feststellen, was es bedeutet, das Leben zu lieben« oder »ich werde feststellen, was es bedeutet, ein Liebender zu sein, und ab sofort werde ich mich wie ein Liebender verhalten. Wenn ich etwas Negatives sagen will, werde ich mir den Mund zuhalten!« In nur drei oder vier Wochen würde aus Ihnen etwas ganz Unglaubliches werden, etwas Unerhörtes!

Sie *haben* die Kraft dazu. Sie könnten es tun. Nikos Kazantzakis sagt: »Du hast deinen Pinsel, du hast deine Farben, *male du dein Paradies,* und dann gehe *hinein.*« Und wenn du die Hölle malen willst, dann male sie, aber gib nicht mir die Schuld, gib die Schuld nicht deinen Eltern oder der Gesellschaft – und mache um Gottes willen nicht Gott dafür verantwortlich... Übernimm selbst die volle Verantwortung dafür, daß du dir deine eigene Hölle geschaffen hast.

Sind wir Vergangenheit? Ja. Sind wir Zukunft? Ja. Aber wenn wir *das Leben wählen* wollen, dann müssen wir das Leben in der Gegenwart wählen! Und zwar *jetzt,* in diesem Augenblick! Darauf kommt es an. Denn wir sind *auch* ein Potential, eine Möglichkeit. Aber um dieses Potential zu entwickeln, müssen wir uns von dem »uns selbst im Wege stehenden Selbst« befreien. Paul Reps nennt das »das Drum und Dran des Anti-Selbst«. Und wie sehr werden wir durch diese Dinge belastet! Wir müssen uns von unseren Hemmungen und Verboten befreien. Wir müssen die Gewohnheit abschütteln, »niemals« zu sagen. Wir dürfen nicht ständig behaupten, dies oder jenes »nicht zu können«. Wir müssen uns das Nein-Sagen abgewöhnen – »Nein«, was ist das für ein negatives Wort! Wir dürfen nicht immer wieder behaupten, dies oder jenes sei »unmöglich«. Nichts ist unmöglich. Wir dürfen niemals glauben, unsere Lage sei »hoffnungslos« – das ist sie nie. All diese Worte gehören in das Vokabular des *Dummkopfs,* nicht aber des intelligenten Menschen. Streichen wir sie aus unserem Vokabular. Sage niemals nie! »Unmöglich? Natürlich ist es möglich.«

Die größten Träume, die von Männern und Frauen verwirklicht worden sind, hat man als Unmöglichkeiten bezeichnet – und dann hat irgend jemand *bewiesen,* daß das Unmögliche möglich war! Man hat schwerkranke Menschen aufgegeben und ihnen den sicheren Tod vorausgesagt, und dann sind sie aufgestanden und haben erklärt, »zum Teufel mit euren Prognosen. *Ich* werde nicht sterben!« Und sie sind am Leben geblieben. Lesen Sie Norman Cousins *Anatomy of an Illness.*[1] Die Ärzte hielten ihn für einen hoffnungslosen Fall und gaben ihm noch einige Monate zu leben.

---

[1] in wörtlicher Übersetzung: Die Untersuchung einer Krankheit

Heute schreibt dieser Mann Artikel für die *Saturday Review* und unternimmt Vortragsreisen durch die ganze Welt. Er hat kürzlich ein Buch veröffentlicht und arbeitet unermüdlich. Er ist aktiv und fühlt sich wohl – er weigert sich zu sterben!

Sage »ja« zum Leben! »Ja« zum Wunder, zur Freude, zur Verzweiflung, zum Schmerz und zu allem, was du nicht verstehst. Schaffe dir ein neues Vokabular, sage »ja«, »immer«, »möglich«, »hoffnungsvoll«. Sage »ich *will*« und »ich kann«.

Die Ursache deines Leidens liegt nach meiner festen Überzeugung in deiner Unvollständigkeit. Werde alles, was du bist. Nimm es an. Aber das genügt noch nicht. Vielleicht wirst du sagen, »das wäre zuviel«, aber bemühe dich darum; denn es ist eine Lebensaufgabe. Entdecke neue Wissensgebiete, neue Fähigkeiten, eine neue Kreativität. Und wenn du 500 Jahre alt werden würdest, du könntest unaufhörlich neue Dinge schaffen.

Aber wenn du deine Entwicklung beschleunigen willst, wenn das auf eine magische Weise geschehen soll, dann mußt du das »Ich« zum »Wir« ausweiten. Du mußt auch mich in dein Leben einbeziehen. Ich habe wirklich genug von dieser Generation, die ständig nur an das »Ich« und »Mich« denkt, und ich glaube, Sie haben auch genug davon.

Aber um dich in mein Leben einzubeziehen, muß ich bereit sein, ein kleines Stück von mir aufzugeben. Und das ist gut, denn ich gewinne dadurch um so mehr.

Bäume und Blätter gehören zu meinen größten Leidenschaften. Blätter können mich richtig begeistern, das sage ich ganz offen. Wenn ich in den Osten der Vereinigten Staaten reise, wo es herrliche Laubbäume gibt, werde ich ganz wild. Ich erinnere mich an einen Besuch bei einem meiner Studenten in New England, der mir das Herbstlaub zeigen wollte. Notieren Sie noch heute in Ihrem Terminkalender: »Ich werde nicht versäumen, im Herbst nach New England zu fahren. Ich werde meine Arbeit unterbrechen und mir dieses besondere Geschenk machen. Und ich werde die Menschen, die ich liebe, mitnehmen. Ich werde dieses zauberhafte Erlebnis mit ihnen teilen.«

Ich sitze also mit dem Studenten im Wagen und rufe plötzlich aus: »Halten Sie an! Mein Gott! Sehen Sie nur!« Ich war völlig außer Rand und Band! Ich konnte es kaum aushalten. So etwas hatte ich noch nie gesehen. In Los Angeles gibt es das nicht. Hier verdorrt das Laub und fällt einfach zu Boden. Aber dort gab es Bäume mit roten, goldenen, blauen, purpurnen, braunen, rostfarbenen und schwarzen Blättern. Ja, mit schwarzen Blättern, und alle diese Blätter am gleichen Baum! Sie werden es kaum glauben. Es war wie ein Wunder!

Ich fragte diesen *hochbegabten* Studenten, der seine Prüfungen mit Auszeichnung bestanden hatte – aber lassen Sie sich dadurch nicht irritieren. Ich habe schon vor vielen Jahren gelernt, daß die akademische Ausbildung gar nichts zu sagen hat. Einige der dümmsten Leute, die ich kenne, haben den Doktortitel. *Ich* habe ihn auch. Jedenfalls fragte ich meinen hochbegabten Studenten: »Wie kommt das?« Er war dort zu Hause, hatte sein ganzes Leben in dieser Gegend zugebracht. »Wie kommt das, daß dieses Blatt sich entschieden hat, schwarz zu werden, und das nächste gelb?«

Er sagte: »Ich weiß es nicht. Das ist nun einmal so.«

Ich erwiderte: »Das ist *nicht* nun einmal so! Dafür gibt es einen Grund, und den möchte ich wissen. Bringen Sie mich sofort zur Stadtbibliothek!«

Er sagte: »Mein Gott, Sie haben sich nicht geändert.«

Wir gingen also zur Bibliothek, wälzten die Fachbücher, und wissen Sie was? Ich stellte fest, daß es einen *magischen* Grund für die Verfärbung der Blätter gibt. *Ich* weiß es jetzt, werde es Ihnen aber nicht sagen.

Aber wenn man die wissenschaftliche Ursache für die Veränderung von Farben kennt, dann wird dieser Vorgang deswegen nicht mehr oder weniger spirituell. Er ist immer magisch und immer noch ein Wunder.

Sich für das Leben zu entscheiden bedeutet, daß wir bereit sein müssen, immer wieder Risiken einzugehen und immer wieder zu lieben. Können Sie sich etwas Wichtigeres vorstellen? Wofür arbeiten wir? Was wollen wir erreichen? Wofür leiden wir? Worauf hoffen wir? Es ist die Liebe. Es ist das Leben. Hier etwas zu versäumen ist immer unser größter Verlust.

Aber wenn du bereit bist, etwas zu riskieren, verletzt zu werden, zu *leiden,* dann wirst du auch erfahren, was Liebe ist.

Van Gogh hat einmal etwas sehr Schönes gesagt: »Die beste Art, das Leben zu lieben, ist die Liebe zu vielen Dingen.« Ist das nicht gut? Die beste Art, das Leben zu lieben, ist die Liebe zu vielen Dingen. Wenn du wissen willst, wie sehr du ein liebender Mensch bist, dann achte darauf, wie oft du im Lauf des Tages sagst, »ich hasse« – »ich hasse das«, »ach, nimm das fort, ich hasse es«, »ich hasse diese Art Leute«, »ich hasse solche Dinge«. Und achte darauf, wie oft du sagst, »ich liebe«. Du behauptest, ein Liebender zu sein, aber wie oft hörst du dich sagen, »das *liebe* ich«? »Ich *liebe* Blumen! Ich *liebe* Kinder« und so fort.

Etwas anderes, womit du dich auseinandersetzen mußt, ist der Tod. Wenn wir das Leben wählen wollen, dann müssen wir uns mit dem Tod befreunden; denn der Tod ist ein unglaublich guter Freund. Er sagt uns, daß unsere Zeit begrenzt ist. Und wenn du das Leben voll ausschöpfen willst, dann lebe jetzt! Denn wenn du wartest, kann es plötzlich vertan sein.

Das Wunderbare an dieser demokratischen Einrichtung des Sterbens ist die Tatsache, daß niemand weiß, wann der Tod kommen wird. Und deshalb ist es eine Herausforderung an dich, *jeden Augenblick* so zu leben, als säße der Tod dir gegenüber und sagte dir: »Ich bin hier, ich bin hier! Ich bin hier!« In unserer Kultur gibt es nichts Abstoßenderes für uns als eine Vorstellung vom Tod. Ich habe nirgends Menschen getroffen, die sich mehr vor dem Tode fürchteten als die Menschen in den Vereinigten Staaten. Wissen Sie, warum? *Weil wir nicht leben!* Wären wir wirklich lebendig, dann würden wir den Tod nicht fürchten.

Wenn du in jedem Augenblick, den dir Gott geschenkt hat, wirklich leben würdest, dann würdest du, wenn deine Zeit gekommen ist, nicht jammern und klagen. Fragen Sie diejenigen, die sich intensiv mit dem Sterben beschäftigt haben, welche Menschen glücklich sterben. Es sind diejenigen, die versucht haben, das Leben zu erfahren.

Der Tod ist eine Herausforderung. Er ermahnt uns, keine Zeit zu verschwenden. Er fordert uns auf, zu wachsen und etwas aus uns zu machen. Er ruft uns auf, wir sollten einander jetzt und in diesem Augenblick sagen, daß wir uns lieben. *Jetzt* sollen wir uns hingeben! Es gibt ein sehr schönes Buch mit dem Titel *Der Leopard.* Es ist die Geschichte eines Sizilianers, der leidenschaftlich *lebte*. Er glaubte, das Schönste auf der ganzen Welt sei *la donna* – die Frau. Während seines ganzen Lebens bewunderte er die Schönheit und besonders die weibliche Schönheit. Er bemühte sich auch darum, seine Familie zusammenzuhalten, verlor aber nie den Zauber und die Schönheit aller Frauen aus dem Auge. Für ihn gab es keine häßlichen Frauen. Schließlich wird er sehr schwer krank. Zufällig befindet er sich zu dieser Zeit in Norditalien. Ein Süditaliener aus Sizilien würde nie *im Traum* daran denken, in Norditalien zu sterben. Deshalb sagt er: »Bringt mich nach Hause. Bringt mich nach Hause! Ich muß zurück in mein Haus und bei meiner Familie sterben.« So setzt man diesen alten Mann in die Eisenbahn, und die Reise geht durch ganz Italien. Es ist eine wunderschöne Reise, aber zugleich werden auch seine Schmerzen und seine Verzweiflung geschildert. Er fährt nach Hause, weil er weiß, daß er sterben wird. Bei der Ankunft in Rom hört er das Stimmengewirr auf dem Bahnsteig. Er blickt aus dem Fenster und sieht eine *unglaublich* schöne Frau, die schönste, die er je gesehen hat. Sie hat ein braunes Kostüm an, trägt einen riesigen braunen Hut mit einer braunen Feder und braune Handschuhe bis zu den Ellbogen. Eine so elegant gekleidete Dame ist ihm noch nie begegnet. Bei diesem Anblick ruft er aus: »Madonna mia!« Trotz seiner Krankheit kann er sich ihrer Faszination nicht entziehen. Sie blickt zu ihm auf und lächelt ihn an. Dann verläßt der Zug den Bahnhof. Er aber kann den Anblick dieser Frau nicht vergessen.

Im nächsten Kapitel liegt er schon im Sterben. Seine ganze Familie hat sich um ihn versammelt. Alle weinen. Der Pfarrer spendet ihm die Letzte Ölung, und plötzlich öffnet sich die Tür: Die Dame in Braun betritt das Zimmer. In ihrer ganzen Schönheit und Eleganz nähert sie sich seinem Bett, ohne die Familie zu beachten. Sie reicht ihm ihre schöne braun behandschuhte Hand. Er sieht sie an und sagt: »*Du* bist es!«

Ist das nicht ergreifend? Wir brauchen den Tod nicht zu fürchten. Es ist die größte Herausforderung für uns. Wenn du dir der Tatsache bewußt bist, daß wir nicht ewig leben, dann kannst du dich jetzt in diesem Augenblick an den Menschen wenden, der dir am nächsten ist, und sagen: »Du bist großartig. Ich danke dir, daß du so bist, wie du bist.« Du kannst ans Telefon gehen und deine Mutter anrufen: »Hallo Mama, du weißt, wie oft wir uns gestritten haben und all das, aber ich liebe dich«, und den Hörer wieder auflegen.

Sie sehen also, zu leben heißt, während seines ganzen Lebens lebendig zu bleiben. Bei Kirkegaard habe ich einmal gelesen: »Das Leben kann nur im Rückblick verstanden werden.« Das ist sehr schön, aber *du mußt* es *vorwärts* leben. Vielleicht werden wir das Leben nie ganz begreifen, aber ich weiß nicht recht, ob es notwendig ist, es zu begreifen. Es ist jedoch notwendig, es zu *leben*. Öffne alle die kleinen Schachteln, die in deinem Paket enthalten sind. Sage: »Sie alle gehören mir. Ich habe ein Recht auf sie.« Du bist das Geschenk Gottes an dich.

Zum Schluß möchte ich Ihnen einen Abschnitt aus dem Buch *The Simple Life*[1] von Joan Atwater vorlesen. Dieser kurze Abschnitt hat mir besonders gut gefallen, und er faßt alles zusammen, was ich eben gesagt habe. Sie schreibt:

Unser Leben ist überlastet, und oft erscheint es uns als eine ungeheuer komplizierte Angelegenheit. Die Probleme der Welt sind so unglaublich komplex, und wir sehen, daß es keine einfachen Antworten gibt. Diese Komplexität erzeugt in uns immer ein Gefühl der Hilflosigkeit und Ohnmacht. Aber erstaunlicherweise leben wir immer so weiter, Tag für Tag, und sehnen uns dabei halb unbewußt nach etwas Einfacherem, etwas Bedeutungsvollerem.

Es ist daher ungeheuer wichtig, wie wir unser Leben betrachten. Es liegt an uns, Echtheit, Einfachheit, Direktheit und unbelastete Klarheit in unsere Betrachtung zu bringen. Wenn es dich wirklich interessiert, dein Leben voll zu erleben – (ist das nicht schön gesagt? *Dein Leben voll zu erleben* –), dann liegt es an dir, das zu erfahren und zu leben.

Sicher können wir miteinander sprechen, wir können miteinander arbeiten und lernen, aber schließlich muß jeder einzelne für sich

---

[1] in wörtlicher Übersetzung: Das einfache Leben

entscheiden, welches Leben er führen will. Denn dein Leben gehört dir ganz allein und niemand anderem. Eine andere Möglichkeit gibt es nicht.

Entscheide dich für das Leben!

Lerne zu leben

Heute möchte ich Ihnen von einem interessanten Erlebnis berichten. Sie wissen vielleicht, daß ich am Valentinstag irgendwie zum Nationalhelden werde. Es ist wirklich wunderbar, mit der Liebe in Verbindung gebracht zu werden, und deshalb beklage ich mich nicht darüber. Ich werde von überall her telefonisch angerufen und gebeten, an Talkshows teilzunehmen oder Zeitungsinterviews zu geben. Die verschiedensten Zeitschriften schicken ihre Reporter zu mir. Allerdings betrübt es mich, daß es notwendig ist, die Menschen an einem bestimmten Tag daran zu erinnern, daß sie einander lieben sollen. Ähnlich ist es mit dem Muttertag. Jeder Tag sollte ein Muttertag sein, und an jedem Tag sollten wir es feiern, daß wir Schwestern, Brüder, Großmütter und den Onkel Louie haben. Ich weiß nicht, warum wir dafür bestimmte Tage festsetzen müssen, aber vielleicht ist es gut, daß wir ab und zu an solche Dinge erinnert werden.

Mir macht es Spaß zu beobachten, wie sich die Menschen am Valentinstag verhalten. In der Nähe meines Hauses befindet sich ein großes Einkaufszentrum. Ich ging hin, um Karten für meine Sekretärinnen und Freunde zu kaufen. Es sollten ganz besonders schöne Karten sein, und deshalb nahm ich mir zum Aussuchen viel Zeit. Dabei beobachtete ich auch die Leute.

Ein Mann kam herein und ging an den Verkaufsstand, wo alle diese roten Herzen und die Glückwunschkarten mit der Aufschrift »Liebe« ausgestellt waren. Wie verrückt suchte er nach irgend etwas und sagte immer wieder, »verdammt!« Schließlich kaufte er ein rotes Herz für seine Frau. Während er noch suchte, sagte er: »Ist das nicht ein Wahnsinn! Weshalb müssen wir das tun?«

Ich sagte: »Nun, warum tun Sie es?« Er antwortete: »Was heißt das, *warum* tue ich es? Wenn ich es nicht tue, wird sie mich *umbringen.*«

Ein paar Minuten später kam eine sehr junge Dame herein, und wir lächelten uns an. Ich sagte: »Ich wünsche Ihnen einen schönen Valentinstag.« Und sie sagte: »Wissen Sie, was ich hier tue? Sie werden es nicht glauben, aber mein Chef hat mich hergeschickt, um eine Valentinskarte für seine Frau zu kaufen.« Dann sagte sie: »Ich kann Ihnen sagen, wenn mein Mann eine andere Frau beauftragen würde, für mich eine Karte zu besorgen, würde ich ihn *umbringen.*« Hier standen wir nun vor all diesen Glückwunschkarten, mit denen die Menschen einander ihre Zuneigung aussprechen, und innerhalb von fünf Minuten war zweimal von Mord die Rede gewesen. Plötzlich wurde mir klar, warum ich den Menschen sage, »entscheidet euch für die Liebe« und »entscheidet euch für das Leben«.

Sie wissen, daß ich nicht nur herumreise und alle möglichen verrückten Dinge tue, sondern im Hauptberuf Lehrer bin. Dieser Beruf macht mich glücklich, und ich möchte ihn gegen keinen anderen austauschen. Ich habe schon vor langer, langer Zeit gelernt, daß niemand einen anderen Menschen etwas lehren kann. Das ist pure Einbildung. Ich könnte der weiseste Mann der Welt sein und Ihnen alles sagen, was ich weiß, aber wenn Sie es nicht wissen wollen, dann werden Sie es auch nicht lernen. Ich weiß das, weil ich meine Studenten ständig anschreie und sie von irgend etwas zu überzeugen suche, und ich weiß, daß sie ganz verzückte Gesichter machen können. Sie sehen mich an, als wollten sie sagen, »Mann, bist du interessant!« Aber nichts geschieht. Sie hören mich und machen sich Notizen, aber ich weiß, daß sie sehr oft gleichzeitig denken: »Was werde ich heute abend anziehen?« Es ist ganz einfach, anderen Menschen irgendwelche Fakten mitzuteilen, aber ob Sie etwas daraus lernen wollen, ist *Ihre* Entscheidung. Ich kann sie Ihnen nicht abnehmen. Bandura von der Stanford Universität, der sehr aufschlußreiche Untersuchungen über das Lernen anstellt, sagt uns immer wieder, daß wir lernen, wenn wir etwas *nach einem Vorbild gestalten.* Wir lernen nicht daraus, was man uns *sagt.* Wir lernen, wenn wir etwas beobachten, untersuchen, in die Hand nehmen und damit experimentieren. So lernen wir. Wir begeben uns dabei aus eigenem Antrieb auf eine Entdeckungsreise. Ich bin nicht damit einverstanden, daß wir von unseren Kindern erwarten, sie sollten lernen zu lieben, Verantwortung zu tragen und sich am Leben zu freuen, ohne daß wir dafür Vorbilder sind. Das Ergebnis sind Menschen, die unter Protestgeschrei rote Herzen kaufen und Sekretärinnen beauftragen, Valentinskarten für ihre Ehefrauen zu besorgen.

Es gibt eine Fernsehwerbung, die mich ärgert. Es ist eine Sendung, die uns auffordert, an unsere Eltern zu denken. Wir können eine bestimmte Nummer anrufen, die Firma sucht ein Geschenk aus und schickt es den Eltern an jeden beliebigen Ort. Dann wird dieses reizende alte Ehepaar gezeigt. Es läutet an der Haustür, sie öffnen und nehmen das Geschenk in Empfang, das von irgendeinem völlig gleichgültigen Menschen ausgesucht worden ist! Das ist kein *Geschenk*. Es wäre besser gewesen, du hättest es behalten!

Was halten Sie von der folgenden Statistik? In einer kürzlich durchgeführten Umfrage zum Thema der geistigen Gesundheit der Bevölkerung sagten nur 20 Prozent der in den Vereinigten Staaten befragten Menschen, daß sie sich am Leben freuen und glücklich seien. 20 Prozent! Jeder siebente Amerikaner braucht eine psychotherapeutische Behandlung, bevor er 40 Jahre alt geworden ist. Jede dritte Ehe endet mit der Scheidung. Und man schätzt, im Jahr 2000 wird jede zweite Ehe geschieden werden. Aber die folgende Statistik hat mich wirklich erschüttert. In den Vereinigten Staaten werden jedes Jahr 60 Millionen Rezepte für Valium ausgestellt.

Wenn wir solche Beispiele geben, was erwarten wir dann von den Menschen in unserer Umgebung, besonders von den Kindern, mit denen wir arbeiten? Welche Maßstäbe sollen für sie gelten?

Die Leute sagen immer: »Oh, Buscaglia, wie glücklich sind Sie gewesen, in einer solchen Familie aufwachsen zu dürfen.« Dann muß ich lächeln. Es stimmt. Ich habe Glück gehabt. Ich hatte einen unglaublichen, wundervollen Vater und eine verrückte Mutter. Sie war eine unerhörte Frau. Sie hat immer Freude, Musik, Schönheit und Verständnis in unser Haus gebracht. Papa war ein sehr ernster Mann.

Ich habe die ganze Zeit von ihnen gelernt. Mir war gar nicht bewußt, daß meine Mutter eine so erstaunliche Frau war. Niemand hat sich die Mühe gemacht, mir das zu sagen. Aber ich habe es erfahren. Ich lernte, stolz zu sein. Wir waren sehr, sehr arm. Einige von Ihnen wissen, was das bedeutet. Und das ist nicht alles. Mit all unserem Geld können wir nicht kaufen, was ich gelernt habe. Aber es war nicht nur Freude, Stolz und Gutes.

Ich weiß noch, ich war ein ganz magerer kleiner Junge, und der Sportunterricht war ein Alptraum für mich. Ich war so ungelenk, daß ich es nicht fertigbrachte, einen Ball richtig zu werfen. Ich hatte spindeldürre Beine und lange dünne Ärmchen. Und große Augen, die einem jeden auffielen. Zum Sportunterricht trug ich Shorts, die drei Nummern zu groß waren. Mama war schlau und sagte: »Wenn sie zu klein sind, wirst du herauswachsen; deshalb nehmen wir etwas größere.« So trug ich denn diese viel zu großen Shorts, die mir bis zu den Knien reichten. Ich war nichts als zwei große Augen im Sportanzug. So stand ich mit all den anderen in einer Reihe, und vor uns dieser breitschultrige, muskulöse Mannschaftsführer. Dann wurden die Mannschaften ausgewählt. Erinnern Sie sich noch daran? »Ich nehme *dich*«, und der Nächstgrößere tritt vor. »Ich nehme *dich*.« Die Reihe wird immer kürzer. Und du fängst an zu beten und sagst: »Lieber Gott, mach, daß er *mich* jetzt aufruft. Laß mich nicht der *letzte* sein.« Aber jedesmal war ich der letzte. Außer mir war da noch ein schöner, unglaublicher, dicker jüdischer Junge. Der Dago und der Jude. Wir waren immer die letzten. Die anderen warfen die Bälle und trafen sie mit dem Schläger, wie sie wollten. Und dann nahm ich den Schläger in die Hand und flüsterte mein kleines Gebet: »Lieber Gott, laß mich doch nur ein einziges Mal *den Ball treffen*.« Es ist mir nie gelungen. Der liebe Gott hatte wichtigere Dinge zu tun.

Doch was lernte ich daraus? Ich lernte, daß ich unbegabt war und nicht das gleiche tun konnte wie die anderen Jungen. Ich war schon fast 17 Jahre alt, als irgend jemand mir sagte: »Du *kannst* einen Ball werfen. Was ist mit dir los? Es ist wirklich ganz leicht. Ich werde es dir zeigen.« Und ich begriff nicht, warum man mir das nicht schon früher gesagt hatte. So viele Jahre voller Angst und Verzweiflung, in denen ich meinen Körper verabscheute. In Wirklichkeit war ich ganz gut gewachsen, nur mager. Auch heute ist mein Körper ganz in Ordnung; er ist nur dick. Er gefällt mir. Wir lernen jeden Tag etwas, ohne uns dessen bewußt zu sein. Ich beschäftige mich ständig mit Kindern. Das ist mein Leben. Und immer wieder muß ich hören, »das kann ich nicht; dazu bin ich zu dumm«. Dann sage ich: »Wer hat dir gesagt, daß du dumm bist?« »Mein Lehrer.« »Mein Vater.«

Diese Leute möchte ich einmal zu fassen kriegen. Am liebsten würde ich Sie meiner Lieblingslehrerin vorstellen, von der ich immer wieder erzähle. Sollten Sie diese Frau irgendwo finden, sagen Sie es mir. Ich würde bis nach Nepal fliegen, um sie zu umarmen, die wunderbare Miss Hunt. Für sie gab es keine dummen Kinder. Sie wußte, daß jedes Kind ein einmaliges, unwiederholbares Einzelwesen war. Sie wog 300 Pfund! Eine einzigartige Frau! Sie war ganz Wärme und Liebe. Und Mütterlichkeit. Wenn Miss Hunt dich in die Arme schloß, dann verschwandest du in ihr . . . Für sie hätten wir alles gelernt und *zu jeder Zeit*. Sie war ein großartiges Vorbild!

Und so sind auch wir jeden Tag die Vorbilder für unsere Kinder. Immer wieder frage ich mich, welches Beispiel wir ihnen geben. Wie können wir von den Kindern verlangen, daß sie sich zu liebenden Menschen entwickeln, wenn sie nur so wenige Liebende sehen? Wie können wir verlangen, daß sie verantwortungsbewußt, mitfühlend und besorgt um andere sein sollen, wenn sie keine Vorbilder dafür haben? Was sie sehen und erfahren, werden sie später selbst tun. So werden sie sich entwickeln. Deshalb möchte ich mit ihnen darüber sprechen, in welcher Weise wir Vorbilder sein können. Wenn wir das wollen, dann müssen wir sagen: »Ich will das beste Vorbild sein. Ich werde ein vorbildliches Leben führen.«

Ich bin immer wieder erschüttert, wenn ich solche Statistiken sehe, die mir sagen, daß sich nur 20 Prozent der amerikanischen Bevölkerung für das Leben entscheiden. So viele sagen mir immer wieder: »Ich habe nicht verlangt, geboren zu werden.« Welcher Jammer, da wir doch so viele Möglichkeiten haben. Ich halte nichts für selbstverständlich. Das würde mich wahnsinnig machen. Aber meine Liebe ist so stark, weil es so viel zu wissen, zu sehen, zu tun, zu schmecken und zu kauen gibt – ja, besonders zu kauen!

Ich will Ihnen zeigen, wie naiv ich in Wirklichkeit bin. Ist Ihnen das nicht schon aufgefallen? Können Sie nicht darüber staunen, daß Karotten wie Karotten schmecken und Radieschen wie Radieschen? Und wenn wir sie vermischen und eine Art Gulasch daraus machen, dann ergibt das einen dritten Geschmack. Über solche Dinge kann ich staunen.

Neulich war ich in Albany. Hier hatten wir eine Temperatur von 28 Grad plus, und dort waren es minus 5. Alle bedauerten mich, aber ich sagte: »Was redet ihr da? Es schneit, und der Boden ist gefroren. Das sehe ich nicht alle Tage. Das muß gefeiert werden.« Das überzeugte sie davon, daß sie es wieder mit dem verrückten Buscaglia zu tun hatten.

Zuallererst müssen wir unsere Kinder davon überzeugen – und das können wir nur tun, wenn wir es selbst glauben –, daß jeder von uns etwas »Heiliges« ist. Ich bin jedesmal tief ergriffen, wenn ich vor meinen Zuhörern stehe oder neue Bekanntschaften mache. Welch eine Schatzkammer tut sich mir da auf! Welche Freude, alle diese verschiedenen Gesichter zu sehen; leuchtende Augen, rotes Haar, blondes Haar, braunes Haar oder gar kein Haar. Ist es nicht bewegend, wenn wir daran denken, daß es nicht zwei Menschen gibt, die einander völlig gleichen? Das müssen wir unseren Kindern schon sehr früh sagen, bevor sie ihre Individualität verlieren.

Warum schirmen wir unsere Kinder gegen das Leben ab? Dann dürfen wir uns nicht darüber wundern, daß wir anfangen, uns vor dem Leben zu fürchten. Niemand sagt uns, was das Leben wirklich ist. Niemand sagt uns, daß das Leben aus Freude und Wunder, aus Magie und sogar aus Verzückung besteht, wenn wir uns genügend von diesem Leben packen lassen. Man sagt uns aber auch nicht, daß das Leben auch Schmerz, Elend, Verzweiflung, Trauer und Tränen bedeutet. Ich weiß nicht, wie Sie dazu stehen, aber ich möchte auf *nichts davon* verzichten. Ich will das Leben umarmen und ergründen, was es bedeutet. Ich würde nicht durch das Leben gehen wollen, ohne erfahren zu haben, was es heißt zu weinen. Dazu habe ich meine Tränendrüsen. Wenn ich nicht die Fähigkeit haben sollte zu weinen, dann brauchte ich sie nicht. Es ist gut, hin und wieder ein wenig zu weinen. Ich habe festgestellt, daß Tränen meine Augen reinigen und mich klarsichtiger machen.

Ich liebe die Arbeiten von Martin Buber und besonders sein Konzept vom »Ich« und vom »Du«. Er sagt, jeder von uns ist ein Du, und wenn wir miteinander umgehen, dann sollten wir es tun, als seien wir etwas Heiliges; denn wir sind tatsächlich etwas ganz Besonderes. Wenn ich daher mit dir umgehe, dann bist du ein Du. Buber sagt, allzuoft behandelten wir den anderen Menschen als ein »Es«. Ärgert es Sie nicht auch manchmal, wenn Sie das Gefühl haben, als Neutrum behandelt zu werden? Ich scheue mich nicht, laut zu sagen, ja es hinauszuschreien: »Ich bin kein Es! Ich bin *ich,* ich bin Felice Leonardo Buscaglia. Ich bin der einzige meiner Art! Seht nicht *durch mich hindurch,* seht nicht an mir vorbei! Ich habe menschliche *Würde.*« Wenn wir auf der Basis des »Ich« und des »Du« mit den anderen Menschen umgehen, sagt Buber, dann kommt es zu einem *Dialog.* Wenn wir den anderen als ein »Es« behandeln, dann entsteht ein *Monolog.* Ich will keine Selbstgespräche führen. Ich will mit *dir* reden, und ich möchte, daß du mit mir sprichst. Wir haben Würde. Und unsere Kinder müssen das lernen; sie müssen es schon sehr *früh* lernen.

Außerdem sollen sie lernen, daß sie sich nicht finden können, wenn sie nach außen sehen. Sie müssen nach *innen* blicken. Es ist nicht leicht, dich selbst zu finden und deine Einzigartigkeit mit anderen zu teilen, weil andere dir immer wieder sagen wollen, wer du bist. Ist es dir schon einmal bewußt geworden, daß du nicht wirklich du selbst bist? Die meisten von Ihnen sind, was andere von Ihnen erwarten. Und vielleicht sind einige von Ihnen klug genug gewesen zu erkennen, daß die anderen es zwar gut meinen, daß Sie aber nicht *wirklich* das sind, was diese andern sagen, weil Sie sich in der Rolle, die Ihnen aufgedrängt wird, nicht wohl fühlen. Deshalb geben Sie dieses Spiel auf und sagen: »Ich werde versuchen festzustellen, wer *ich* bin.« Wenn Sie das tun, dann wird das für Sie die größte Herausforderung sein. Sie werden keine Ruhe mehr haben, Sie werden sich aber auch bestimmt nicht mehr langweilen. Mit der Entdeckung des Selbst ist es so wie mit allen Entdeckungen. Es ist kein leichtes Unternehmen, und wir dürfen uns dabei nicht auf andere verlassen, denn ihre Einsichten und Erkenntnisse sind nicht die unseren.

Bei den Sufis erzählt man sich eine interessante Geschichte von dem Mullah, der auf allen vieren auf der Straße herumkriecht und etwas sucht. Ein Freund kommt vorüber und sagt: »Mullah, warum kriechst du auf allen vieren auf der Straße herum?«

Der Mullah antwortet: »Ich suche meinen Hausschlüssel. Ich habe meinen Hausschlüssel verloren.«

Der Freund sagt: »Dann zeige mir doch, wo du ihn verloren hast. Ich werde dir suchen helfen.«

Und der Mullah sagt: »Ich habe ihn im Haus verloren.«

»Warum in aller Welt suchst du ihn dann hier?«

Der Mullah antwortet: »Oh, hier ist es *heller*.«

Die meisten von uns suchen das, was sie finden wollen, hier draußen im Licht, aber hier werden sie es nicht finden. Du mußt dich auf Hände und Knie niederlassen und nach innen gehen, wo es manchmal dunkel und unheimlich ist. Dort wirst du die wunderbarsten Entdeckungen machen und dein Selbst finden. Der größte Teil von dir ist noch nicht verwirklicht; vieles schlummert noch in dir, was du zum Leben erwecken kannst, und diese Entdeckungsreise findet nie ein Ende. Einstein hat noch kurz vor seinem Tod beklagt, daß er so wenig von dem, was in ihm schlummerte, verwirklichen konnte.

Das gilt für uns alle. Dazu braucht man nicht Einstein zu sein. Doch zu wissen, daß es für dich keine Grenzen gibt, ist deine größte Herausforderung. Erkenne, welches Wunder du bist, und entwickle es. Stelle dich voller Stolz dieser Herausforderung und höre niemals auf zu suchen. Und fürchte dich nicht davor, daß du versagen könntest. Das gehört dazu. Du mußt nicht vollkommen sein.

Bevor ich hier herauskam, war jemand sehr nett zu mir und sagte: »Seien Sie vorsichtig. Da liegt ein Kabel, und dann kommen zwei Stufen. Stolpern Sie nicht darüber.« Und ich sagte: »Wäre es nicht lustig, wenn ich hier vor diesen Tausenden von Leuten herauskäme, stolperte und auf den Bauch fiele? Wenn irgend jemand von Ihnen mich für etwas Besonderes hielte, wäre er sofort eines Besseren belehrt.« Ich bin sehr glücklich, ein Mensch zu sein, so wie ich bin – ein Mensch, der lernt.

Dann müssen wir den Kindern, glaube ich, auch beibringen, wie wichtig die anderen sind, und ihnen sagen, daß sie in dieser Welt nicht wachsen können, ohne die anderen einzubeziehen. Jeder ist eine Welt für sich, und je mehr Welten die Kinder aufnehmen, desto mehr können sie werden. Wir müssen die Kinder lehren, anderen Menschen zu vertrauen. Wir alle haben viel zuviel Angst voreinander. Wir umgeben uns mit immer höheren Mauern und versehen unsere Türen mit immer stärkeren Schlössern. Reißt diese Mauern nieder! Ich erlebe es jeden Tag, wie mißtrauisch wir sind, und das tut weh.

Wir müssen wieder lernen, zu vertrauen und zu glauben. Natürlich ist das riskant, aber alles ist riskant. Wir müssen über das bloße »Dasein« hinausgehen. Wir müssen spüren, was es heißt, *menschlich* zu sein, das ist ein Unterschied. Bei den Buddhisten gibt es eine sehr hübsche Geschichte über eine Ameise in einem Regenfaß und die verschiedenen Möglichkeiten, wie man sich zu dieser Ameise einstellen kann. Der erste Mensch geht an das Regenfaß, blickt hinein und sieht eine Ameise. Er sagt der Ameise: »Was tust du in meinem Regenfaß?« Dann zerquetscht er sie. Keine Ameise mehr. *Selbstsucht.* Der zweite kommt, sieht hinein, sieht die Ameise und sagt: »Nun ja, es ist ein heißer Tag, auch für Ameisen. Du richtest keinen Schaden an. Bleibe ruhig in meinem Regenfaß.« *Toleranz.* Nun kommt der dritte und denkt nicht daran, tolerant oder böse zu sein. Er sieht die Ameise im Regenfaß und gibt ihr spontan eine Handvoll Zucker zu essen. Das ist *Liebe.* Wenn du soweit kommst, daß du dein Verhalten nicht mehr analysieren mußt, dann hast du dein Ziel erreicht. Du reagierst spontan. Irgend jemand, der mir auf der Straße begegnet, braucht meine Hilfe. Ich halte an. Irgend jemand will sich an einer Autobahneinfahrt einordnen; ich verlangsame mein Tempo und lasse ihn herein. Irgend jemand weint, und ich sage: »Kann ich dir helfen?« In einem Interview wurde ich einmal gefragt: »Aber wie ist es, wenn Sie die Leute ansprechen und Ihnen etwas sagen und dann zu hören bekommen, Sie sollten sich um Ihre eigenen Angelegenheiten kümmern?« Das kann einem sehr leicht passieren. Aber man liebt doch nicht, um *wiedergeliebt* zu werden. Du *liebst,* um zu *lieben.* Du tust es, weil es eine natürliche Reaktion ist, eine Handvoll Zukker zu nehmen und die Ameise zu füttern. Was hast du dabei verloren? Allzu viele Menschen mit unentdeckten Möglichkeiten fürchten sich davor, dich sehen zu lassen, wer sie sind. Allzuviel Schönheit geht verloren, weil wir uns fürchten, sie zu zeigen.

Ich halte es auch für sehr wichtig, unseren Kindern etwas von der Kontinuität des Lebens zu sagen. Wir leben in einer Gesellschaftsordnung, in der die Menschen in bestimmte Gruppen und Schichten eingeteilt sind. Kleine Kinder werden in Gruppen zusammengefaßt. Jugendliche bilden ihre eigenen Gruppen. Jungverheiratete Ehepaare verkehren nur mit ihresgleichen, und wenn du selbst nicht heiratest, verlierst du deine besten Freunde. Und stellen Sie sich vor, auch die alten Menschen werden abgesondert und gezwungen, unter sich zu sein. Aber wo lernt denn ein Kind, daß das Leben eine Reise ist, die wir alle gemeinsam unternehmen? Wo lernt es etwas von der Kontinuität des Lebens?

Ich war als Kind so glücklich, weil unser Haus immer voller Menschen war – Großmütter und Großväter, neugeborene Kinder, schwangere Frauen und jungverheiratete Ehepaare. Ich könnte Ihnen lange Geschichten darüber erzählen. Alle im gleichen Haus! Wir lernten schon sehr früh, daß das Leben ein fortlaufender Prozeß ist und nicht in Schichten eingeteilt wird. Wir erlebten die alten Menschen und wußten, daß auch wir eines Tages alt sein würden. Wir sahen Menschen sterben und begannen das Leben zu schätzen. Aber wenn du das nicht erlebst, dann weißt du nichts davon, und du fürchtest dich zu Tode. Für die meisten von uns ist der Tod etwas Schreckliches. Wir wissen nicht, wie wir mit Würde sterben oder leben sollen. Wenn du mit Würde gelebt hast, dann wirst du auch mit Würde sterben. Darüber brauchst du dir keine Sorgen zu machen.

Einer der faszinierendsten Briefe, die ich im vergangenen Jahr bekommen habe, kam von einer Frau, die nur noch drei oder vier Monate zu leben hatte. Jedes zweite Wort in diesem Brief war »ich« oder »mich«. Aber ich konnte spüren, daß sie eine sehr gefühlvolle und liebenswerte Persönlichkeit war. Sie wußte nur nicht, wie sie sich zum Tod einstellen sollte. Ich setzte alles auf eine Karte und schrieb ihr: »Wissen Sie, anstatt herumzusitzen und auf den

Tod zu warten, nutzen Sie doch die wenigen Tage oder Monate, die Sie noch haben, voll aus und *leben Sie*! Sehen Sie, was geschieht, wenn Sie etwas *tun*. Gehen Sie in die Kinderklinik. Dort gibt es eine Abteilung für kleine Kinder, die auch sterben werden. Besuchen Sie diese Kinder.«

Gott sei Dank hat sie es getan. Das große Wunder ist, daß die Kinder *sie* lehrten zu sterben. Die Kinder fragten sie sofort: »Wirst du auch sterben?« Kein Erwachsener hatte es je gewagt, ihr so etwas zu sagen. Sie *starb* nicht nur wie andere Menschen sterben, sie starb vor *Einsamkeit*. Ich weiß nicht, warum, aber sie sagte: »Ja, ich werde auch sterben.« Und ein Kind fragte sie: »Fürchtest du dich?« Sie sagte: Ja.« »Warum fürchtest du dich? Du wirst Gott sehen.«

Ist das nicht interessant? So viele von uns sagen, wenn wir sterben, würden wir Gott sehen, und doch schreien und jammern wir verzweifelt, wenn der Tod kommt. Das ist eine sehr interessante Dynamik, die man untersuchen sollte.

Ein kleines Mädchen sagte: »Wirst du das nächste Mal deine Puppe mitbringen?« Die Frau ist heute noch am Leben und arbeitet wieder, und ich glaube, sie sorgt sich nicht mehr darum, wann sie sterben wird. Es gibt noch etwas für sie zu tun. Noch hat sie Zeit. Ein hohes Alter hat nichts mit Senilität zu tun. Nur das Gefühl, daß du nichts mehr zu tun hast, daß du dich für nichts mehr entscheiden kannst, macht dich senil. Solange das Leben in dir ist, kannst du bis zum Augenblick deines Todes lebendig bleiben. Offenbar haben sich Kinder etwas von diesem Wissen bewahrt. Aber sie müssen solche Dinge *sehen* und erleben. Wir erlauben ihnen nicht, auf Beerdigungen zu gehen. Sie dürfen keine Leichen sehen. Wir geben ihnen keine Antwort, wenn sie uns fragen: »Was ist mit meinem Hund passiert?« Wenn sie fragen: »Wo ist Großmama geblieben?«, dann antworten wir: »Sie hat eine größere Reise angetreten.« Kleine Kinder lernen, was man sie lehrt. Sie nehmen die Haltung ihrer Eltern an. Wenn ihre Eltern sich zu Tode fürchten, dann tun sie es auch. (Und das ist nicht als Wortspiel gedacht!)

Wichtig ist aber auch, unseren Kindern zu sagen, daß sie sich entscheiden können. Und sie werden das nur glauben, wenn wir ihnen Alternativen geben. Selbstmörder sind zum Beispiel Menschen, für die sich das Leben in den allerengsten Grenzen abspielt; sie haben keine Alternativen. Zur Zeit der Abschlußprüfungen an der Universität kommt es alljährlich zu Selbstmordversuchen. Immer wieder schneiden sich hoffnungsvolle, liebenswerte junge Mädchen und junge Männer die Pulsadern auf, weil sie fürchten durchzufallen. Es ist wirklich kaum zu glauben, daß jemand so wenig an sich glaubt, daß er bereit ist, wegen eines nicht bestandenen Examens sein Leben aufzugeben. Ich sage meinen Studenten immer wieder, überlegt doch um Gottes willen, was ihr sonst noch tun könntet. Sicherlich ist der Selbstmord eine mögliche Alternative –, aber was könntest du denn sonst noch tun? Sei kreativ!

Die Leute sagen immer, einer der Gründe dafür, daß wir Reichtümer sammeln wollen, sei der, daß der Reiche mehr Alternativen habe. Das ist völlig verrückt! Bei den Reichen ist die Selbstmordrate am höchsten. Wenn du *jetzt* keine Alternativen siehst, dann kannst du soviel Geld haben wie du willst – Alternativen hast du deswegen immer noch nicht.

In unserer Kindheit war das größte Erlebnis, das wir immer mit großer Vorfreude erwarteten, der Augenblick, in dem wir jede Woche zu einem gemeinsamen Ausflug in unseren alten Chevrolet stiegen. Können Sie sich vorstellen, daß unsere ganze große Familie in einen einzigen Chevrolet hineinpaßte? Auf dem Dach wurden alle möglichen Gegenstände festgebunden, die mitgenommen werden mußten, weil Mama Wert auf Bequemlichkeit legte. Meist fuhren wir nach Long Beach. Die Fahrt dauerte zwei Stunden. Unterwegs sangen wir die ganze Zeit. Mama war eine großartige Sängerin und übte mit uns Opernarien ein. Einmal sangen wir *La Bohème* und das nächste Mal *La Traviata*. Um alle Bedürfnisse dieser verrückten Familie zu befriedigen, wurden ein Sonnenschirm, ein paar Klappstühle und einige Kisten mit Kochgeräten und Lebensmitteln mitgenommen. Belegte Brote genügten Mama nicht. Am Strand kochten wir unsere Spaghetti. Unglaublich! Oder? Antipasto. Die Leute beobachteten uns staunend. Wenn wir am Strand angekommen waren, nahmen die Vorbereitungen zwei Stunden in Anspruch. Zuerst prüfte Mama die Windrichtung. »Stellt den Sonnenschirm dorthin und die Stühle in den Windschatten an diesen sonnigen Platz.« Dann sprangen wir alle in die Wellen. Anschließend trockneten wir uns ab und zogen uns um. Es war ein herrliches Vergnügen. Wir hatten kein Geld. Wir hatten *gar nichts,* und all die anderen Menschen um uns herum hatten so *viel* – und sie beobachteten uns und fragten sich, »wer sind diese Verrückten?« Aber wir hatten Alternativen zur Armut. Wir hatten Möglichkeiten, etwas zu wählen, jedenfalls glaubten wir es in unserer naiven Art. Und was schadet es schließlich, wenn man naiv und vielleicht sogar dumm ist, aber lebendig bleibt und Freude am Leben hat? Ich glaube nicht, daß wir so dumm waren. Wir lebten und hatten Freude daran.

Bevor Papa starb, wollten wir mit ihm einen Urlaub in Hawaii verbringen. Wir wußten, daß er sterben würde. Es gab damals eine Fluggesellschaft, die verbilligte Flüge anbot. Dabei mußte man während des Fluges auf jeden Service verzichten. Die Fluggäste wurden von den Stewardessen nicht einmal *angesehen,* und zu *essen* gab es natürlich auch nichts. Man wurde einfach im rückwärtigen Teil der Maschine verstaut. Uns machte das nichts aus. Wir marschierten durch die erste Klasse bis ganz nach hinten. Zur Verpflegung durfte man sich ein Lunchpaket kaufen. *Sie* erinnern sich doch sicher noch an solche Flüge. Seien Sie nicht hochmütig! Es ist Ihnen nicht immer so gutgegangen wie heute. Papa sagte: »Was macht das schon? Wir werden unser Essen selbst zubereiten!« Ich werde nie vergessen, woraus unsere Mahlzeit bestand; denn es waren ganz extravagante Dinge. Wir alle saßen in einer Reihe, meine Schwester und ich, meine Nichte und die anderen und natürlich Papa. Er öffnete das Lunchpaket – ein mit Rosmarin und Knoblauch gewürztes Hühnchen. Den acht Reihen von uns entfernt sitzenden Passagieren der ersten Klasse lief das Wasser im Munde zusammen. Immer wieder kam die Stewardeß zu uns nach hinten und fragte, was wir mitgebracht hätten. Papa hatte marinierte Pilze mit Knoblauch zubereitet. Es war wirklich eine *köstliche* Mahlzeit. Niemand hat auf diesem Flug so gut gegessen wie wir. Und wir teilten unsere Köstlichkeiten mit allen anderen. Wenn sich jemand nach uns umsah, sagten wir, »möchten Sie nicht ein Stückchen Huhn?« Du *hast immer* die Möglichkeit, dich zu entscheiden. An die Stelle der Verzweiflung kannst du die Freude setzen. Anstatt zu weinen, kannst du lachen. An die Stelle der Gleichgültigkeit kannst du die Tatkraft setzen. Du kannst die Stagnation überwinden und dich für das Wachstum entscheiden. Du kannst ja zu dir sagen und ja zum Leben. Und es ist Zeit, daß dir jemand sagt, daß du nicht auf Gnade und Ungnade Kräften ausgeliefert bist, die stärker sind als du. Was *dich* betrifft, bist du selbst die *stärkste* Kraft. Für *mich* kannst du es nicht sein, wohl aber für *dich*.

Die Leute sagen: »O Buscaglia, wie sind Sie naiv! Sie behaupten, man könne sich für die Freude entscheiden.« Versuchen Sie es. Das nächste Mal, wenn Sie in eine Situation kommen, in der Sie jemanden anschreien wollen, versuchen Sie zu lächeln. Sie werden staunen! Einige von Ihnen waren dabei, als ich von dem Mann auf dem Flughafen erzählte, der wie rasend herumschrie und behauptete, er müsse aus dem Gebäude heraus, obwohl draußen ein Blizzard wütete und es unmöglich war. Aber da war auch eine nette Frau, die alle Kinder um sich versammelte und somit den Müttern ermöglichte, etwas zu essen zu besorgen. Das sind Entscheidungen, die auch *Sie* treffen können. Und ich sagte: »Warum entscheiden Sie sich für den Wutanfall, unter dem Sie schließlich nur selbst zu leiden haben; denn Sie bekommen davon blutige Magengeschwüre. Machen Sie statt dessen doch andere Menschen glücklich!« Ein Mann, mit dem ich später darüber sprach, sagte mir, er sei bisher noch niemals auf diesen Gedanken gekommen; erstaunlich. Nachdem er mit mir gesprochen hatte, mußte er ebenfalls nach Chicago, wo sich dieser Vorfall ereignet hatte. In Chicago kann man wirklich etwas erleben. Wenn man sich lange genug in Chicago aufhält, kann man sicher sein, daß einem etwas Außergewöhnliches begegnet. Er sagte, er sei während des Blizzards dort gelandet. In dieser Nacht war es nicht möglich weiterzufliegen. Deshalb mußte er mit einem Bus zu seinem Bestimmungsort fahren. Unter den Passagieren befanden sich zwei Frauen in Rollstühlen. Sie kannten einander nicht. Die eine war auf der einen, die andere auf der anderen Seite des Warteraums. Er erzähle mir: »Ich dachte an Buscaglia und hörte ihn sagen, ›sitzen Sie dort nicht nutzlos herum, tun Sie etwas!‹« (Das sind eigentlich Mamas Worte.) Er ging zu den beiden Frauen und fragte sie: »Haben Sie den gleichen Weg wie ich?«

Sie sagten: »Ja.« »Was wird aus Ihrem Gepäck?«

Und sie sagten: »Nun, wir müssen in unseren Rollstühlen sitzenbleiben, und es gibt keinen Gepäckträger.«

Er sagte: »Lassen Sie mich nur machen.« Er holte das Gepäck, brachte die Frauen zum Bus und half ihnen beim Einsteigen. Später hat er mir erzählt: »Ich habe mich in meinem ganzen Leben nie so wohl gefühlt! Es war ein wunderbares Erlebnis.« Eine Alternative!

Sprechen wir über das Risiko; denn es ist schön, etwas zu riskieren. Wenn Sie einmal Spaß am Risiko bekommen haben, dann verändert sich Ihr ganzes Leben. Doch Veränderungen und Wachstum treten nur ein, wenn Sie bereit sind, Ihr Leben zu riskieren und mit Ihrem Leben zu experimentieren. Die absolute Sicherheit gibt es nicht. Alles ist ein Risiko. Vor vielen Jahren habe ich einmal alles verkauft, was ich besaß – obwohl viele mir davon abgeraten hatten. Ich wollte eine Weltreise unternehmen. Ich wollte den kristallklaren Ton einer Tempelglocke in Nepal hören. Ich wollte in einem Reisfeld in Thailand sitzen, mit den Menschen reden oder sie wenigstens umarmen. Und ich habe es getan. Ich verkaufte meine Versicherungspolice, mein Haus, meinen Wagen, alles, was ich besaß. Und ich begab mich auf die Reise. Die Leute sagten: »Um Himmels willen, Sie haben Ihre sichere Stelle aufgegeben. Sie werden nie wieder eine so gute Arbeit finden. Wenn Sie nach Hause zurückkommen, werden Sie verhungern.« Als ich zurückkam, hatte ich nur noch zehn Cents. Aber ich verhungerte nicht; ich lernte. Was ich lernte, war so viel wichtiger. Ich lernte etwas über das Verhalten der Menschen. In Bangkok sagt man *mah-pen-lai*. Überall hörte ich die Leute sagen »*mah-pen-lai*«. »Was bedeutete das?« Als ich schließlich die Bekanntschaft einiger Thailänder machte, fragte ich sie: »Überall, auf dem Markt, auf dem Flughafen, in den Museen, auf den Kanälen, auf den Flüssen höre ich *mah-pen-lai* – was bedeutet das?« Sie lächelten und sagten: »Es bedeutet ›es ist schon in Ordnung, es kommt nicht darauf an‹.« Und plötzlich ging mir ein Licht auf. Tatsächlich! Kein Wunder, daß man Thailand das Land des Lächelns nennt, wenn so viele Menschen sagen können, »es ist schon in Ordnung, es kommt nicht darauf an«. Und dann dachte ich an unsere Kultur, wo *alles so wichtig ist*. »Was soll das heißen, es kommt nicht darauf an?! Wenn du glaubst, das sei gleichgültig, dann bist du frivol!« Aber es kommt *wirklich nicht* darauf an. Das Leben auf dieser Erde wird auch ohne dich weitergehen. 90 Prozent der Dinge, um die du dir Sorgen machst, geschehen ohnedies nicht. Aber wir sorgen uns um alles und jedes, und dann sorgen wir uns darum, daß wir uns Sorgen machen!

Jedesmal, wenn ich einen Vortrag halte, riskiere ich etwas. Ich begegne den Menschen mit offenen Armen und sage, »Sie kennen mich«. Ich sage nicht: »Wie geht es Ihnen?« Mein Gott, ich gehöre zu den verrückten Leuten, die es gewagt haben, einen Dekan zu umarmen. Einen Dekan darf man doch nicht umarmen! Der Dekan sitzt hinter einem Schreibtisch, der eine Meile lang und zwei Meilen breit ist. Und du sitzt auf der anderen Seite und sagst: »Jawohl, Herr Dekan, jawohl, Herr Dekan, jawohl, Herr Dekan.« So gehört sich das – aber *umarmen* darf man ihn nicht. Nun, auch ich saß eines Tages dort, und der Dekan sagte mir alle möglichen netten Dinge. Und ich dachte, »was ist das für ein reizender Kerl. Sicher würde es ihm gefallen, umarmt zu werden«. So stand ich einfach auf und sagte: »Herr Dekan, das ist herrlich!« Ich ging auf ihn zu, wie er da in seinem Drehstuhl saß, und er bekam vor Staunen den Mund nicht zu. Ich nahm ihn in die Arme und drückte ihn an mich – zum Schrecken meiner Kollegen. »Mein Gott, Leo ist noch verrückter, als wir glaubten!« Aber wissen Sie, ich bin konsequent, und jedesmal, wenn ich dem Dekan wieder begegnete, sagte ich, »Hallo Dekan«, und umarmte ihn. Und ich weiß, daß es ihm gefallen hat, denn sehr bald fing er an, sich an mich zu drücken. Wir alle brauchen Umarmungen. Umarmungen sind gut für den Stoffwechsel. Riskieren Sie es!

Ich möchte Ihnen etwas vorlesen:

»Du lachst und riskierst dabei, für einen Narren gehalten zu werden.« Ist das so schlimm? Narren haben viel Freude am Leben.

»Wenn du weinst, riskierst du, für sentimental gehalten zu werden.« Aber ich bin ja sentimental, und es gefällt mir! Tränen können eine große Hilfe sein.

»Wenn du auf andere zugehst, riskierst du, in ihre Angelegenheiten verwickelt zu werden.« Was ist denn das für ein *Risiko*? Ich *will* mich doch mit ihnen beschäftigen.

»Wenn du deine Gefühle zeigst, riskierst du, dein wahres Selbst zu offenbaren.« Was gäbe es denn sonst noch zu offenbaren?

»Wenn du deine Ideen und Träume vor der Menge ausbreitest, riskierst du, für naiv gehalten zu werden.« Oh, man hat schon Schlimmeres von mir gesagt.

»Wenn du liebst, riskierst du, nicht wiedergeliebt zu werden.« Ich liebe nicht, um wiedergeliebt zu werden.

»Wenn du lebst, gehst du damit das Risiko ein zu sterben.« Ich bin bereit zu sterben. Wagen Sie nicht, auch nur eine Träne zu vergießen, wenn Sie hören, daß es Buscaglia in der Luft zerrissen hat oder daß er tot umgefallen ist. Er hat es voller Begeisterung getan.

»Wenn du hoffst, riskierst du Verzweiflung, und wenn du etwas versuchst, riskierst du das Scheitern.« Aber wir *müssen* etwas riskieren; denn das größte Risiko im Leben liegt darin, *nichts* zu riskieren. Wer nichts riskiert, tut nichts, hat nichts, ist nichts und wird nichts. Vielleicht weicht er so dem Leiden und dem Kummer aus, aber er kann dann unmöglich etwas lernen, etwas fühlen, sich verändern, wachsen, lieben und leben. An seine Gewißheiten gefesselt, ist er ein Sklave. Er hat seine Freiheit verspielt. Nur wer etwas *riskiert,* ist wirklich frei. Versuchen Sie es und sehen Sie, was geschieht.

Liebe

Wir haben nur eine Stunde Zeit; lassen Sie uns also anfangen. Ist es nicht unglaublich, daß dieser Vortrag durch einen Satelliten übertragen wird? Sie und ich, wir alle zusammen. Und nachdem Sie nun meine neue Jacke gesehen haben, werde ich sie, bevor wir auf den Satelliten geschaltet werden, ausziehen.

Vor einiger Zeit erzählte mir einer meiner Nachbarn von einer kleinen Kirche in der Nähe meines Hauses, in der sich wunderbare spirituelle Dinge ereigneten. Er forderte mich auf, hinzugehen und selbst diese Erfahrung zu machen. Ich war einverstanden, und wir gingen hin. Kaum hatte ich die Kirchentür geöffnet, als alle diese Menschen auf mich zukamen. Sie nahmen mich bei der Hand, klopften mir auf die Schulter und betasteten mein Haar. Gleich an der Tür! Und *dann* führten sie uns hinein. In der Kirche wurde gesungen und getanzt. Es ging sehr lebhaft zu – eine richtige Feier.

Aber der Höhepunkt kam, als der Geistliche aufstand und sagte: »Freunde, Bruder Jonathan wird heute eine Predigt halten, und sein Thema wird der Glaube sein.« Der kleine Bruder Jonathan stand auf. Er war etwa 1,62 Meter groß. Er stellte sich eine Minute lang vor die Gemeinde, faltete die Hände und sagte: »Glaube, Glaube, Glaube, Glaube, Glaube, Glaube.« Dann setzte er sich wieder! Der Geistliche erhob sich wieder und sagte mit breitem Lächeln: »Ich danke Ihnen, Bruder Jonathan, für diese wunderschöne Predigt über den Glauben.« Ich dachte, eines Tages werde ich klüger sein, und wenn ich, wie heute abend, einen Vortrag über die Liebe halte, werde ich die Hände falten und sagen: »Liebe, Liebe, LIEBE, LIEBE, LIEBE, Liebe, Liebe«, und *dann werde ich nach Hause gehen!* Das wird der schönste Abend sein, den wir je erlebt haben. Aber heute bin ich noch nicht so sicher, und des-

206

halb werde ich Ihnen in einer *Stunde* sagen, was dieser Mann in einer Minute gesagt hat.

Ich bin zutiefst davon betroffen, daß wir uns alle nach Liebe sehnen und sie brauchen und daß so wenig Liebe spürbar ist. Ich habe an einem Kursus für Spieltherapie teilgenommen. Es handelte sich dabei um das Spiel mit kleinen Kindern; denn im Umgang mit Erwachsenen können wir bei einer solchen Therapie Worte benutzen und die Menschen in Gesprächen heilen. Aber die natürliche Art, mit Kindern umzugehen, ist es, mit ihnen zu spielen. Man bringt die Kinder in einen Raum und gibt ihnen all die kleinen Dinge, mit deren Hilfe sie sich ausdrücken können. Dann sagt man: »Laßt uns diese Dinge anschauen, laßt uns miteinander sprechen, laßt uns zusammensein und alles miteinander teilen.« Man wird also aktiv dabei. Mir wurde ein emotional gestörtes kleines Mädchen zugewiesen. Zum ersten Mal arbeitete ich mit einem so kleinen Kind. Das Mädchen war fünf Jahre alt. Und sie tat die unglaublichsten Dinge. Zum Glück haben wir jetzt festgestellt, daß sogar ganz kleine Kinder in Krippen wissen, was um sie vorgeht. Wir machen große Worte und sprechen von »Kleinkind-Stimulierung«. Gute Mütter wußten das schon vor Jahren, wenn sie ihre Kinder auf den Arm nahmen, sie liebten, sie in den Armen wiegten und durch das Zimmer schwenkten, anstatt sie allein zu lassen, weil sie fürchteten, sie könnten die Kinder zu sehr verwöhnen.

Lelani beschäftigte sich auf die verschiedenste Weise, und einige Tage lang tat sie etwas, was mir richtige Sorgen machte. Sie nahm Tonklumpen und knetete kleine Schneemänner daraus. Und wenn die Schneemänner fertig waren, warf sie sie auf den Boden und rief. »Bumm!« Und sie sagte: »Mami!« Und dann knetete sie einen neuen Schneemann, schmetterte ihn wieder auf den Boden und sagte: »Daddy!« Sie tat das mit ihrer ganzen Familie, und jeden einzelnen warf sie mit voller Wucht auf den Fußboden. Am Schluß forderte sie *mich* auf, das gleiche zu tun! Aber da ich ein so schlechter Kindertherapeut bin – völlig ungeeignet für diese Arbeit, denn ich nehme viel zuviel Anteil an diesen Kindern, während ich eigentlich denken sollte, »wie schrecklich, Lelani hat ihre Mutter zerschmettert« – brachte ich es nicht fertig, ihrer Aufforderung zu folgen. Ich fühlte mich sehr betroffen und sagte: »Lelani, warum

tust du das mit all den Menschen, die du liebhast?« Sie sah mich
mißbilligend an, als wollte sie sagen, »du Dummkopf«, und sagte:
»Weil diese Menschen mir immer weh tun.«

Ein fünfjähriges Mädchen! Und da ich tatsächlich ein sehr
schlechter Pädagoge bin, sagte ich: »Aber ich liebe dich, und ich tu'
dir nicht weh.« Und sie antwortete: »Weil du verrückt bist.« Mit
fünf Jahren wußte sie schon, daß Liebe weh tun kann. Mit fünf Jahren hatte sie schon gelernt, daß ein Mensch, der bedingungslos
liebt, verrückt sein muß.

Seither habe ich viele Vorträge vor Erwachsenen gehalten, und
ich meine, wir sind immer noch nicht allzuweit von dem entfernt,
was ich da erlebte. Bei mir läutet z. B. das Telefon, ich melde
mich, und der Anrufer sagt: »He, Buscaglia, wo ist das, was man
Liebe nennt? Ich lebe in einem kleinen Appartementhaus an der
Melrose Street und bin ganz allein. Ich habe nicht den Mut und
weiß auch nicht, wie ich da herauskommen soll. Wo gibt es Liebe?«

Mir macht es nichts aus, irgendwo hinzugehen und zu sagen,
»sprechen wir über die Liebe«. Ich habe keine Scheu davor. Und
wenn Sie glauben, ich sei verrückt, dann bin ich ganz damit einverstanden; denn wenn Sie glauben, ich sei verrückt, dann geben Sie
mir damit einen Freibrief, und ich kann mich so verhalten, wie es
mir gefällt. Gegenüber Verrückten sind wir sehr nachsichtig. Doch
jetzt möchte ich mit Ihnen über eine nicht so verrückte Statistik
sprechen, welche die Liebe betrifft und mich mit großer Sorge erfüllt. Ich hoffe, Sie werden meine Besorgnis teilen.

Wissen Sie, daß sich in den Vereinigten Staaten jedes Jahr 26 000
Menschen das Leben nehmen? Jemand, der wie ich glaubt, daß der
Verlust menschlichen Potentials der größte Verlust sei, den man
dieser Welt zufügen kann, möchte aufschreien und sagen: »He,
*warte doch einen Augenblick! Weißt du nicht, daß es auch andere
Alternativen gibt?«* Und wissen Sie auch, daß viele dieser Selbstmörder Menschen im Alter von mehr als 65 Jahren sind? Das sagt
uns vielleicht etwas darüber, wie wir mit alten Menschen umgehen,
was wir für sie fühlen und daß wir eine Gesellschaft sind, die alles
verabscheut, was alt ist. Wir wollen nichts damit zu tun haben. Wir
zerstören, was alt ist. Wir schicken es fort, um es nicht ansehen zu
müssen, anstatt es in unser Leben einzubeziehen und zu erkennen,

daß das Alter schön sein kann und daß diejenigen, die den Wert der Geschichte nicht erkennen wollen, das noch einmal erleben müssen, was die Geschichte uns lehrt. Eines Tages wirst auch *du* soweit sein, und wenn wir nicht jetzt etwas unternehmen, wirst auch du irgendwie beiseite geräumt werden. Aber neben der Tatsache, daß die Selbstmordrate bei den mehr als 65jährigen die höchste ist, erschüttert es mich, daß die Selbstmorde bei Jugendlichen ständig zunehmen. Das sind junge Menschen von 13, 14 oder 15 Jahren, die noch gar nicht wissen, was das Leben ist, und denen noch niemand gesagt hat, wie wundervoll, wie magisch, wie spirituell und wie aufregend es sein kann. Und sie beenden das alles. Sie sind fertig damit. Es gibt dann keine zweite Chance mehr!

Wußten Sie schon, daß jeder siebte Amerikaner eine psychotherapeutische Behandlung braucht, bevor er 40 Jahre alt geworden ist? 1, 2, 3, 4, 5, 6, 7 – du! Das muß nicht sein. Es wäre nicht notwendig! Du verfügst über alle die Kräfte, die du brauchst, um dich selbst zu heilen. Und du mußt dich ohnedies selbst heilen! Du kannst genausogut gleich jetzt mit diesem Prozeß beginnen.

Versäume die Liebe nicht. Sie ist ein unglaublich wertvolles Geschenk. Ich stelle mir gern vor, daß dir am Tag deiner Geburt die ganze Welt zum Geschenk gemacht worden ist. Es erschreckt mich, daß sich so wenige die Mühe machen, dieses Paket überhaupt zu öffnen! *Reißt es auf! Nehmt den Deckel ab!* Es ist *voller* Liebe und Magie und Leben und Freude und Wunder und Schmerzen und Tränen. Alle diese Gaben machen dich zum menschlichen Wesen. Nicht nur das, was dich glücklich macht – »ich will immer nur glücklich sein« – nein, uns erwarten auch viele Schmerzen und Tränen. Und viel Magie, Wunder und Verwirrung. So *ist* das Leben! Und es ist wirklich *aufregend.* Öffnet das Paket, und ihr werdet euch niemals langweilen.

Ich kenne Menschen, die immer wieder behaupten, »ich liebe, ich liebe, ich liebe. Ich glaube an die Liebe, und ich praktiziere sie«. Und dann sitzen sie in einem Lokal und schreien die Bedienung an: »*Wo bleibt das Wasser?!*« Ich werde dir deine Liebe nur glauben, wenn ich dich danach handeln sehe. Wenn du verstehst, daß jeder jeden in jedem Augenblick seines Lebens in Liebe »unterrichtet«. Wenn du dich fragst, »bin ich der beste Lehrer«? und die Antwort lautet »ja« – dann ist es großartig. Beobachte dich selbst und stelle fest, wie oft du jeden Tag sagst »ich liebe ...« statt »ich hasse«. Ist es nicht interessant, daß Kinder, wenn sie sprechen lernen, das Wort »nein« sehr viel früher lernen als das Wort »ja«? Fragen Sie die Sprachwissenschaftler, wo sie das hören. Wenn sie öfter »ich liebe, ich liebe, ich liebe« hören würden, dann würden sie es vielleicht früher und häufiger aussprechen.

Ich beschäftige mich schon seit sehr langer Zeit mit dem Phänomen der Liebe und habe Hunderte von Lehrbüchern für Psychologie und Soziologie durchgelesen. Ich habe mich unter den Fachleuten umgesehen, deren Aufgabe es wäre, sich mit diesem Thema zu beschäftigen, und wollte feststellen, was sie dazu zu sagen haben. Aber das Wort Liebe habe ich nicht einmal in den Stichwortverzeichnissen ihrer Bücher gefunden. So wenig bedeutet die Liebe für uns! Als ich mein Buch *Liebe* geschrieben habe, war es wirklich lustig; mein Verleger sagte: »O Leo, du wirst den Titel ändern müssen, denn ich bin überzeugt, daß irgend jemand diesen Titel schon einmal benutzt hat.« Ich sagte: »Wir können das doch überprüfen lassen.« Wir taten es, und ich bekam das »Copyright« für *Liebe*. Es gibt Buchtitel wie *Liebe und Haß, Liebe und Verlangen, Liebe und Furcht, Die Freude und Kraft der Liebe,* aber bisher hatte noch niemand daran gedacht, ein Buch einfach *Liebe* zu nennen. L-I-E-B-E. So ein gutes Wort. So ein grenzenloses Wort. So ein grenzenloser Begriff.

Wer ist ein Liebender? Der Liebende ist ein Mensch, der sich selbst liebt. Ich sage das so oft, und die Leute sagen, »o ja, wie recht Sie haben«. Aber *sie tun es einfach nicht!* Du kannst niemals einen anderen Menschen lieben, wenn du dich selbst nicht liebst. Der wunderbare jüdische Schriftsteller Wiesel hat in seinem Buch *Souls on Fire*[1] etwas sehr Schönes geschrieben:

Wenn wir sterben und in den Himmel kommen und dort vor unserem Schöpfer stehen, wird unser Schöpfer uns nicht fragen: »Warum bist du kein Messias geworden? Warum hast du

---

[1] in wörtlicher Übersetzung: Brennende Seelen

nicht das Heilmittel gegen jene Krankheit erfunden?« Die einzige Frage, die wir in diesem entscheidenden Augenblick beantworten müssen, wird lauten: »Warum bist du nicht *du selbst* geworden?«

Darin liegt unsere wichtigste Aufgabe; denn wenn das nicht so wäre, warum sind wir dann als unwiederholbare, einzigartige Individuen geschaffen worden? Jeder einzelne ist anders als alle anderen. Jeder hat etwas zu geben, was niemand sonst in der ganzen Welt zu geben hat. Genügt das nicht, um dich für dich selbst zu begeistern? Und mußt du dir dann nicht auch sagen: »Mein Gott, ich muß herausbekommen, was das ist.«

Wenn ich meinen Studenten das sage, dann antworten sie: »Ich? Ich habe nichts Brauchbares zu geben.« Nun, wenn du das glaubst und darauf hörst, wenn andere dir das sagen, dann können sie dich vielleicht davon überzeugen, daß es so ist. Ich verstehe nicht, warum die Menschen uns immer wieder herabsetzen, anstatt uns zu ermutigen, uns zu entwickeln. Wenn du dich entwickelst, dann wirst du mir eine neue Welt eröffnen, die ich sonst nie kennen würde.

Wahrscheinlich bin ich schon im *Guinness Buch der Rekorde* als Rekordhalter für Umarmungen. Wissen Sie, daß es nicht einmal zwei Menschen gibt, die sich auf die gleiche Weise umarmen? Da gibt es die Sanften, die einem gewissermaßen in die Arme schweben, und dann wieder diejenigen, die einen ruckartig an sich pressen. Andere klopfen dir dabei auf den Rücken – bamm, bamm, bamm! Es gibt die Zärtlichen, die in deinen Armen dahinschmelzen und sich dann hin- und herbewegen. Erzählen Sie mir nicht, daß es je langweilig werden könnte, andere Menschen zu umarmen!

Aber zu den schwierigsten Dingen auf der Welt gehört es – obwohl es das einfachste sein sollte –, *du selbst zu sein,* festzustellen, wer du bist und was du mit anderen teilen kannst. Wenn dir das gelungen ist, dann setze alles daran, das zu entwickeln, damit du deinen inneren Reichtum an alle anderen weitergeben kannst. Nur zu diesem Zweck hast du ihn bekommen. Das Wunderbare an unserem Selbst ist, daß wir es nicht mit Händen greifen können. Was du den anderen Menschen gibst, ist nichts Konkretes. Das ist das Geheimnisvolle und Wunderbare daran. Es ist etwas Spirituelles, und dieses Spirituelle ist dein Wesenskern. Das bist du. Wenn du das entwickelst, teilst du jedem etwas davon mit, den du berührst, und machst *ihn* damit reicher. Aber du mußt darum kämpfen.

Leider kommt es nur allzuoft vor, daß wir den anderen unter dem Deckmantel der Liebe zutiefst verletzen, weil wir unsere Liebe an bestimmte Bedingungen knüpfen. »Ich werde dich lieben, wenn du ein gutes Zeugnis nach Hause bringst.« »Ich werde dich lieben, wenn du nett bist und meinen Maßstäben gerecht wirst.« Ich stelle mir gerne vor, es gibt auf dieser Welt wenigstens *einen* Menschen, der dir ganz einfach sagen wird: »Ich werde dich lieben.« So sollte es innerhalb der Familie sein. Robert Frost sagt: »Das Zuhause ist der Ort, an dem du zu jeder Zeit aufgenommen wirst.« Dort sagt man nicht: »Ich habe es ja schon immer gesagt. Du hättest das nicht tun sollen.« Es ist vielmehr so: Deine Eltern kommen dir entgegen, holen das Verbandszeug und sagen: »Setz dich. Ich werde dich jetzt verbinden. Und dann versuchst du es noch einmal.« Ein Mensch! Das ist doch nicht zuviel verlangt. Sei du ein solcher Mensch für einen anderen. Und wenn jemand dir diese Liebe anbietet, nimm sie an. Das Nehmen ist ja ebenso schwierig wie das Geben. Einigen von uns fällt das Nehmen sehr viel schwerer als das Geben.

Der härteste Kampf, den du je wirst ausfechten müssen, ist das Ringen darum, einfach *du selbst* zu sein. Du wirst dein ganzes Leben darum kämpfen müssen, da wir in einer Welt leben, in der sich die Menschen wohler fühlen, wenn du für ihre Bequemlichkeit da bist. Aber wenn du dein »Du« aufgibst, dann bleibt nichts übrig. Wenn wir dagegen alle unsere Möglichkeiten nutzen, dann können wir alles werden, was wir sind. Und nur dann kannst du sagen: »Ich bin. Ich bin auf dem Wege zu mir selbst. Ich bin ein Liebender, weil ich dir alles gebe, was ich bin, ohne mich hinter Nebelschwaden zu verstecken. Ich gebe mich, ohne etwas dafür zu verlangen.« Wie schön ist es, das sagen zu können. Versäume nicht die Gelegenheit. Verfehle *dich* nicht. Begegne dir selbst, nimm deine Hand und sage: »Hallo. Wo zum Teufel bist du denn die ganze Zeit gewesen? Jetzt, da wir uns gefunden haben, können wir unseren Weg gehen.« Und du wirst feststellen, daß du nicht begrenzt bist. Dein Potential ist grenzenlos. Es ist uns bis heute noch nicht gelungen, die Grenzen des menschlichen Potentials zu finden. Du kannst lernen, Menschen und Dinge zu berühren, wie du sie noch nie berührt hast. Du wirst sie sehen, wie du noch nie gesehen hast. Du wirst hören, wie du noch nie gehört hast, und fühlen, wie nie zuvor. Zeige dein »Du«, wie du es noch nie gezeigt hast. Und wenn du das getan hast, dann wirst du erkennen, daß das noch lange nicht alles ist. Du hast mehr und mehr und mehr, lauter Möglichkeiten, das Du zu entwickeln und zu verschenken. Wie phantastisch! Und wenn du dann an die Himmelstür kommst und gefragt wirst, »bist du wirklich du selbst gewesen? Hast du dich zu deinem wahren Ich entwickelt«? Dann sagst du »ja«!

Kürzlich war ich in einem Flugzeug unterwegs. Ich reise viel und liebe Flughäfen. Manche Menschen hassen sie. Ich hasse die Fahrt *zum* Flughafen, aber ich liebe Flughäfen, denn nirgends lerne ich so viel über das Verhalten meiner Mitmenschen. Beobachten Sie einmal die Leute! Langweilen Sie sich nicht. Schauen Sie nicht ständig nach den Tafeln mit den Abflugzeiten. Beobachten Sie, was an einem solchen Ort alles abläuft.

Im Flugzeug saß ich neben einem jungen Mann, der aussah, als hätte er alles. Er war auf dem Weg zu einer Universität in Colorado. Nach einiger Zeit fing er an zu sprechen. Jedes zweite Wort war »ich« und »mein«. »Dies gefällt mir nicht«, »unsere Schulen taugen nichts«, »die Professoren stinken« und »wir leben in einer schrecklichen Welt«, »Amerika –«. Schließlich – ich bin wirklich ein »nicht-richtungweisender« Berater – fiel ich ihm ins Wort und sagte: »Halten Sie den Mund! Wissen Sie, wie oft Sie während der letzten 500 Meilen ›mein‹ und ›ich‹ gesagt haben? Wie wäre es mit ›wir‹ und ›unser‹?« Nach einer langen Pause sagte er: »Wer sind Sie?«

Eine ganz andere Erfahrung habe ich im vergangenen Jahr auf dem Flughafen von O'Hare gemacht. Wir waren vollständig eingeschneit – ich meine wirklich *vollständig eingeschneit* – und saßen zwei ganze Tage und Nächte fest. Und nun will ich Ihnen etwas erzählen. Unsere Maschine hatte als letzte die Landeerlaubnis bekommen. Und dann erfuhren wir, daß es nicht nur keine Anschlußflüge mehr gab, sondern daß wir auch den Flughafen nicht verlassen konnten, weil draußen ein Blizzard tobte. Wir saßen im Flughafen fest. Aber man sagte uns, wir brauchten für das Essen nichts zu bezahlen. Und die Bars waren geöffnet. Es war wie im Paradies! Aber es gab trotzdem Leute, die herumliefen und die Stewardessen anschrien: »*Sorgen Sie dafür, daß ich weiterfliegen kann! Ich muß dringend nach Cincinnati!*« Ich sah mir ihre Gesichter an. Wie gern hätte ich sie nach Cincinnati befördert!

Ganz anders als diese Schreihälse, die unbedingt und sofort nach Cincinnati wollten, verhielt sich eine bewundernswerte Frau. Sie ging zu allen Müttern, die mit ihren Kindern reisten, und sagte: »Überlassen Sie mir Ihre Kinder. Ich wollte schon immer Kindergärtnerin werden, und jetzt werde ich hier einen Kindergarten einrichten. Ich werde den Kindern Geschichten erzählen, und während dieser Zeit können Sie sich etwas zu essen und zu trinken besorgen.«

Sie hätten diese Frau sehen sollen, die hier auf dem Flughafen eine ganze Kinderschar um sich versammelt hatte und Geschichten erzählte. Sie befand sich in der gleichen Situation wie wir alle; draußen tobte der gleiche Blizzard. Worin bestand nun der Unterschied zwischen dem Mann, der wütend herumschrie, und der Frau, die einen Kindergarten eingerichtet hatte? Sie hatte erkannt, daß es eine Alternative gab, und eine unglaubliche, bewundernswerte, magische und persönliche Entscheidung getroffen. »Ich sehe, in welcher Lage du bist, und ich will dir helfen, weil es mir Freude macht.« Und nicht nur das. Sie wissen, auch »Geben-Geben-Geben« kann Schaden anrichten. Einige von Ihnen wissen das. Manchmal besteht das größte Geschenk darin, daß man etwas zurückhält. Aber wie herrlich war das Schenken in diesem Fall, das Teilen mit anderen. Ich habe etwas zu verschenken! Ich entscheide mich dafür, ab jetzt alles zu geben, was ich habe, und ich mache dein Leben leichter für dich.

Ich habe das große Glück gehabt, den Dalai-Lama von Tibet zu sehen, als er in den Westen kam, und ich wünschte, Sie alle hätten diesen Mann erleben können. Glaube, Glaube, Glaube! Er trat vor all die Menschen, die sich in dem Heiligtum versammelt hatten, blickte sie an, und wir schmolzen geradezu in der Wärme, die er ausstrahlte. Und wenn es einen Menschen gibt, der das Recht hat, verbittert zu sein – wenn es ein solches Recht überhaupt gibt –, dann ist er es. Und wissen Sie, was er sagte? »Unsere größte Pflicht und unsere erste Pflicht ist es, anderen zu helfen.« Dann lächelte er ein wenig und sagte: »Und bitte, wenn Sie ihnen nicht helfen können, bitte tun Sie ihnen nicht weh.«

Wenn wir alle uns heute abend sagen wollten, gut – ich fühle mich eben nicht berufen, anderen Menschen zu helfen, das kann ich nicht, aber ich nehme mir fest vor, niemals mehr einem anderen weh zu tun, wenigstens nicht absichtlich. *Wie wunderbar wäre das!* Jedesmal, wenn du spürst, daß du einem anderen etwas Verletzendes sagen willst, halte dir die Hand vor den Mund! Sehr bald wird es dir zur Gewohnheit werden, eine unsichtbare Hand vorzuhalten. Und schließlich wirst du es nicht mehr tun müssen. Das geschieht, wenn man eine positive Haltung einübt, denn positive Gedanken erzeugen wiederum positive Gedanken. Wir hören es und lachen darüber – aber jeder liebt einen Liebenden. Wir halten solche Menschen für ein wenig verrückt, aber wir mögen sie gerne. Es ist so schön, sich gegenüber anderen Menschen zu öffnen, denn wenn du dich öffnest und wenn du aufnimmst, dann bekommst du einen unvergleichlichen Spiegel. Nur so können wir uns selbst wirklich sehen und als Folge der Selbsterkenntnis wachsen!

Wenn wir zuerst zu zweit, dann zu dritt und schließlich zu viert sind, um wie vieles mehr haben wir dann vom Leben! Wenn ich dich in mein Leben aufnehme, dann habe ich vier Arme und nicht mehr nur zwei. Ich habe zwei Köpfe und vier Beine. Ich habe zwei Möglichkeiten, mich zu freuen, und natürlich zwei Möglichkeiten, traurig zu sein und zu weinen. Aber ich kann dasein, wenn du weinst, und du kannst dasein, wenn ich weine. Niemand sollte in der Einsamkeit weinen.

Und niemand sollte allein sterben. Wissen Sie, daß es in Los Angeles einen Service gibt, der es einem ermöglicht, für 7 Dollar 50 in der Stunde einen Menschen kommen zu lassen, der bei einem bleibt, wenn man im Sterben liegt, damit man nicht allein sterben muß? Das ist abstoßend! Wenn du die Schwelle des Todes erreicht hast und es *keinen einzigen* Menschen gibt, der bereit ist, dir die

Hand zu halten, dann schau dir dein Leben noch einmal an. Niemand sollte allein sterben. Und wenn du das Verlangen nach engen Beziehungen zu anderen Menschen hast, dann mußt du deine Hand ausstrecken und etwas riskieren. Lerne wieder, anderen zu vertrauen!

Mir gefällt die Geschichte von dem Mann, der in seinem Wagen eine kurvenreiche, enge zweispurige Gebirgsstraße hinauffährt. Dabei kommt er an eine sehr, sehr enge Kurve. Während er sie umrundet, kommt ihm eine Frau entgegen. Sie steckt den Kopf aus dem Wagenfenster und ruft: *»Schwein!«* Und er schreit zurück: »Du verdammte *Sau!«* Und als er um die Kurve herumkommt, überfährt er ein Schwein!

Wir wollen den Menschen nicht mehr glauben, daß sie bereit sind, etwas Gutes zu tun. Versuchen Sie nur einmal, in die Stadtautobahn von Los Angeles einzufahren. Ich sitze in meinem Wagen und sehe mir diese Leute mit ihren finster entschlossenen Gesichtern an: *»Verrecke, Buscaglia!«* Und damit geben sie Gas und rasen vorbei. Das ist wirklich komisch; denn wenn ich das Tempo verlangsame, um einem anderen die Einfahrt zu ermöglichen, was ich sehr gern tue, weil ich es nie so eilig habe, dann sage ich, »komm nur herein«. Und wissen Sie was? Die Leute glauben mir nicht! Sie halten mich wahrscheinlich für verrückt und sagen, »meinen Sie mich«!? »Aber ja! Komm nur!« Das ist ein Supertag für sie – ein anderer hat ihnen die Einfahrt auf die Stadtautobahn freigemacht.

Aber wirklich menschlich werden wir erst dann, wenn wir unsere Hand ausstrecken, etwas riskieren, Vertrauen haben, um andere Menschen in unser Leben aufzunehmen. Ich habe diese Geschichte schon einmal erzählt und sie auch niedergeschrieben. Es ist eine so großartige Geschichte, daß es mir immer wieder Freude macht, sie zu erzählen. Wenn ich mit meinen Schülern und Studenten arbeite, dann gibt es vieles, was ich als freiwillige Pflichten bezeichne. Viele von Ihnen kennen das schon. Zu diesen freiwilligen Pflichten gehört es auch, daß jeder es übernimmt, irgend etwas für einen anderen zu tun. Manchmal höre ich dann: »Was meinen Sie damit, etwas für einen anderen tun? Was gibt es da zu tun?« Solche Fragen schnüren mir fast die Kehle zu. Aber ich beherrsche mich und sage: »Was es zu tun gibt…!?«

Eines Tages kam ein junger Mann mit Namen Joel zu mir. Inzwischen ist er zu einer Berühmtheit geworden, denn ich habe seine Geschichte schon so oft erzählt. Ihm gefällt das, und er hat mir ausdrücklich erlaubt, es zu tun. Auch er fragte mich, »was gibt es denn zu tun«? Und ich sagte: »Joel, kommen Sie einmal her.« Nicht weit von der Universität befand sich ein Pflegeheim. Ich brachte ihn hin. Jeder von Ihnen sollte sich das ansehen. Wenn Sie in Ihre eigene Zukunft blicken wollen, dann besuchen Sie ein Pflegeheim. Wir gingen hinein und sahen viele alte Leute, die in abgetragenen baumwollenen Morgenmänteln auf ihren Betten lagen und an die Decke starrten. Senilität hat mit dem Alter eigentlich nichts zu tun. Sie kommt daher, daß der alte Mensch nicht mehr geliebt wird und das Gefühl hat, nicht mehr gebraucht zu werden. Solange du gebraucht wirst, bist du niemals *alt*. Mach dich niemals von anderen Menschen abhängig. Bleibe selbständig und aktiv! Es gibt *immer* etwas zu tun. Man kann sich immer sinnvoll beschäftigen. Wenn du 170 Jahre alt geworden bist, kannst du sagen: »Buscaglia hat recht gehabt.«

Wir gingen also hinein, Joel sah sich um und sagte: »Was soll ich hier tun? Ich verstehe nichts von Gerontologie.« Ich sagte: »Gut! Sehen Sie diese Dame dort? Gehen Sie zu ihr und sagen Sie hallo.«

»Ist das alles?«

»Ja, das ist alles.«

Sie muß uns von Gott geschickt worden sein. Er ging zu ihr und sagte »hallo«. Sie sah ihn eine Minute recht mißtrauisch an und fragte: »Bist du mit mir verwandt?« Er sagte: »Nein, das bin ich nicht.«

»Gut! Ich hasse meine Verwandten! Setz dich, mein Sohn.«

Er setzte sich, und sie fingen an, miteinander zu sprechen. Meine Güte, was hat sie ihm nicht alles erzählt! Wie ich schon sagte, wenn wir aus der Geschichte nicht lernen wollen, dann müssen wir alles noch einmal wiederholen. Diese Frau hatte so wunderbare Erfahrungen mit dem Leben, mit der Liebe, mit dem Schmerz und mit dem Leiden gemacht. Sie kannte auch die Nähe des Todes, mit dem sie irgendwie Frieden schließen mußte. Aber niemand dachte daran, ihr zuzuhören!

Von diesem Tage an besuchte er die alte Dame jede Woche einmal. Es wurde »Joels Tag«. Er kam, setzte sich zu ihr, und all die anderen alten Leute versammelten sich um sie.

Wissen Sie, was diese wunderbare Frau getan hat? Sie bat ihre Tochter, ihr einen besonders schönen Morgenmantel zu bringen. Und als Joel sie das nächste Mal besuchte, saß sie mit einem prächtigen, schön ausgeschnittenen Morgenmantel aus Satin in ihrem Bett. Sie hatte sich sogar frisieren lassen, was schon seit undenklichen Zeiten nicht mehr vorgekommen war. Warum soll man zum Friseur gehen, wenn niemand einen anschaut? Die Leute in diesem Heim sehen die Heimbewohner nicht an. Sie *machen* etwas mit ihnen. Ich möchte nicht, daß man etwas mit mir macht. Ich will keine Gefälligkeiten. Sie sollten mich lieber ansehen und sagen, »wie geht es Ihnen, Buscaglia«? Und das sollte eine aufrichtige Frage sein. Aber man soll nichts für mich *machen*.

Wunderbare Dinge ereigneten sich an den Tagen, an denen Joel das Heim besuchte. Und den wahrscheinlich größten Triumph in meiner Karriere als Erzieher erlebte ich, als ich eines Tages Joel zufällig auf dem Universitätsgelände begegnete. Wie dem Rattenfänger von Hameln folgten ihm etwa 30 alte Leute, die sich ein Fußballspiel ansehen wollten!

Was gibt es zu tun? Halte die Augen auf. Schau dich um. Irgendwo in deiner Nähe gibt es einen einsamen Menschen, der berührt werden will. Irgendwo wartet eine überarbeitete Verkäuferin darauf, daß du ihr sagst, wie großartig sie ist. Was gibt es zu tun? Nichts Weltbewegendes. Es sind die *ganz kleinen* Dinge, die einen Unterschied machen, die wichtig sind. Viele kleine Dinge, eines nach dem anderen.

Ich möchte Ihnen einen Abschnitt aus dem Buch *Death: The Final Stage of Growth*[1] von Elisabeth Kübler-Ross vorlesen. Sie schreibt:

Wichtig ist es, zu erkennen, daß es, ob wir nun ganz begriffen haben, wer wir sind oder was nach unserem Tode geschehen wird, unsere Aufgabe ist, als menschliche Wesen zu wachsen, in uns selbst hineinzuschauen, die Quelle des Friedens, des

[1] in wörtlicher Übersetzung: Tod: die letzte Stufe des Wachsens

Verständnisses und der Kraft zu finden, die unser individuelles Selbst ist, und darauf aufzubauen. Und *dann* (die Betonung ist von mir) ist es unsere Aufgabe, auf andere Menschen mit Liebe zuzugehen, sie anzunehmen und geduldig zu führen, in der Hoffnung auf das, was wir gemeinsam werden können.

Allein kann ich nichts erreichen. Es gehören zwei dazu, damit einer gesehen wird. Vier sehen den einen noch deutlicher. Und Sie alle, die Sie heute vor mir sitzen, haben gemeinsam ein noch *klareres* Bild. Wenn wir alle unsere Liebesenergie zusammenwirken ließen, könnten wir damit erreichen, daß sich ganz Sacramento vom Erdboden erhebt und levitiert. Es wäre die erste Stadt der Welt, die allein durch menschliche Seelenkraft zum Satelliten würde!

Da haben Sie wieder diesen verrückten Buscaglia, der so irrsinnige Dinge sagt. Aber ich glaube daran! Es gibt aber auch noch etwas anderes, was wir als Liebende tun müssen. Wir sollten uns von Worten freimachen. Die Tyrannei der Worte! Worte sind Fallen. Du hast sprechen gelernt und bist in diese Fallen geraten, bevor du alt genug warst, dein ganz eigenes Wörterbuch zu schreiben. So haben die anderen dir gesagt, wen du hassen und wen du lieben sollst, was wichtig ist, weshalb es wichtig ist und all die anderen Worte. Und du hast es geglaubt. Und es belastet dich noch heute.

Jedes Wort weckt bestimmte Vorstellungen in uns. Sie glauben, das sei nur ein intellektueller Vorgang? Was für ein Unsinn! Jedesmal, wenn Sie ein Wort *hören*, hören Sie einen Begriff, der im Lexikon definiert wird, aber Sie *fühlen* auch etwas ganz Bestimmtes. Denken Sie einmal darüber nach. *Kommunist, Katholik, Jude.* Sehen Sie? *Schwarzer. Hispano-Amerikaner.* Die gleichen Gefühle, die man Ihnen anerzogen hat, werden plötzlich wieder lebendig. *Vor vielen Jahren* sind diese Gefühle entstanden, und Sie haben sich nie die Mühe gemacht, den Sinn dieser Begriffe von neuem zu definieren. Und nur allzuoft empfinden Sie Haß, Vorurteil und Ablehnung – weil Sie sie nie neu definiert haben!

Ich habe das schon in frühester Jugend erfahren, weil meine Eltern italienische Einwanderer waren. Als sie in dieses Land kamen, besaßen sie *nichts*! Absolut nichts. Sie ließen sich in Los Angeles nieder und zogen ihre Kinder auf. Und lange Zeit wußten wir nicht einmal, wie wir am nächsten Tag unsere Mahlzeit bezahlen sollten. Beide Eltern arbeiteten Tag und Nacht. Es war bewundernswert. Sie lehrten uns, was es heißt, zu arbeiten und Verantwortung zu tragen. Wir saßen nicht untätig herum. Wir alle hatten etwas zu *tun,* und in der Familie entwickelte sich ein starkes Zusammengehörigkeitsgefühl.

Aber wir beherrschten die englische Sprache nicht. Die Nachbarn bezeichneten uns als »Dagos« und fürchteten, die Grundstückspreise in der Gegend, in der wir lebten, würden fallen. Als ich in die Schule kam, konnte ich kaum englisch sprechen, dafür aber fließend italienisch. Ich kannte den Inhalt und die Texte von sieben Opern. Aber ich ging zur Schule, und die anderen Kinder nannten mich »Dago« und »Wop«. Ich fragte meinen Vater: »Papa, was ist ein Wop? Was ist ein Dago?« »Mach dir nichts draus, Felice, das hat nichts zu sagen. Worte können dich nicht verletzen.« Aber diese Worte verletzten mich *doch.* Sie taten mir weh, weil sie mich spüren ließen, daß die Menschen mich ablehnten. Und wissen Sie, was noch geschah? Diese Berufserzieher prüften mich und kamen zu dem Schluß, weil ich nicht englisch sprechen konnte, sei ich geistig behindert. Ein schönes Etikett! So steckten sie mich in eine Klasse für geistig behinderte Kinder – und dort gab es den besten Unterricht, den ich je genossen habe! Ich erinnere mich kaum noch an die Lehrkräfte, wohl aber an *eine* Lehrerin. Es war eine gewaltige Frau, ein richtiger Brunhilde-Typ. Und sie war ein liebevoller Mensch! Es machte ihr nichts aus, daß ich ein Dago war. Sie beugte sich über mich, wenn ich auf der Schulbank saß, und ich hatte das Gefühl, in sie einzutauchen. Eine unbeschreibliche Wärme! Sie umarmte mich, fühlte mich, sah mich an – und mit welcher Begeisterung habe ich für sie gearbeitet! Ich schrieb alle möglichen Dinge, und schließlich wurde festgestellt, daß die Schulbehörde einen großen Fehler begangen hatte. Die Langeweile begann von neuem – und sie nannten das den »regulären« Unterricht.

Das Traurige war jedoch, daß unsere Nachbarn uns niemals besuchten. Meine Eltern kamen aus einem hübschen kleinen Dorf in den italienischen Voralpen nahe der Schweizer Grenze. Die Bewohner kannten einander und waren miteinander befreundet. Jeder liebte jeden. Wenn Felice krank war, wurde Hühnersuppe gekocht, man ging zur Kirche, zündete Kerzen an und betete. Und wenn Felice gesund geworden war, feierten alle ein großes Fest. Das existentielle Problem, »existiere ich«, gab es nicht. Aber hier wissen wir nicht einmal, wer unsere Nachbarn sind, und es ist uns auch vollkommen gleichgültig. Wir fahren 30 Meilen weit durch die ganze Stadt, um unsere Freunde zu besuchen, aber wenn wir unsere Nachbarn sehen, die Tür an Tür mit uns wohnen, sagen wir nicht einmal »hallo«. Das ist schlimm.

Aber wissen Sie, diesen Leuten ist dadurch, daß sie meiner Familie und mir ein bestimmtes Etikett anhängten, viel entgangen. Mama war eine wunderbare Zauberin. Für jede Krankheit hatte sie ein bestimmtes Heilverfahren, und ihr Allheilmittel war Knoblauch! Wenn wir frühmorgens in die Schule gingen, mußten wir uns in einer Reihe aufstellen, und sie hängte jedem von uns ein Beutelchen mit Knoblauch um den Hals. Ich protestierte und sagte: »Mama, tu das nicht, es *stinkt!*« Aber sie sagte nur: *»Halt den Mund!«* Sie war die erste »nicht-richtungsweisende« Beraterin. Ich ging also mit dem Knoblauch in die Schule und bin nicht einen einzigen Tag krank gewesen. Ich bekam sogar Auszeichnungen dafür, daß ich den Unterricht nie versäumte. Dazu habe ich allerdings meine eigene Theorie: Niemand ist so nahe an mich herangekommen, daß ich mich hätte anstecken können. Aber heute bin ich ein feiner Mann geworden. Kein Knoblauch mehr, dafür aber Schnupfen, Husten, Malaria und *alles,* was man sich denken kann! Ein besonders wirksames Mittel gegen Erkältungskrankheiten war die *Polenta.* Mama kochte sie, schmierte den heißen Brei auf ein Seihtuch, goß ein wenig Olivenöl darüber und machte uns einen Brustwickel damit. All das war Ausdruck ihrer großen Liebe zu uns. Sie sang den ganzen Tag. Sie liebte alle Opern. Und sie sang – einmal war es *Carmen,* am nächsten Tag *Traviata.* All diese magische Musik, diese Freude, dieses Gelächter, dieses Essen! Bei Tisch waren wir so viele, daß die Stühle nicht ausreichten und wir improvisierte Sitze aus Holzböcken und Brettern dazustellen mußten, damit alle Platz hatten.

Papa hatte eine wunderbare Methode, etwas für unsere Bildung zu tun. Niemand durfte vom Tisch aufstehen, ohne vorher berichtet zu haben, was er an diesem Tage *neu* gelernt hatte. Wir fanden das *schrecklich*. Wenn nun meine Schwester und ich uns vor dem Essen die Hände wuschen, fragte ich sie: »Was hast du gelernt?« Und sie sagte, »nichts«! »Dann müssen wir es jetzt noch tun!«

Bei Tisch genossen wir das herrliche Essen – schon bei den Gerüchen flippten die Nachbarn aus! Papa lehnte sich zufrieden zurück und goß sich ein Glas Wein ein. Dann zwirbelte er seinen kleinen Schnurrbart in die Höhe und sagte: »Felice, was hast du heute gelernt?« Wir hatten im Konversationslexikon geblättert und festgestellt, »Nepal hat eine Einwohnerzahl von 3 Millionen«. Papa blickte mich erstaunt an und sagte, »tatsächlich?« Und ich dachte in meiner kindlichen Naivität, »was ist das für ein verrückter Mann«! Meine Freunde fragte ich, »müßt ihr euren Vätern auch immer etwas Neues erzählen«? Und sie sagten: »Ich bekomme meinen Vater nicht einmal zu sehen!«

Nach der Befragung wendete sich Papa an meine Mutter: »Rosa, hast du das schon gewußt?« Und sie sagte: »Zum Teufel, ich weiß nicht einmal, wo Nepal liegt!«

Darauf holten wir das Konversationslexikon und stellten die geographische Lage von Nepal fest. Es war wirklich sehr lustig, und alle beteiligten sich an diesem Spiel. Noch heute hört Felice, wenn er sich nach einem arbeitsreichen Tag ins Bett legt und an diese Zeit zurückdenkt, wie Papa sagt: »Felice, was hast du heute gelernt?« Und wenn Felice feststellt, daß er nichts Neues in Erfahrung gebracht hat, dann hört er Papas Stimme, »Konversationslexikon«. Ich hole es aus dem Bücherschrank, und erst wenn ich etwas Neues gelernt habe, kann ich einschlafen.

Das Leben ist kein einfacher »Trip«; es ist auch kein Ziel, sondern ein dynamischer Vorgang. Wir kommen nur schrittweise voran. Und jeder dieser Schritte eröffnet uns neue Wunder und setzt uns von neuem in Erstaunen. Das Leben ist ein Abenteuer. Wenn wir es so auffassen, werden wir nicht zu den Leuten gehören, die an der Schwelle des Todes feststellen müssen, daß sie nie gelebt haben. Weil wir nichts versäumt haben. Schaut nicht an den anderen Menschen vorbei. Schaut ihnen in die Augen. Redet nicht *auf* eure Kinder *ein*. Nehmt ihre Gesichter in die Hände und sprecht *zu* ihnen. Schenkt eure Liebe nicht dem Körper eines anderen Menschen, sondern liebt ihn als Person. Und tut es jetzt. Der Augenblick geht rasch vorüber. Die meisten von uns trauern ihr ganzes Leben den versäumten Gelegenheiten nach. Zu spät! Aber Millionen von Gelegenheiten liegen noch vor euch.

Einer meiner Kollegen hatte einen schweren Herzanfall. Er war etwa 52 Jahre alt. Seine Frau rief die Tochter an, die in Arizona lebte, und bat sie, sofort nach Hause zu kommen. Sie war 22. Auf dem Flughafen von Los Angeles mietete sie einen Wagen und fuhr auf die Stadtautobahn. Dort wurde sie in einen schweren Verkehrsunfall verwickelt und starb in den Trümmern ihres Wagens. Tot – mit 22 Jahren! Ihr Vater hat sich von seinem Herzanfall erholt und lebt noch heute. Niemand weiß, was ihm die Zukunft bringen wird. Sie ist ein großes Geheimnis. Wir wissen nur, was jetzt in diesem Augenblick hier ist. Versäume nicht den Augenblick. Ihn ganz zu nutzen ist Liebe.

Ich möchte Ihnen am Schluß etwas aus einem Manuskript vorlesen, an dem ich noch arbeite. Es trägt die Überschrift »Ein Anfang«.

Jeden Tag gebe ich mir das Versprechen, nicht alle meine Probleme auf einmal lösen zu wollen. Und auch von dir werde ich das nicht erwarten.

Laß dir Zeit, denn du kannst morgen noch nicht der vollkommene Liebende sein. Aber vielleicht nächste Woche...

. Ich werde jeden Tag versuchen, etwas Neues über mich, über dich und über die Welt, in der ich lebe, zu erfahren, um alle Dinge so zu erleben, als seien sie eben erst neu geschaffen worden.

Du bleibst nie der gleiche Mensch. Nach dem heutigen Abend bist du ein anderer. Und wenn du heute abend durch die am Boden liegenden raschelnden Herbstblätter nach Hause gehst, bist du ein anderer. Und morgen früh nach dem Frühstück wirst du wieder ein anderer sein – auch wenn du vielleicht nur ein wenig an Gewicht zugenommen hast.

Jeden Tag werde ich von neuem daran denken, meine Freude und meine Verzweiflung mit dir zu teilen, damit wir einander besser kennenlernen. Jeden Tag werde ich von neuem daran denken, dir aufmerksam zuzuhören und deinen Standpunkt zu verstehen. Dabei werde ich versuchen, dir meine Auffassung möglichst unaufdringlich zu vermitteln, und nicht vergessen, daß wir beide wachsen und uns in vielfältiger Weise verändern. Jeden Tag werde ich mir bewußtmachen, daß ich ein Mensch bin, und ich werde nicht von dir verlangen, daß du vollkommen bist, bevor ich nicht selbst vollkommen bin.

(Du siehst also, du hast nichts zu befürchten.)

An jedem neuen Tag will ich mich darum bemühen, die schönen Dinge auf dieser Welt noch deutlicher wahrzunehmen.

Ich weiß, es gibt viel Häßliches. Aber es gibt auch Schönes. Laß dir das von niemandem ausreden. Ich will die Blumen betrachten, die Vögel, die Kinder. Ich werde die erfrischend kühle Brise fühlen und das gute Essen genießen. Ich werde diese Dinge mit dir teilen. Eines der größten Komplimente, das du einem anderen Menschen machen kannst, ist es zu sagen: »Schau dir diesen Sonnenuntergang an.«

An jedem neuen Tag werde ich dich sanft mit meinen Händen berühren, denn ich will es nicht versäumen, dich zu spüren. Jeden neuen Tag werde ich ein Liebender sein und darauf warten, was geschieht.

Ich bin wirklich davon überzeugt, daß nur ein einziges Wort umfassend genug ist, um den Begriff Liebe zu definieren, und dieses Wort heißt »Leben«. Liebe ist Leben in all seinen Aspekten. Und wenn du es versäumst zu lieben, dann versäumst du zu leben. Tue das bitte nicht!

Gemeinsam mit Leo Buscaglia

Heute möchte ich mit Ihnen über ein Konzept sprechen, das mir sehr am Herzen liegt, und das ist das Konzept des Zusammenseins. Es bereitet mir großen Kummer, zu sehen, wie einsam jeder einzelne von uns eigentlich ist. Albert Schweitzer hat vor vielen Jahren einmal gesagt, wir leben zwar vielfach in großen Massen zusammen, und doch sterben wir alle vor Einsamkeit. Es hat den Anschein, als wüßten wir nicht mehr, wie wir auf unsere Mitmenschen zugehen, uns gegenseitig halten, uns rufen und wie wir Brücken bauen sollen. Deshalb ist mein heutiges Thema die Gemeinsamkeit zwischen dir und mir und einige verrückte Ideen über die Möglichkeit, Brücken zu bauen, damit wir einander näherkommen können. Ich glaube, dieses Getrenntsein, diese Einsamkeit und diese Verzweiflung hat sich mir sehr deutlich gezeigt, als ich vor einiger Zeit durch unser Land reiste. In Flugzeugen kann man vieles erleben. Ich liebe Flugzeuge. Man trifft alte Freunde, die man noch nie gesehen hat, und schließt neue Freundschaften, weil die Menschen wissen, daß sie einen wahrscheinlich nie wiedersehen werden. Dabei kommt es manchmal zu echten Bekenntnissen. Die Menschen erzählen einem etwas über ihre Ehefrauen oder über ihre Ehemänner. Wie Sie wissen, ist der Mensch für mich das wichtigste Thema, und ich höre gern etwas über Ehefrauen, Ehemänner, Kinder, ihre Triumphe und ihre Tränen – über alle die wunderbaren Dinge, die uns zu menschlichen Wesen machen.

In einer Boeing 747 hatte ich das Glück, meinen Platz in einer Sitzreihe mit nur zwei Sitzplätzen neben einem anderen Mann zu finden. Wenigstens *ich* hielt das für einen glücklichen Zufall. Er saß am Fenster, und bevor ich meinen Platz einnahm, sagte ich »hallo«, was ich immer tue, weil ich glaube, daß sich dann leichter ein Gespräch anknüpfen läßt. Wenn man die nächsten fünf Stunden zusammensein wird, darf man ruhig »hallo« sagen, auch wenn es Menschen gibt, die diesen Gruß nicht erwidern. Ich sagte »hallo«, und er sagte: »Verdammt, ich glaubte, der Sitz neben mir würde leer bleiben und ich könnte mich ausstrecken.« Ich sagte: »Ich verspreche Ihnen, sobald wir in der Luft sind, werde ich nachsehen, ob es noch einen anderen leeren Platz gibt, und Ihnen diesen hier überlassen.«

Ich setzte mich und schnallte mich an. Im gleichen Augenblick kam eine Frau mit einem Baby an uns vorüber. Unwillkürlich mußte ich denken, wie gut es ist, daß Mütter mit kleinen Kindern heutzutage im Flugzeug reisen können. Ich dachte an Mama, die mit dem kleinen Vincenzo auf dem Arm sieben Tage durch ganz Amerika fahren mußte. Und diese Frau brauchte für die Reise nach New York nur noch fünf oder sechs Stunden. Ich dachte gerade an diese erfreuliche Tatsache, als er sagte: »O verdammt! Sehen Sie, da ist eine Frau mit einem Baby. Das Baby wird schreien, bis wir in New York angekommen sind.« Das war Nummer 2, und wir waren noch nicht einmal gestartet! Nummer 3 kam, als die Stewardess erklärte, daß es im Flugzeug eine Abteilung für Nichtraucher gäbe. Er sagte: »Raucher sollten erschossen werden!« Ich sagte: »Wollen Sie sie alle erschießen? Ich kenne ein paar recht nette Raucher. Ich selbst bin zwar Nichtraucher, aber ich würde sie nicht alle erschießen wollen.« Dann wurde uns die Speisekarte gebracht. Ist es nicht fabelhaft, daß man auf einem Flug über die Vereinigten Staaten nicht nur eine komplette Mahlzeit bekommt, sondern auch noch die Auswahl zwischen drei verschiedenen Menüs hat? Ich finde das großartig. Er sah sich die Speisekarte an und sagte: »O Gott, in diesen verdammten Flugzeugen wird einem auch nie etwas Gutes zu essen angeboten.« Stellen Sie sich vor, wir waren immer noch nicht gestartet. Und dann stand die Stewardess auf und erklärte den Fluggästen die Ausgänge im vorderen und hinteren Teil der Maschine. Das gehört zu ihren Pflichten. Er sagte: »Sehen Sie sich diese dämlichen Weiber an. Sie haben nichts zu tun. Sie sind nur darauf aus, reiche Männer kennenzulernen. Sie arbeiten nicht, sondern sind nur so etwas wie fein herausgeputzte Kellnerinnen.« Und so ging es die ganze Zeit weiter. Ich konnte nur staunen – und das alles, noch bevor das Flugzeug vom Boden abgehoben hatte.

Als wir uns endlich in der Luft befanden (ich mußte an meinem Platz bleiben, nahm mir aber fest vor, meinen Nachbarn bis zum Eintreffen in New York zu einem liebenden Menschen zu machen), wendete er sich an mich und sagte: »Was sind Sie von Beruf?« Ich antwortete: »Ich bin Universitätsprofessor.« Er sagte: »Was unterrichten Sie?« Und ich sagte: »Ich veranstalte Seminare über psychologische Beratung, über die Liebe zwischen den Menschen und über zwischenmenschliche Beziehungen.« Er sagte: »Gott sei Dank, daß es noch Leute gibt, welche die gleiche Einstellung zu ihren Mitmenschen haben wie ich.« Sie sehen, jeder glaubt, ein Liebender zu sein! Bevor wir nach New York kamen, erfuhr ich, daß seine Frau ihn verlassen hatte, und seine Kinder bezeichnete er als »undankbare Faulpelze«. Ist das nicht erstaunlich?

Öffne dich deinen Mitmenschen. Lerne es, ihnen die Hand zu reichen. Achte darauf, wie oft du sagst, »ich liebe«. Ich meine damit, du solltest feststellen, wie oft du sagst und denkst, »ich liebe«, anstatt »ich hasse, ich hasse, ich hasse«. Das wird sehr aufschlußreich sein. Die Ichbezogenheit so vieler Menschen macht mich ganz krank. Immer wieder muß ich hören, wie die Leute immer nur »ich« und »mein« sagen. Wie schön wäre es, wenn sie häufiger die Worte »wir« und »unser« gebrauchen würden. Ist das nicht schön: »wir« und »uns«? »Ich« ist wichtig, aber welche Kraft kommt von »uns« und »wir«! Du und ich sind zusammen so viel stärker als du oder ich allein, und wenn wir uns zusammentun, dann habe ich das Gefühl, daß ich nicht nur etwas gebe, sondern auch etwas bekomme. Von nun an habe ich vier Arme; deine beiden und meine beiden. Ich habe zwei Köpfe – gemeinsam entwickeln wir neue schöpferische Ideen, und wir können in zwei Welten leben, in deiner Welt und in meiner Welt. Deshalb fordere ich dich auf, dich mit mir zusammenzutun.

Ich habe einige sehr interessante Tatsachen erfahren, die nach meiner Ansicht daraus resultieren, daß die Menschen sich in ihrem Leben zu sehr auf »ich« und »mich« beziehen. Dem Buch *On An Average Day In America*[1] entnehme ich die folgenden Angaben: Täglich werden in Amerika 9077 Menschen geboren, und das ist

---

[1] in wörtlicher Übersetzung: An einem gewöhnlichen Tag in Amerika

wunderbar; 1282 dieser Babys haben ledige Mütter und sind unerwünscht. Jeden Tag laufen 2740 Kinder in Amerika von zu Hause fort. Etwa 1986 Ehen werden täglich geschieden. Schätzungsweise 69 liebenswerte Menschen nehmen sich an jedem Tag in Amerika das Leben. Alle 8 Minuten wird eine Frau vergewaltigt, alle 27 Minuten wird ein Mensch ermordet, und alle 76 Sekunden geschieht ein Raubüberfall. Alle 10 Sekunden kommt es zu einem Einbruch, alle 33 Sekunden wird ein Auto gestohlen, und im Durchschnitt dauert die Beziehung zwischen einem Mann und einer Frau in Amerika drei Monate. Ist das nicht erschütternd? Und das ist die Welt, wie wir sie uns geschaffen haben! Das ist die Welt, in der du und ich leben. Nun, ich möchte nicht Teil dieser Welt sein. Ich möchte eine andere Welt schaffen – und das können wir gemeinsam tun. Und das Wunderbare ist, daß es uns gelingen kann.

In Wirklichkeit habe ich nichts zu verkaufen; ich habe aber vieles, was ich mit anderen teilen kann. Und ich bin davon überzeugt, wenn wir uns zusammensetzen würden, dann könnten Sie mir manche Anregung dafür geben, wie sich diese Tendenzen umkehren ließen, indem wir erkennen, daß wir nicht allein überleben können und daß Absonderung und Ichbezogenheit zu Tod und Vernichtung führen.

Wir erfahren auch viel über das Lernen. Ich bin Lehrer und bin es mein ganzes Leben gewesen. Ich liebe meinen Beruf, habe aber vor einiger Zeit erkannt, daß ich niemanden jemals etwas lehren kann. Es ist ein »Egotrip«, wenn wir glauben, wir könnten andere etwas lehren. Bestenfalls kann ich ein engagierter, begabter, magischer Vermittler von Wissen sein. Ich kann dir dieses Wissen anbieten, aber wenn du mein Angebot nicht annehmen willst, dann kann ich nichts daran ändern. Ich stelle aber auch fest, wenn ich mein Angebot attraktiv und interessant erscheinen lasse, werden sich einige meiner Zuhörer vielleicht fragen: »Was hat uns dieser komische Vogel zu bieten? Wenn er das Leben so wichtig nimmt und so verrückt darauf ist, vielleicht lohnt es sich tatsächlich zu leben.« Wenn ich im bunten Herbstlaub tanze, und ich tue es oft, dann bringen auch andere den Mut auf, in ihrem Herbstlaub zu tanzen. Wenn ich irgend jemanden veranlassen kann, im Herbstlaub zu tanzen, dann riskiere ich, als Verrückter abgestempelt zu werden. Ich lasse mich gern für verrückt halten; denn wie ich Ihnen schon gesagt habe, habe ich dann eine viel größere Narrenfreiheit. Man kann alles mögliche tun, und die anderen sagen nur: »Oh, das ist der verrückte Buscaglia, der im Herbstlaub tanzt.« Und ich habe einen Riesenspaß, während sich alle die »normalen« Menschen dabei zu Tode langweilen.

Sie sehen also, was wir wirklich brauchen, sind gute *Vorbilder*. Wir brauchen Vorbilder für die Liebe, Menschen, die uns zeigen, wie sie sich verwirklichen läßt. Wer von Ihnen mein Buch *Liebe* gelesen hat, weiß, daß ich es meinen Eltern gewidmet habe, Tulio und Rosa Buscaglia; denn sie haben mich gelehrt zu lieben, sie haben mir *gezeigt,* wie man liebt. Und sie hatten keine Ahnung von den Theorien der Verhaltensforscher. Aber Leute wie Bandura in Stanford zeigen uns, daß es die beste Lehrmethode ist, mit gutem Beispiel voranzugehen. Ohne daß du viel darüber sprichst oder versuchst; anderen etwas beizubringen, mußt du das *sein,* was deine Kinder werden sollen, um dann zu erleben, wie sie wachsen.

Viele von Ihnen wissen, daß ich in einer wunderbaren, großen, phantastischen italienischen Familie aufgewachsen bin, in der wir uns alle aufrichtig liebten. Die herrlichen Gerichte, die meine Mutter kochte, die bagna calda, die pasta fasule und die Polenta und vieles andere haben mich zu einem kräftigen, glücklichen und gesunden Menschen werden lassen. Ich habe aber von diesen Vorbildern auch noch vieles andere gelernt, meist ohne daß ich mir dessen bewußt geworden bin. Eines dieser Dinge ist, daß wir uns gegenseitig berühren und lieben müssen. Und deshalb habe ich während meines ganzen Lebens andere Menschen berührt und geliebt und war immer glücklich dabei. Ich habe es genossen und nicht gewußt, daß man sich »draußen in der Welt« weder berührt noch liebt – oder doch nur unter bestimmten Voraussetzungen. Der erste Brief, den ich in Amerika aus der Schule mit nach Hause brachte, war an Mama gerichtet. Sie können sich sicher vorstellen, wie zartfühlend die Lehrerin war, die einer armen, aus Italien eingewanderten Frau, welche kaum das Englische beherrschte, das Folgende schrieb: »Liebe Mrs. Buscaglia. Ihr Sohn Felice ist zu *taktil.*« Können Sie das glauben? Als ich meiner Mutter den Brief zeigte, fragte sie: »He, was bedeutet dieses Wort ›taktil‹? Felice, wenn du etwas angestellt hast, bekommst du eine Ohrfeige von mir.« Ich sagte: »Ich weiß nicht, was ›taktil‹ ist, Mama, ehrlich, ich weiß es nicht. Ich weiß auch nicht, was ich angestellt haben soll.« Also nahmen wir uns das Lexikon vor, das wir sehr oft befragen mußten, und sahen nach, was das Wort »taktil« bedeutet. Es hat etwas mit berühren oder anfassen zu tun. Und die Reaktion von Mama: »Was ist daran auszusetzen? Das ist etwas Schönes. Deine Lehrerin ist verrückt.« Ich habe niemals Schwierigkeiten gehabt, zu begreifen, daß ich existiere. Wenn ich dich berühren kann und du mich, dann existiere ich. Allzu viele Menschen sterben vor Einsamkeit, weil niemand sie berührt.

In dieser Familie habe ich auch gelernt, mit anderen zu teilen. Wir wohnten in einem winzigen Haus, waren aber eine große Familie, und unter solchen Umständen lernt man wirklich zu teilen! Heute haben wir riesige Häuser, in denen man sich verirren kann. Damals hatten wir für viele Menschen nur eine einzige Toilette. Ich erinnere mich noch sehr genau daran! Die Toilette war der Mittelpunkt des Hauses. Sie wurde ständig benutzt, und kaum war man drin, hatte sich hingesetzt und wollte sich 30 Sekunden entspannen, hieß es schon: »Komm heraus, jetzt bin ich an der Reihe!« So lernt man zu teilen, man lernt, herauszukommen und sich zu beeilen. Man lernt, das Schlafzimmer mit anderen zu teilen und das gleiche Waschbecken zu benutzen wie sie. Das ist ein wunderbarer Lernprozeß. Ich bin überzeugt, daß die Familie, die sich ein Klosett teilen muß, zusammenbleibt. Aber heute haben wir eine Toilette für Mary, eine für Sally, eine für Papa und ein Ankleidezimmer für Mama. Das ist schade – wir brauchen gar nicht so viel Raum. Es ist wirklich komisch, aber wir bauen riesige Häuser, arbeiten uns dafür zu Tode und behaupten, wir täten es für unsere Kinder. Aber dann beziehen wir mit ihnen diese prächtigen Häuser mit den teuren Möbeln und erlauben ihnen nicht, darin zu leben. »Faß das nicht an!« »Laß das stehen!« »Du wirst das noch zerbrechen.« Um Himmels willen, für wen ist denn das Haus, für die Nachbarn? Bei uns war das nicht so! Das Haus war dazu da, daß wir darin lebten.

So lernte ich, alles mit anderen zu teilen; und von Mama, die eine sehr resolute Frau war, lernte ich, Verantwortung zu tragen.

Wenn sie etwas sagte, dann gab es keinen Widerspruch dagegen. Das hat mich später sehr amüsiert, als ich auf die Universität kam und die Theorien über Menschenführung studierte, welche die Toleranz zum obersten Grundsatz erheben. Mama war die großartigste »nicht-richtungweisende« geduldige Familienberaterin. Sie sagte ganz einfach: »Halt den Mund!« Und wir wußten genau, was das bedeutete. In unserer Familie herrschten klare Verhältnisse; kein Wunder, daß nie einer von uns psychische Probleme hatte.

Als junger Mensch wollte ich unbedingt nach Paris gehen. Meine Mutter sagte: »Felice, zum Reisen bist du noch zu jung.«

»Aber Mama, ich möchte gehen.«

Damals beschäftigten sich Jean Paul Sartre und Simone de Beauvoir mit den wunderbaren Ideen des Existentialismus, und Felice wollte nach Paris gehen, weil er gehört hatte, daß alle diese Menschen in großem Elend lebten. Er hatte sich vorgenommen, dieses entbehrungsreiche Leben mit ihnen zu teilen. Ich wollte alles am eigenen Leibe erfahren. Und Mama sagte: »Okay, du fährst. Aber wenn du fährst, dann erklärst du damit, daß du erwachsen geworden bist. Und dann hast du nicht mehr das Recht, mich um etwas zu bitten. Du bist ein Erwachsener, du bist frei; fahre.« Das war phantastisch! Ich hatte nur sehr wenig Geld, ging nach Paris und erlebte die Verwirklichung eines Traums. Ich bezog ein winziges Zimmer. Von meinem Dachbodenfenster aus überblickte ich die Dächer von Paris. Ich saß zu Füßen von Leuten wie Sartre und de Beauvoir – verstand kein Wort von dem, was sie sagten – und genoß jeden Augenblick. Ich litt! Oh, wie ich litt! Und es war herrlich. Ich lebte von Camembert und französischem Wein, aber sehr bald war mein Geld verbraucht. Ich hatte keine echte Beziehung zum Geld. Was ich hatte, teilte ich mit anderen. Ich war der letzte große Verschwender. Immer hatte ich eine Flasche Wein, und alle kamen zu mir. So war ich aufgewachsen. So hatten meine Vorbilder gelebt. Wenn der Postbote zu uns kam, goß ihm Papa ein Glas Wein ein. »Der arme Mann muß den ganzen Tag arbeiten. Er braucht ein gutes Glas Wein.« Wir protestierten: »Papa, gib ihm doch keinen Wein!« Wir wollten vor Scham vergehen, als uns meine Lehrerin besuchte und Papa ihr Wein anbot. »Die Lehrerin wird doch keinen Wein trinken.« Und dann schockierte es uns, als die Lehrerin doch Wein trank. Eine kluge Frau. Es war guter Wein! Doch schließlich kam es soweit, daß ich nur noch sehr wenig Geld hatte – fast gar keines. Ich dachte, ich brauchte nur nach Hause zu telegrafieren. Ich ging auf das Telegrafenamt in Paris, und um Geld zu sparen, schrieb ich auf das Formular, »Verhungere. Felice«. Dieses eine Wort sagte alles. Nach 24 Stunden traf das Telegramm von Mama ein, »Verhungere! Mama«. Der Augenblick der Wahrheit! Ich war ja erwachsen. Was sollte ich jetzt tun?

Ich werde Ihnen sagen, was ich daraus gelernt habe. Ich habe gelernt, was es bedeutet, Hunger zu haben. Ich habe gelernt, wie es ist zu frieren, und zwar nicht nur physisch, sondern auch seelisch, wenn man keine Flasche Wein mehr anzubieten hat und die sogenannten »Freunde« sich nicht mehr blicken lassen. Ich habe sehr viel gelernt, was ich nie gelernt hätte, wenn Mama nachgegeben und mir einen Scheck geschickt hätte. Aber ich blieb in Paris, um ihr zu zeigen, daß ich es schaffen würde. Als ich viele Monate später wieder nach Hause kam, sagte sie mir eines Abends: »Nichts ist mir je so schwer gefallen, aber wenn ich anders gehandelt hätte, dann wäre niemals der Felice aus dir geworden, der du heute bist.« Sie hatte recht. Durch das Vorbild meiner Eltern habe ich unendlich viel über das Leben und Lieben in der Gemeinschaft mit anderen gelernt.

Ich werde oft aufgefordert, an Talkshows teilzunehmen. Und es ist interessant, daß das Problem jedes zweiten, ja manchmal sogar jedes einzelnen Anrufers die Einsamkeit ist. »Was soll ich tun? Ich war verheiratet, ich hatte Kinder, und jetzt bin ich allein. Ich wohne ganz allein in einem Mietshaus. Was ist geschehen? Ich würde so gern freundschaftliche Beziehungen zu meinen Nachbarn anknüpfen, aber ich habe Angst, an ihre Tür zu klopfen.« »Ich gehe die Straße entlang und sehe Menschen, die mir gefallen. Dann versuche ich, sie anzulächeln, aber ich habe Angst.« Wir lehren die Leute alles, was man sich nur denken kann, nur nicht das Wesentliche, und das ist ein Leben in Freude und innerem Glück. Wir sagen ihnen nicht, wie sie ein persönliches Wertgefühl entwickeln und die persönliche Würde wahren können. Diese Dinge können gelehrt und gelernt werden. Wir brauchen mehr Menschen, die diese Dinge dadurch an andere weitergeben, daß sie sie vorleben, daß sie Risiken eingehen, ihre Mitmenschen freundlich begrüßen, sich neben jenen Mann im Flugzeug setzen und versuchen, ihm zu zeigen, daß die Stewardessen Menschen sind wie er, wie schön es ist, daß diese Frau ein Baby hat.

Neulich habe ich während einer Talkshow von einer Frau etwas ganz Unglaubliches gehört. Sie sagte: »Wissen Sie, ich habe die vergangenen 20 Jahre mit dem Versuch zugebracht, meinen Mann zu verändern, und ich bin tief von ihm enttäuscht worden. Heute ist er nicht mehr der Mann, den ich geheiratet habe.« Ist das nicht eine erstaunliche Aussage?

Ich weiß nicht, wie viele von Ihnen Rodney Dangerfield kennen, aber er sagt die verrücktesten Dinge. Das Folgende drückt am deutlichsten aus, was ich Ihnen sagen will: »Wir schlafen in getrennten Zimmern, jeder von uns nimmt seine Mahlzeiten allein ein, wir fahren getrennt in den Urlaub, wir tun alles, was wir können, um unsere Ehe zusammenzuhalten.« Ist das nicht schrecklich? Und doch sind wir schon fast so weit gekommen.

Die Lebensfreude liegt dort, wo die Liebe die menschlichen Beziehungen bestimmt, wo das Gefühl der Zusammengehörigkeit besteht, wo aus dem »Ich« und dem »Mein« das »Wir« und das »Unser« geworden ist. Allein eine gute Mahlzeit zu essen ist sehr schön, sie aber mit fünf oder sechs Menschen zu teilen, die man liebt, ist der Himmel auf Erden. Allein in den Park zu gehen und die Bäume zu betrachten kann ein wunderbares Erlebnis sein, aber wenn du Arm in Arm mit einem anderen Menschen den gleichen Spaziergang machst und er dir sagt, »sieh doch nur die purpurnen Blätter«, während du die orangefarbenen Blätter betrachtest, und du dann die purpurnen *und* die orangefarbenen genießen kannst, das ist phantastisch! Suche die Nähe des anderen, denn der andere ist da und wartet auf dich. Erich Fromm, der soviel Gutes über den Wert des Zusammenlebens und der Liebe geschrieben hat, sagt: »Die Überwindung seines Getrenntseins gehört zu den dringendsten Bedürfnissen des Menschen. Er will aus dem Gefängnis des Alleinseins ausbrechen. Wenn ihm das nicht gelingt, wird er geisteskrank.« Und Fromm ist Psychiater.

Die Geistesgestörten sind Menschen, die sich am weitesten von ihren Mitmenschen entfernt haben. Die psychisch Gesunden springen einfach hinein ins Leben, ohne daran zu denken, was es bedeutet. In meinem Seminar über die Liebe haben wir davon gesprochen, was es heißt, Risiken einzugehen und sich anderen zu öffnen, und dabei stellte ich die Frage: »Warum tun Sie das nicht?« Und die Antwort lautete sehr oft: »Ich habe Angst davor, verletzt zu werden.« Du meine Güte! Was ist das für eine verrückte Einstellung. Verletzt zu werden gibt dem Leben manchmal erst die richtige Würze. Wenn du weinst, dann bist du wenigstens lebendig. Der Schmerz ist besser als gar nichts. Wir müssen uns anderen zuwenden, wir müssen uns an ihrem Leben beteiligen und brauchen uns nicht vor ihnen zu fürchten. Die biologische Forschung bestätigt uns das. Bei Ashley Montague habe ich etwas sehr Interessantes gelesen: »Ohne gegenseitige Abhängigkeit kann keine Gruppe lebender Organismen überleben.« Und das gilt für *alle* Lebensformen! »Und je weiter sich eine Gruppe von Organismen von diesen gemeinsamen Funktionen entfernt und die gegenseitige Abhängigkeit aufgibt, desto häufiger kommt es innerhalb der Gruppe zu Fehlleistungen und Desorganisation.« Aber er fügt hinzu: »Überall dort, wo die einzelnen Organismen aufeinander reagieren und entsprechend handeln, erleichtern sie der ganzen Gruppe das *Überleben,* jeder Organismus schenkt dem anderen das *Leben.*« Auf diese Weise beteilige ich mich an einem Prozeß, *der Leben erzeugt.* Das ist die unerhörteste Fähigkeit, und jeder von Ihnen hat die Möglichkeit, von ihr Gebrauch zu machen.

Da sich alles *erlernen* läßt, was also bringt uns einander näher, was müssen wir über das Zusammenleben mit anderen wissen, über unsere Beziehungen zu anderen Menschen, über die Zuwendung zu ihnen und über die Liebe? Daß wir uns darüber klarwerden, ist so wichtig, weil es in unserer Kultur diesen verrückten Begriff der romantischen Liebe gibt. Deshalb werden so viele von uns enttäuscht! Wir glauben tatsächlich an das, was uns irgendwelche seichte Operetten erzählen wollen; in einem mit Menschen angefüllten Raum sehen wir plötzlich ein Augenpaar und spüren, diese Augen haben schon 20 Jahre auf uns gewartet. Die beiden Glücklichen ziehen sich wie Magneten an, umarmen sich, gehen Hand in Hand hinaus, um den Sonnenuntergang zu genießen, und haben von diesem Augenblick an keine Probleme mehr. Wie schade! Und wie steht es mit dieser perfekten Brautwerbung? Er ist der vollendete Kavalier und sie die vollendete Dame. Jedesmal, wenn er an ihrer Haustür erscheint, sieht sie bezaubernd aus, und er ist der Inbegriff der Höflichkeit. Bei jedem Besuch bringt er ihr Blumen und Schokolade mit. Er macht ihr die schönsten Komplimente über ihr Aussehen, und schließlich findet die Hochzeit statt. Aber am nächsten Tag fragt er: »Wer bist du eigentlich?« Plötzlich erscheint sie in Blue Jeans, und er sagt, »mein Gott, ich habe ein Wesen von einem anderen Stern geheiratet«! Wäre es nicht viel netter, wenn sie schon früher einmal in Blue Jeans an die Haustür gekommen wäre und gesagt hätte: »Heute habe ich mir Blue Jeans angezogen. Wenn dich das stört, dann kann ich auch nichts daran ändern.« Warum nicht? Wenn wir uns so zeigen, wie wir sind, dann erkennen wir damit an, daß wir nicht glauben, unsere Beziehung müßte sich zu nie aufhörenden Flitterwochen entwickeln, in denen sich jeder nur von seiner Schokoladenseite zeigt. Wer so etwas glaubt, wird bitter enttäuscht werden.

Aber es gibt verschiedene Arten von Flitterwochen. Ich unterhalte mich sehr gern mit alten Leuten, denn sie können einem sagen, was aus den Flitterwochen wird. Aus ihren Erinnerungen können wir etwas lernen. Aber wir blicken nicht zurück, sondern immer nur in die Zukunft. Aber die alten Leute, die sich an ihre Jugend erinnern, können uns manches Wertvolle sagen. Natürlich haben sie ihre Flitterwochen erlebt, nachdem sie miteinander bekannt wurden. Dann gab es Flitterwochen in der ersten gemeinsamen Wohnung, die sie sich mit gebrauchten Möbeln oder vielleicht sogar nur mit irgendwelchen Holzkisten eingerichtet haben. Doch damals waren ihnen diese Äußerlichkeiten vollkommen gleichgültig. Das Glück der Flitterwochen war stärker als alles andere. Und dann kamen die Flitterwochen der ersten beruflichen Erfolge und die Flitterwochen, in denen das erste Kind erwartet wurde. Es folgte die Zeit des Heranwachsens der Kinder, und die ersten 12, 15 Jahre vergingen so rasch, daß man es gar nicht merkte, aber immer wieder gab es neue Flitterwochen. Elisabeth Kübler-Ross sagt uns, daß sogar die letzte Hochzeitsreise namens »Tod« ein unbeschreiblich schönes Erlebnis sein kann, wenn wir es annehmen wie all die anderen schönen Erlebnisse, ohne etwas zu erwarten. Es ist da; es gehört mir; ich werde es erfahren und kennenlernen, wenn meine Zeit gekommen ist. So stelle ich mir ein erfülltes Leben vor.

Ich möchte Sie nicht mit zu vielen Geschichten über meine Eltern langweilen, aber sie haben mir so nahegestanden, daß ich immer wieder auf sie zurückkomme ... Meine Mutter hat uns erzählt, sie habe meinen Vater erst fünf Tage nach der Hochzeit wirklich gesehen. Es war eine von den Großeltern arrangierte Heirat, und wenn in Italien eine solche Verbindung arrangiert wird, dann kommt der zukünftige Bräutigam in das Haus der Brauteltern, und alle Frauen bedienen die Gäste bei Tisch. Der Bräutigam kam also, aber die Braut wagte es nicht, ihn anzusehen. So fragte meine Mutter ihre Schwestern: »Wie sieht er aus?« Und sie antworteten: »Er sieht blendend aus. Du wirst begeistert sein, wenn du ihn siehst.« Aber Mama behauptete, sie habe es nicht gewagt, ihn anzublicken. Auch bei der Hochzeit hielt sie den Blick gesenkt. Und dann kam fünf Tage nach der Hochzeit der große Tag, an dem sie sich ihm tatsächlich zuwendete und sagte: »Es war die richtige Entscheidung!« Er wußte es schon. Aber ist es nicht erstaunlich, daß diese beiden Menschen, die gar nicht die Gelegenheit gehabt hatten, sich leidenschaftlich ineinander zu verlieben, 55 Jahre eine glückliche Ehe geführt haben, in deren Verlauf ihre Beziehung ständig wuchs und sich ständig vertiefte? Sie hätten erleben müssen, wie nahe sie sich standen, als sie sich schließlich trennen mußten. Man hatte das Gefühl, daß diese Beziehung mit dem Tode nicht aufhörte. Irgendwie war das nur eine Übergangsperiode, und schließlich würden sie wieder vereint sein. Daran bestand gar kein Zweifel. Vergessen Sie deshalb nie, das wichtigste an einer menschlichen Beziehung ist die Tatsache, daß 1 + 1 zwei ergibt. Wenn die Beziehung Bestand haben soll, dann muß der einzelne er selbst bleiben und im Verlauf seiner persönlichen Entwicklung weiterwachsen. Als Partner seid ihr zwei wunderbare, magische Individuen. Jeder einzelne von euch hat sein eigenes Leben, und gemeinsam baut ihr die Brücke, die von einem zum anderen führt. Doch jeder bewahrt seine Integrität und Würde, weil alle Beziehungen, so ideal sie auch sein mögen, selbst wenn sie 60 Jahre dauern, nur vorübergehend sind, und am Schluß hast du es wieder nur mit dir selbst zu tun. Am tragischsten ist das Schicksal eines Menschen, der alles in eine Beziehung investiert hat und am Ende dieser Beziehung fragen muß, »was soll ich jetzt tun«?

Wenn du einen Menschen liebst, dann ist es dein Ziel, ihn zu dem werden zu lassen, der er ist, und ihn auf jedem Zoll dieses Weges zu begleiten. Jedesmal, wenn er etwas tut, das ihn wachsen läßt oder woraus er lernt, wirst du mit ihm tanzen und ein Fest feiern. Dann entwickelt ihr euch nicht auseinander, sondern wachst zusammen, aber Hand in Hand. Nicht so, daß der eine ganz im anderen verschmilzt. Jeder von euch ist eine einzigartige Persönlichkeit, keiner kann mit einem anderen verschmelzen.

Einige von Ihnen kennen das schöne Gedicht von Gibran über menschliche Beziehungen. Lassen Sie mich ein paar Sätze daraus zitieren: »Singt und tanzt zusammen und seid froh, aber laßt jeden von euch auch allein sein wie die Saiten einer Laute, auch wenn sie zur gleichen Melodie erklingen.« Ist das nicht wunderbar? Sage dem anderen: »Ich möchte mit dir zur gleichen Melodie erklingen.«

»Verschenkt eure Herzen, aber überlaßt sie nicht ganz dem anderen, denn nur die Hand des Lebens kann eure Herzen halten. Steht nebeneinander, aber nicht zu nahe, denn die Säulen des Tempels stehen einzeln da, um sein Dach zu stützen. Die Eiche wächst nicht im Schatten der Zypresse, und auch die Zypresse nicht im Schatten der Eiche.«

Wachst nie im Schatten eines anderen, denn dort könnt ihr nicht *wachsen*. Findet euren eigenen Platz an der Sonne. Dort werdet ihr so groß und so schön werden wie nur möglich. Laßt den anderen an eurem Leben teilhaben; sagt ihm: »Laß uns einander verstehen, laß uns miteinander sprechen, laß uns gemeinsam etwas vollbringen.« Aber das geschieht nicht im Schatten eines anderen. Dort wirst du welken und vergessen, wer du bist. Du wirst dich verlieren, und wenn du dich verloren hast, dann hast du das Wichtigste verloren, was du besitzt. Ihr seid 1 + 1, aber das macht 2 aus, und ihr seid es gemeinsam. Du bist ein »Ich«, und der andere ist ein »Ich«, und beide zusammen seid ihr ein »Wir«.

Zweitens glaube ich, liebende Beziehungen zwischen den Menschen werden im Himmel geschlossen, sie müssen aber hier auf der

Erde *praktiziert* werden, und das ist manchmal sehr schwer. Ich wüßte nicht, was schwieriger wäre. Ich arbeite gerade an einem Buch über die Beziehungen liebender Menschen und habe über diesen – nach meiner Ansicht – dynamischsten Aspekt des menschlichen Verhaltens sehr gründliche Forschungen angestellt –, aber die Ausbeute an Material ist erstaunlich gering. Wer etwas über die Beziehungen liebender Menschen erfahren will, hat es nicht einfach. Solche Beziehungen können große Schmerzen verursachen. Einander näherzukommen und ein Stück von sich selbst aufzugeben kann sehr schmerzlich sein. Aber aus diesen schmerzlichen Erfahrungen können wir auch lernen. Es ärgert mich sehr, daß in unserer Gesellschaft niemand mehr bereit ist zu leiden. Wenn wir anfangen zu leiden, nehmen wir Pillen oder ertränken unsere Schmerzen im Alkohol, ohne zu wissen, daß Leid und Verzweiflung die größten Lehrmeister sein können. Es kommt darauf an, das Leid zu erleben, ohne sich daran zu *klammern*. Sich an die Verzweiflung zu *klammern* macht krank. Erlebe sie und *lasse sie dann los*! Es gibt große Augenblicke in unserem Leben, in denen wir am Rande der Verzweiflung stehen. Wenn du dich heute daran erinnerst und sie gut genutzt hast, dann weißt du, daß du durch sie gewachsen und eine stärkere Persönlichkeit geworden bist.

Ich habe schon davon gesprochen, wie sehr wir voneinander entfremdet sind. In unserem Kulturkreis haben wir gelernt, bei der ersten Begegnung mit einem anderen stocksteif dazustehen und zu sagen: »How do you do?«[1] Wir gehen sofort auf Distanz! Wenn du Glück hast, wird der andere dir die Hand geben und sagen: »How do you do?« Gewöhnlich geht das ganz rasch. Obwohl wir uns nach einem viel engeren Kontakt sehnen, kommen wir uns nicht näher und vermeiden es, einander zu berühren. Wenn ein Junge fünf oder sechs Jahre alt geworden ist, sagen wir ihm: »Dieses Umarmen und Küssen muß jetzt aufhören; du bist jetzt ein *Mann*, und Männer tun so etwas nicht.« Ich bin glücklich, daß ich in einem Hause aufgewachsen bin, wo man so etwas als Zumutung empfand und fragte: »Wer hat das gesagt?« Bei uns zu Hause sagte niemand: »How do you do?« Wenn die Tür aufging und jemand hereinkam,

---

[1] in wörtlicher Übersetzung: Wie geht es Ihnen?

dann wurde er von der ganzen Familie umarmt und geküßt. Jeder küßte jeden! Niemand wurde übersehen. Jeder nahm jeden in die Arme. Wie schön, liebevoll berührt zu werden. Und es gibt viele Arten des Berührens. Kennen Sie das Gefühl, wenn man in ein Zimmer kommt und spürt, daß sich die Menschen darüber freuen, daß man da ist? Es ist ein unvergleichliches Gefühl. Wie schlimm, wenn statt dessen die Gesichter sagen würden: »Mein Gott, da ist er schon wieder!« So aber siehst du lauter freundlich lächelnde Gesichter, als hättest du bei deinem Eintreten die Lichter im ganzen Hause angezündet. Kennen Sie dieses Gefühl? Genießen Sie es!

Mich amüsiert es, daß die Wissenschaft jetzt feststellt, welche physiologische und psychologische Bedeutung für unser Leben es hat, wenn wir uns berühren. An der Schmerzklinik der Universität von Kalifornien in Los Angeles arbeitet ein Doktor Bresler. Er schreibt neuerdings nicht mehr die bisher üblichen Rezepte aus, sondern verordnet etwa »vier Umarmungen täglich«. Wenn die Leute erklären, er sei verrückt, sagt er: »O nein; eine Umarmung am Morgen, eine mittags, eine am Abend und eine vor dem Zubettgehen. Dann werden Sie gesund werden.« Der leitende Psychiater an der Menninger Foundation, Dr. Harold Falk, hat folgendes gesagt: »Umarmungen können Depressionen mildern und das körperliche Immunisierungssystem normalisieren. Umarmungen beleben erschöpfte Körper und bewirken, daß man sich jünger und leistungsfähiger fühlt. Innerhalb der Familie können sich die Beziehungen durch Umarmungen festigen, und Spannungen werden deutlich abgebaut.« In ihrem Buch *Joy of Touching*[1] schreibt Helen Colton, daß der Hämoglobingehalt im Blut erheblich zunimmt, wenn man berührt, gestreichelt und umarmt wird. Das Hämoglobin ist der Teil des Blutes, der das Herz und das Gehirn mit dem notwendigen Sauerstoff versorgt. Sie sagt, wenn wir gesund bleiben wollen, sollten wir einander berühren, einander lieben und einander in die Arme nehmen. Es ist sehr bedauerlich, daß wir in unserem Kulturkreis den sexuellen Aspekt menschlicher Beziehungen viel zu sehr in den Vordergrund stellen. Das ist sehr schade; denn auf diesem Gebiet fehlt es uns sehr häufig an Zärt-

[1] in wörtlicher Übersetzung: Die Freude des Berührens

lichkeit und Wärme. Ein Kuß, den man nicht erwartet hat, die Hand auf der Schulter in dem Augenblick, da man eine solche zärtliche Berührung am meisten braucht – das sind »sinnliche« Freuden. Der Leitartikler Jim Sanderson von der *Los Angeles Times* hat kürzlich einen Brief bekommen, der mir besonders gefällt. Die Absenderin war eine Frau, die nur mit ihrem Vornamen Margaret unterschrieb. Sie war 71 Jahre alt. Eines Abends kam ihr Sohn zu ihr, um sie zu besuchen, und stürmte ins Haus, ohne anzuklopfen. Welche Unverschämtheit! Er kam herein und überraschte Margaret auf der Couch mit einem älteren Mann. Der junge Mann war so entsetzt, mit ansehen zu müssen, wie seine Mutter sich auf der Couch mit einem Mann küßte, daß er auf dem Absatz kehrtmachte und sagte: »Das ist ja widerlich!« Was für ein Esel! Und die arme Margaret schreibt: »Habe ich etwas Falsches getan?« Und wissen Sie, was Sanderson ihr antwortete? Ich muß es Ihnen vorlesen, weil es wirklich sehr hübsch ist. Hier steht:

Margaret, die besten Dinge im Leben hören nie auf. Jeder Mensch braucht das Gespräch und die Freundschaft. Warum glauben wir, daß die Bedürfnisse älterer Menschen an dieser Stelle aufhören? Der Körper mag ein wenig gebrechlich geworden sein, aber Gefühle kennen keine Arteriosklerose. Ältere Menschen hungern buchstäblich nach Zuneigung, Liebe und körperlicher Berührung. Sie tun es wie jeder andere auch. Die erwachsenen Kinder und andere Familienmitglieder geben ihnen nur selten mehr als eine Hungerdiät – hin und wieder ein flüchtiger Kuß. Wir wissen, daß sexuelle Beziehungen in jedem Alter möglich sind, vorausgesetzt, die betreffende Person ist körperlich gesund. Aber auch wenn solche Beziehungen aus irgendwelchen Gründen nicht angezeigt scheinen, weshalb sollte es nicht auch noch im Alter ein wenig romantische Verliebtheit, einen harmlosen Kontakt, einen zärtlichen Kuß, ein sanftes Streicheln, eine Umarmung oder eine zarte Berührung der Hand des geliebten Menschen geben? Viele Frauen in Ihrem Alter, Margaret, erleben oft seltsame und erregende Anwandlungen, Gefühle, die vielleicht seit Jahren nicht an die Oberfläche gekommen sind. Das ist die Lebenskraft, die sie daran erinnert, daß sie Mann oder Frau sind und nicht nur ein zum Neutrum gewordener älterer Mitbürger. Freuen Sie sich daran, Margaret, Sie haben genug schlechte Nachrichten zu verkraften gehabt.

Das Verlangen, auf hundert verschiedene Arten anerkannt zu werden, hört niemals auf. Beziehungen und Gemeinsamkeiten müssen in der *Gegenwart* gelebt werden. Du lebst *jetzt* und sollst dich *jetzt* daran freuen. Was du für die Menschen tust, das tust du *jetzt*. Im vergangenen Jahr habe ich etwas sehr Trauriges erlebt. Die junge Frau eines meiner Kollegen starb ganz plötzlich. Der Tod ist etwas erstaunlich Demokratisches; wir wissen nicht, wann er eintreten wird. Wir wissen jedoch alle, daß er eines Tages auch *uns* treffen wird. Und wenn wir in unserem Leben jeden Augenblick erfüllen, sind wir immer bereit zu sterben. Nur wer niemals wirklich gelebt hat, wird im Augenblick des Todes jammern und schreien. Wenn du jetzt wirklich lebst, dann wirst du zum Tod sagen können: »Ich bin bereit – weshalb sollte ich mich vor dir fürchten?« Dieser Kollege kam nun zu mir und sagte, seine Frau habe sich immer ein rotes Satinkleid gewünscht. Er sagte: »Aber ich hielt das für töricht und geschmacklos.« Mit Tränen in den Augen fragte er mich: »Würden Sie es für richtig halten, wenn ich sie jetzt in einem roten Satinkleid beerdige?« Am liebsten hätte ich wie Mama gesagt: »Stupido!«

Wenn sich deine Frau ein rotes Satinkleid wünscht, dann schenke es ihr jetzt! Schmücke nicht erst ihren Sarg mit roten Rosen. Komme eines Tages nach Hause, solange sie noch lebt, und überschütte sie mit Rosen. Wirf sie ihr in den Schoß. Wir neigen dazu, alles auf morgen zu verschieben, besonders wenn es um die Menschen geht, die wir lieben. Was kümmert es uns, was die Leute sagen? Im Grunde ist es den Leuten ganz gleichgültig, was wir tun. »Es wäre dumm, wenn ich ihr sagen wollte, daß ich sie liebe. Sie weiß es sowieso.« Bist du dessen so sicher? Und wird es denn dir jemals zuviel, daß deine Frau dir sagt, »ich liebe dich«? Und würdest du dich nicht freuen, wenn du am Morgen unter deiner Kaffeetasse einen Zettel findest, auf dem steht, »ich bewundere dich«? Bedeutet es dir nichts, wenn du – nicht an deinem Geburtstag oder am

Valentinstag, sondern an einem ganz gewöhnlichen Tag – eine Postkarte bekommst, die dir sagt, »mein Leben ist durch Dich so unendlich viel reicher geworden«? Der Augenblick, deiner Frau das Kleid zu kaufen, ist *jetzt* gekommen. *Jetzt* sollst du ihr die Blumen schenken. *Jetzt* sollst du sie anrufen. *Jetzt* sollst du ihr die Postkarte schreiben. Und *jetzt* ist es Zeit, dich ihr zuzuwenden und sie zärtlich zu berühren. *Heute* sollst du ihr sagen: »Du bedeutest mir so viel; auch wenn es den Anschein hat, ich hätte es vergessen, denke ich doch immer daran. Ohne dich wäre mein Leben um vieles ärmer.« Durch den Verlust eines geliebten Menschen lernt man, daß man seiner Liebe jetzt und heute Ausdruck verleihen soll. Aber es ist eine harte Schule. Es ist schwer, auf diese Weise lernen zu müssen, daß man das Kleid jetzt kaufen und die Postkarte jetzt schreiben soll. *Wir* haben noch die Möglichkeit, es zu tun – der Mann dieser jungen Frau hat sie *verpaßt*.

Wenn wir uns lieben, müssen wir offen und ehrlich miteinander sprechen. Führen Sie keine kurzen Streitgespräche. Niemals! Ganz schlimm wäre das folgende Gespräch: Du kommst nach Hause und sagst, »was hast du, mein Liebling?« – »Nichts.« – »Nun sag schon, du hast doch etwas auf dem Herzen.« – »Nein, es ist nichts.«

Ich glaube, die folgende Antwort würde eine dauernde und positive Wirkung haben. Du könntest sagen: »Das freut mich aber wirklich, denn ich hatte den Eindruck, daß dich irgend etwas bedrückt. Ich bin so froh, daß ich mich geirrt habe.« Wenn du das nächste Mal sagst: »was hast du, mein Liebling?« wird sie es dir sagen. Nur zu oft achten wir gar nicht darauf, was wir sagen.

Wir müssen uns selbst zuhören; denn das, was wir von uns geben, haben wir von anderen gelernt. Denken Sie an die Lehrerin, die sagt: »Ich warte auf dich, Sally!« Kein Wunder, wenn Sally denkt, »warte nur, du alte...« Wir sagen genauso törichte Dinge. Höre zum Beispiel nur, wie du sagst, »das Problem mit dir ist...« Das Problem bist in den meisten Fällen *du selbst*. »Eines Tages wirst du es noch bereuen.« Aber *nein*, ich werde es nicht bereuen. »Das habe ich dir doch schon tausendmal gesagt.« Ja zum Teufel, warum sagst du es mir dann schon wieder? »Ich habe dir die besten Jahre meines Lebens gegeben.« Wenn das die besten Jahre gewesen sind, was habe ich dann noch zu erwarten? »Mach, was du willst, es ist dein Leben.« Nun, wenn das so ist, dann laß es mich auch so leben, wie es *mir* gefällt.

Im Zusammenleben wird aus dem »Ich« das »Wir« und aus dem »Mein« das »Unser«. Deine Beziehungen zu anderen Menschen werden so vital und lebendig sein, wie *du* bist. Wenn du tot bist, dann werden auch deine Beziehungen tot sein. Und wenn das Zusammenleben mit anderen für dich langweilig und unzulänglich ist, dann liegt es daran, daß du langweilig und unzulänglich bist. Werde lebendiger! Sei dir bewußt, daß die Welt und die Menschen nicht allein für dich geschaffen worden sind. Versuche, *einem anderen Menschen* das Leben angenehmer zu machen. Setze voraus, daß die anderen gut sind, bis du *wirklich* und *im besonderen Fall* etwas anderes erfährst. Und selbst dann sei dir klar darüber, daß jeder die Möglichkeit hat, sich zu ändern, und daß du dem anderen dabei helfen kannst. Übe dich darin, in den Kategorien von »Wir« und »Unser« zu denken und nicht nur in denen von »Ich« und »Mein«. Liebe *viele* Menschen und Dinge intensiv; denn als Liebender wirst du daran gemessen, wie stark du wie vieles liebst. Vergiß nicht, daß sich alles ständig *verwandelt,* vor allem menschliche Beziehungen, und daß *wir* mit ihnen wachsen müssen, wenn wir sie erhalten wollen. Verwandle dich im Wachsen. Sorge dafür, daß du ständig *gemeinsam* mit anderen wächst, aber doch *getrennt* von ihnen als Einzelpersönlichkeit. Suche den Umgang mit *gesunden* Menschen, die noch lachen, lieben und weinen können. Denke daran, daß Trübsal ansteckend ist. Laß dich deshalb nicht darauf ein.

Im vergangenen Jahr habe ich den Dalai-Lama sprechen hören, er sagte etwas ganz Ergreifendes: »Wir leben sehr eng zusammen. Deshalb ist es die wichtigste Aufgabe in unserem Leben, anderen zu *helfen.*« Dann lächelte er sanft und sagte: »Und wenn du ihnen nicht *helfen* kannst, dann *verletze* sie wenigstens nicht.« Wie wunderschön wäre es, wenn wir alle den festen Entschluß fassen würden, in unseren Beziehungen zu anderen Menschen und im Zusammenleben alles zu tun, um anderen zu helfen, daß sie wachsen können, und – wenn uns das nicht möglich ist – daß wir einander wenigstens nicht verletzen werden. Der italienische Dichter Quasi-

243

modo, der als Lyriker mit dem Nobelpreis ausgezeichnet wurde, hat ein kleines Gedicht geschrieben, in dem er sagt: »Jeder von uns steht allein in dieser weiten Welt, beschienen von den leuchtenden Strahlen der Sonne. Und plötzlich ist es Nacht.« Der Titel dieses Gedichts ist »Ed e'Subito Sera« – und plötzlich ist es Nacht. Wenn du dich mir zur Seite stellst, dann können wir uns beide am Licht der Sonne freuen, und glaube mir, die Dunkelheit der Nacht wird nicht mehr so schrecklich sein.

Das Anti-Selbst:
Das selbstzerstörerische Du

Heute abend möchte ich mit Ihnen über ein für mich sehr wichtiges Thema sprechen. Ich komme sehr viel mit Menschen zusammen und arbeite mit ihnen. Dabei stelle ich zu meinem Kummer fest, daß diese Menschen sich fürchten, ihre positiven Eigenschaften und ihre Schönheit zu zeigen. Sie werden von Selbstzweifeln geplagt und glauben nicht daran, daß sie schön und wunderbar sind. Wenn wir als Liebende Erfolg haben wollen, dann müssen wir diese Liebe und diese Zuneigung zum Ausdruck bringen, wir müssen unsere Gefühle offen zeigen und dürfen uns nicht fürchten. Deshalb wende ich mich an diejenigen, die sich ihrer selbst noch nicht sicher sind und das, was in ihnen steckt, nicht zeigen wollen. Mein heutiges Thema lautet: »Das Anti-Selbst, das selbstzerstörerische Du«, und ich werde es mit Ihnen in aller Liebe behandeln.

Es ist erstaunlich, und vielleicht sind Sie sich dessen gar nicht bewußt, aber vieles von dem, was Sie sind, wird nicht sichtbar, weil Sie sich buchstäblich selbst im Wege stehen und daran hindern, es zu werden. Deshalb bitte ich Sie inständig, gehen Sie sich endlich aus dem Wege! Fliegen, leben, lieben Sie – es steht Ihnen alles zur Verfügung. Sie brauchen nur die Verantwortung zu übernehmen und danach zu greifen. Aber so vielen Menschen mangelt es an Selbstvertrauen. Sie glauben nicht an sich. Manche *mögen* sich selbst nicht. Neulich war ich in meinem Büro – viele von Ihnen wissen, daß meine Schüler freiwillige Pflichten übernehmen müssen. Eine dieser freiwilligen Pflichten besteht darin, daß jeder mich in meinem Büro aufsuchen muß. Das ist nicht zuviel verlangt, aber manche fürchten sich so, daß sie am ganzen Leibe zittern, wenn sie hereinkommen. Neulich saß mir ein hübsches Mädchen gegenüber, und ich sagte: »Erzählen Sie mir von sich selbst. Wir werden die nächsten 16 Wochen im Hörsaal zusammensein, und ich möchte, daß wir uns dann nicht mehr fremd sind. Erzählen Sie mir etwas von sich selbst, und dann werde ich Ihnen etwas von mir erzählen.«

Und sie sagte: »Ich habe nichts zu erzählen.«

»Was soll das heißen? Sagen Sie mir, was es Wunderbares an Ihnen gibt.«

»Wunderbares?!« Es entstand eine lange Pause, und dann sagte sie: »Nun, ich bin zu klein.«

Das war mir bisher gar nicht aufgefallen. Aber dann dachte ich, ich müßte dieser Feststellung mit etwas Positivem begegnen. Ich sagte: »Ja, aber Sie sind eine verdammt gute Studentin. Wissen Sie, daß Sie in Ihrem Halbjahreszeugnis die Note Eins bekommen haben?«

»Da habe ich nur Glück gehabt.«

Was sagen Sie dazu? Ich sagte: »Aber Sie wissen doch, daß es Sie auf der ganzen Welt nur ein einziges Mal gibt –«

»Mich? Nein! Ich bin gar nichts Besonderes.« Dann sagte sie: »Hören Sie doch mit dem Unsinn auf! Ich weiß, ich sehe nicht sehr gut aus, und kaum jemand kümmert sich um mich. Ich bin oft sehr einsam.«

Mir war klar, wenn sie wirklich glaubte, sie sei zu klein, häßlich und dumm und habe nichts beizutragen, dann hatte auch niemand Lust, sich um sie zu kümmern. Mein Ehrgeiz war geweckt, und ich verwickelte sie in ein langes, intensives Gespräch. Als sie mein Büro verließ, war sie um vier Zoll gewachsen – und wenn ich je bemerken sollte, daß sie wieder krumm dasitzt und sich gehenläßt, dann wird die Hölle los sein.

Jack Paar hat einen herrlichen Ausspruch getan: »Mein Leben erscheint mir wie eine lange Hindernisbahn, auf der ich selbst das Haupthindernis bin.«

Ist das nicht großartig? Und jetzt möchte ich Ihnen eine kurze Geschichte von einem Mann namens Gustavson vorlesen, die Ihnen meine Gedanken verdeutlichen soll. Sie hat den Titel »Eingeschlossen«.

Ich habe mein ganzes Leben in einer Kokosnuß zugebracht. Es war eng und dunkel, besonders morgens, wenn ich mich rasieren mußte.

Was mich aber am meisten bedrückte, war der Umstand, daß ich keinen Kontakt mit der Außenwelt aufnehmen konnte. Wenn nun niemand dort draußen die Kokosnuß fand und sie aufschlug, war ich dazu verurteilt, mein ganzes Leben in einer Kokosnuß zuzubringen. Vielleicht würde ich sogar in der Kokosnuß sterben müssen.

Ich starb in dieser Kokosnuß. Zwei Jahre später fand man die Kokosnuß, öffnete sie und fand mich ganz klein und eingeschrumpelt darin. »Welch ein Jammer«, sagten die Leute. »Hätten wir sie nur früher gefunden, dann hätten wir ihn vielleicht retten können. Aber wollen wir sehen, ob es nicht noch mehr Menschen gibt, die ebenso wie er in Kokosnüssen eingeschlossen sind.«

So machten sie sich auf den Weg und schlugen alle Kokosnüsse auf, die sie fanden. Aber vergeblich; es hatte keinen Sinn; es war reine Zeitverschwendung. So einen Idioten, der sich entschließt, in einer Kokosnuß zu leben, gibt es nur einmal unter einer Million. Aber wissen Sie was? Ich konnte ihnen leider nicht mehr sagen, daß ich einen Schwager habe, der in einer Eichel lebt.

Laßt uns nicht in Kokosnüssen leben – und auch nicht in Eicheln. Die ganze Welt steht uns offen. Es gibt phantastische Dinge zu sehen, zu fühlen, zu wünschen, zu erstreben und zu verwirklichen. Du bist ein unglaublich schönes Geschenk, und du gehörst dir! Du bist nicht dazu geschaffen, in einer Eichel oder in einer Kokosnuß zu leben. Das wäre die größte Sünde, weniger zu durchleben als was du eigentlich bist.

In dem Buch *Souls on Fire* von Wiesel gibt es eine Stelle, die mir besonders gut gefällt. Hier heißt es, wenn du gestorben bist und deinem Schöpfer gegenüberstehst, dann wirst du nicht gefragt werden, warum aus dir kein Messias geworden ist oder warum du nicht ein wirksames Heilmittel gegen den Krebs gefunden hast. Gott wird dich nur fragen, warum du nicht du selbst geworden bist. Warum hast du aus dir nicht *alles* gemacht, was du bist?

Behindere also nicht länger dein eigenes Selbst. Wie oft hast du dich schon sagen hören, »ich bin nichts wert«? Nun, du bist nichts wert, wenn du *glaubst,* daß es so ist.

Mama nahm mich jeden Abend beiseite und sagte: »Felice, eines Tages wirst du ein *großer* Mann sein.« Ich sah sie erstaunt an und sagte: »Werde ich das?« Und sie sagte nur: »Warte nur, du wirst es schon erleben.« Das gleiche sagte sie *allen* meinen Brüdern und Schwestern. Es macht mich richtig traurig, wenn ich z. B. im Supermarkt einer Frau begegne, die sich mit ihrer Nachbarin unterhält, auf ihren kleinen Sohn zeigt und sagt: »Das ist der kleine *Dummkopf* in der Familie.« Und dann sagt sie: »Aber seine Schwester ist ja so begabt!«

Als wäre der kleine Kerl taub! Eine solche Prophezeiung muß doch in Erfüllung gehen. Er hört zu, und was hört er? Daß er dumm ist. Aus jedem von uns wird das, wofür er sich hält. Ich habe von meinen Eltern immer wieder zu hören bekommen: »Was soll das heißen, *du kannst es nicht*? Sei mutig und tue es!« Und irgendwie brachte ich es dann doch fertig. Und nach diesem Grundsatz richte ich mich auch noch heute. Manchmal wird mir ein Terminkalender vorgelegt, und ich denke, das kann ich nicht schaffen. Aber wenn der Tag vergangen ist, dann ist es doch geschehen. Ich habe es geschafft! Was soll das heißen – *du kannst es nicht*?

»Ich will nicht.« Das ist eine Sackgasse. Wenn wir Papas Hand spüren wollten, dann sagten wir, »ich will nicht«. Du willst nicht? Patsch!

Ich liebe das englische Wort »Yes«. Haben Sie schon einmal darüber nachgedacht, wie schön dieses Wort ist? Manchmal frage ich meine Gesprächspartner: »Welches ist das schönste Wort in der englischen Sprache?« Für mich ist es »Yes«. Es ist sogar ein Kontinuum. Man kann es bis in die Unendlichkeit verlängern. Yessssssss.

»No« bedeutet »Ende der Fahnenstange«. Wenn du »no« sagst, dann schließen sich die Fenster und die Türen, und du hast dich in deiner Kokosnuß eingesperrt. Und wenn dir »Yes« nicht gefällt, wenn du dich scheust, ja zu sagen, dann versuche es mit »vielleicht«. Das eröffnet dir wenigstens eine Möglichkeit. Aber »ich will nicht«? Das ist traurig. Und ich höre immer wieder: »So ist es nun einmal, und man kann nichts daran ändern.« Aber ich sage, *so ist es nicht*! Man kann *immer* etwas daran ändern. Versuchen Sie es einmal.

Und es gibt noch einen Satz, den ich nicht ausstehen kann: »Dafür bin ich zu *alt*.« Wie oft hast du schon gehört, ich sei zu alt, um in den Park zu gehen und im Herbstlaub zu tanzen? Versuche es einmal und sieh, wie jung du bist! Das Alter spielt bei uns eine viel zu große Rolle. Ich sage nie jemandem, wie alt ich bin. Das wäre ein großer Fehler. Denn sobald du in eine bestimmte Altersklasse eingestuft wirst, erwartet man von dir ein ganz bestimmtes Verhalten. Wenn du 60 Jahre alt bist, darfst du nicht mehr im Herbstlaub tanzen. Wer sagt das? Immer wieder fragen mich die Reporter: »Buscaglia, wie alt sind Sie?« Dann antworte ich: »In gewisser Weise bin ich noch gar nicht geboren. In mancher Beziehung bin ich noch ein Jugendlicher, der sich wehrt und rebelliert, der versucht, einen Aufstand anzuzetteln. Und dann bin ich wieder ein Weiser und 190 Jahre alt. Wie können Sie mich so etwas fragen? Was haben die Jahre mit meinem Alter zu tun?« Wenn du dir sagst, »dafür bin ich zu alt«, dann schlägst du Türen zu. Du bist nie zu alt für irgend etwas! Das Alter ist nur in deinem Kopf, sonst nirgends.

Die folgende selbstzerstörerische Idee gefällt mir ganz besonders gut: »Wir leben in einer Welt, in der ein Hund den anderen frißt.« Ich weiß nicht, was Sie erlebt haben, aber ich habe noch nie gesehen, daß ein Hund den anderen frißt. Die Hunde mögen einander, aber fressen tun sie sich nicht.

Und dann hören Sie sich folgendes an: »Ich habe so schlechte Erfahrungen gemacht, daß ich niemandem mehr vertrauen kann.« Was bedeutet schon eine kleine Kränkung? Und wenn es wirklich weh getan hat, dann können wir etwas daraus lernen. Wir leben wirklich in einer verrückten Welt; wir glauben, wir müßten uns ständig über alles und jedes ununterbrochen freuen. Dieser Gedanke bringt mich um. Die Medien wollen uns das beibringen. Wir schalten das Fernsehgerät ein und sehen, wie die Leute ausflippen, weil die Cornflakes so gut sind. Neulich habe ich eine Werbung gesehen, die ich nie für möglich gehalten hätte. Sie zeigte eine Frau –

und ich finde, so etwas ist entwürdigend für eine Frau –, die vor Begeisterung über ein Produkt mit Namen »Tausend Spülungen« ganz außer sich geriet. Sie stand in einer Toilette und rief aus: »Oh, wie mir dieses Produkt gefällt! Jetzt ist das Leben erst lebenswert!« Guter Gott, wenn dein Glück von »Tausend Spülungen« abhängt, dann bist du krank!

Wir alle fragen uns, wenn diese Leute wegen einer so einfachen Sache, wie es ein Toilettenreinigungsmittel ist, in Ekstase geraten, was ist dann mit mir los? Ich sollte dann doch auch die ganze Zeit glücklich sein. Ich muß immer wieder sagen: Enttäuschungen und Schmerzen haben ihren Sinn! Ich habe im Lauf der Jahre so viel aus meinen schmerzvollen Erfahrungen gelernt. Manchmal lehrt uns sogar erst der Tod etwas über das Leben. Erst wenn wir das Leid kennen, wissen wir, was Freude ist. Deshalb nimm den Schmerz an. Sage dir, er gehört zum Leben. Umarme ihn und koste ihn aus! Lerne, dich an ihn zu erinnern. Verdränge ihn nicht. Vielleicht tut das weh. Sage dir, es ist in Ordnung, daß es weh tut. Stelle dich dem Schmerz. Kreische, schreie, schlage mit den Fäusten gegen die Wand. Fühle den Schmerz, weine, schlage mit der Faust auf den Tisch, zeige deine Wut! Befreie dich davon. Aber dann *vergiß* es. Denn sonst vergräbst du diese Gefühle in dir, und weißt du, was geschieht, wenn du den Schmerz vergräbst? Er verlangt seinen Preis von dir. Du bezahlst mit Magengeschwüren und Migräne.

Woher kommen nun diese selbstzerstörerischen Ideen, die uns Grenzen setzen und einsam werden lassen? Woher kommen die Ideen, die uns in die Langeweile verbannen, die unsere Spontaneität abtöten und uns daran hindern, uns überraschen zu lassen? Sie sind lebensfeindlich. Sie richten sich gegen jedes Wachstum und gegen jede Veränderung. Hören wir endlich auf damit! Wo lernen wir denn diese selbstzerstörerische Haltung?

Manchmal lernen wir sie von den Menschen, die wir am meisten lieben, von den Mitgliedern unserer Familie. Wenn du lernen willst, zu wachsen und deine persönliche Würde zu wahren, dann ist es am besten, du fängst in deinem eigenen Heim damit an. Manchmal zeigen wir denen, die wir am meisten lieben, unsere Liebe am wenigsten. Wir machen unseren Kollegen im Büro Komplimente, nicht aber unseren Kindern, unserer Frau oder unserem

Ehemann. Laß nie einen Tag vergehen, ohne daß du in den Menschen deiner nächsten Umgebung etwas Gutes entdeckst. Und sage es ihnen! An bestimmten Tagen kann das recht schwierig sein. Du wirst nach etwas Positivem suchen müssen. Aber finde *etwas* und sage, »das war wirklich gut, das hast du gut gemacht.«

Wenn ich mit Lehrern spreche, dann sage ich ihnen immer wieder, daß Kinder es nicht verkraften können, wenn man sie rügt und sagt, sie hätten von 50 Fragen 49 falsch beantwortet. Warum sagen wir einem solchen Kind nicht, »Johnny, *eine* Antwort war richtig! Bravo! Morgen werden wir dafür sorgen, daß es *zwei* sind«! Was hat doch Großmama immer gesagt? »Mit Honig fängst du mehr Fliegen als mit Essig.« Weshalb konzentrieren wir uns nur auf den Essig? Warum fragen wir danach, wie der andere sein und was er tun *sollte*? Und immer unter dem Vorwand: »Ich sage dir das, weil ich dich liebe.« Das ist Kritik, die nur dem Kritiker selbst dient. Wie wäre es statt dessen mit einem Lob? Wenn du mich liebst, dann sage mir etwas Nettes. Gut, ich bin nicht toll, ich bin vielleicht dumm. Aber gibt es denn an mir nicht auch *etwas Nettes*? Denke darüber nach. Das ist eine sehr komische, aber sehr reale Dynamik. Allzuoft kümmern wir uns am wenigsten um die Menschen, die wir am meisten lieben – und sie brauchen unsere Bestätigung am dringendsten. Das ist sehr schade. Diese Atmosphäre der persönlichen Würde mußt du zuallererst in deinem eigenen Heim schaffen. Neulich hat mir eine Frau, die ich noch aus der Grundschule kenne, einen Brief geschrieben. Sie hatte mich im Fernsehen gesehen. Das ist das Schöne an den Fernsehauftritten; man findet alte Freunde wieder. Sie schrieb mir also: »Es kann auf der ganzen Welt nur einen geben, der so verrückt ist wie Du. Schon als kleiner Junge warst Du verrückt, und jetzt sehe ich, daß Du es auch als Erwachsener geblieben bist. Und außerdem gibt es sicherlich nur einen einzigen Menschen mit einem Namen wie Felice Leonardo Buscaglia. Und weißt Du, was ich niemals vergessen werde, wenn ich an Dich denke, Felice?« Und dann beschrieb sie eine Szene, an die ich mich nicht mehr erinnerte. »Eines Tages standen wir alle um Dich herum und machten uns über Dich lustig, weil Du den Mantel Deiner Schwester anhattest. Es war Winter, und Du trugst den Mantel Deiner Schwester.«

251

Plötzlich stand mir alles wieder vor Augen, und mir fiel ein, wie arm wir waren. Es war ein sehr kalter Wintertag, und Mama holte den Mantel meiner Schwester. Er hatte einen kleinen Pelzkragen und wurde auf der »falschen« Seite zugeknöpft. Sie zog ihn mir an. Ich sagte: »Mama, ich will nicht...« Sie wissen schon, ich habe Ihnen ja erzählt, wie »nachgiebig« meine Mutter war...

Sie sagte: »Halt den Mund! Du wirst mir noch dankbar dafür sein, daß ich dir etwas Warmes angezogen habe. Denke nur an die Leute, die nicht einmal einen warmen Mantel haben. Was macht es aus, daß es der Mantel deiner Schwester ist? Wenn du ihn voller Stolz trägst, dann wirst du sehr gut darin aussehen.«

Leider kam es anders. Aber ich hatte die Sache vergessen. Wenn ich heute daran zurückdenke, dann ist das Wunderbare daran nicht der Mantel oder der Schmerz, den ich empfunden habe, weil die anderen Kinder sich über mich lustig machten – »du hast dich als Mädchen verkleidet« und ähnliches. Was mich heute noch beeindruckt, sind Mamas Worte: »Wenn du ihn voller Stolz trägst...« und »es gibt Menschen, die nicht einmal einen Mantel haben«. So lernt man etwas Wichtiges für das ganze Leben. Das brauchen wir; denn wir werden größtenteils von den Menschen unserer Umgebung geprägt. Jeden Tag wirken wir aufeinander ein. Ich sage das immer wieder und höre immer wieder die gleichen Einwände: »Oh, es ist so schwer zu lieben.« Und ich antworte: »Weißt du nicht, wie leicht es ist? Zu lieben ist einfach, nur wir sind kompliziert.« Lieben heißt, der gehetzten Kellnerin sagen, »herzlichen Dank. Das hat großartig geschmeckt«. Neulich habe ich in einem schmutzigen Restaurant in Arizona gegessen. Es war so ein Lokal, wo einem schon der Geruch alles sagt. Sogar die Ratten sind schon geflohen. Aber das Essen war wirklich gut. Ich bestellte Schweineschnitzel, und jemand sagte: »Sie sind verrückt! Sie werden daran sterben! Niemand ißt in einem solchen Lokal Schweineschnitzel!«

Ich sagte: »Aber sie riechen so gut!« Ein anderer Gast hatte sich auch Schweineschnitzel bestellt, eine Riesenportion, und deshalb bestellte ich sie, und sie waren großartig. Als ich fertig war, sagte ich der Kellnerin: »Wissen Sie, ich hätte gern den Chef gesprochen.« Und sie sagte: »War irgend etwas nicht in Ordnung?«

Ich sagte: »Nein, ich will ihm nur sagen, wie gut es mir geschmeckt hat.«

Sie sagte: »Oh, mein Gott. Das hat noch nie jemand getan.« Die Kellnerin ging in die Küche, und nach kurzer Zeit erschien ein großer, dicker, schwitzender Mann.

Er sagte: »Was ist los?«

»Nichts. Diese Schweineschnitzel waren einfach phantastisch, und diese Kartoffeln! Sie waren wirklich wunderbar. Ich habe schon in einigen der besten Restaurants der Welt gegessen, und das Essen dort war nicht besser.«

Er sah mich an, als wollte er sagen, »mein Gott, dieser Mann ist wahnsinnig geworden.« Und wissen Sie, was er dann sagte (es war ihm so peinlich, ein Kompliment zu bekommen) er sagte: »Möchten Sie noch eins?« Ist das nicht herrlich? Das ist Liebe. Das ist ihre ganze Bedeutung. Zu lieben bedeutet, seine Freude mit anderen teilen. Wenn du etwas Schönes siehst, sage es den anderen. Wenn du ein schönes Mädchen siehst, sage ihr, »du bist schön«. Und dann zieh dich zurück! Damit sich die anderen von ihrem Schreck erholen können.

Wahrscheinlich habe ich Ihnen schon von diesem Erlebnis erzählt, aber es fällt mir gerade jetzt wieder ein, weil es so lustig war und ein so schönes Beispiel ist. Ich sah ein hübsches Mädchen auf dem Universitätsgelände. Sie hatte goldblondes Haar, das in der Sonne leuchtete. Es war ein besonders schöner Anblick. Ich ging an ihr vorüber, und plötzlich durchzuckte es mich: Was hat dieses Mädchen für schönes Haar. Als ich weiterging, dachte ich, ich sollte ihr das sagen. Ich drehte mich also um, lief zu ihr zurück, und sie spürte offenbar körperlich, daß ich mich ihr näherte. Sie wissen, wie so etwas ist. Sie drehte sich ganz plötzlich um, und ich sagte: »Erschrecken Sie nicht. Ich möchte Ihnen nur sagen, daß Sie wunderschönes Haar haben, besonders wenn die Sonne darauf scheint. Es ist wirklich umwerfend. Und mir hat es so gut gefallen. Vielen Dank.«

Und dann machte ich, daß ich weiterkam; denn ich kenne die psychologische Wirkung eines unvermittelten Annäherungsversuchs. Sie wissen schon, es ist besser, einen möglichst großen Abstand von dem gefürchteten Objekt zu gewinnen. Ich ging also weiter, und je größer der Abstand wurde, desto mehr wurde es dem Mädchen bewußt, daß jemand ihr ein Kompliment gemacht hatte, und sie begann zu lächeln. Als ich den Eingang zum Universitätsgebäude erreicht hatte, winkte sie mir sogar zu und rief: »Vielen Dank!« Ich hatte den Eindruck, sie sei ein Stück größer geworden und näher an der Sonne.

Was ist so schwierig daran? Solche Gelegenheiten haben wir jeden Tag, aber wir nehmen sie nicht wahr. Wir sollten mit den Menschen in unserer nächsten Umgebung anfangen. Wir sollten ihnen Selbstachtung vermitteln und dafür sorgen, daß jeder von ihnen jeden Tag ein freundliches Wort zu hören bekommt. Die Leute sagen, »aber Buscaglia, das ist gekünstelt, das ist unaufrichtig«. Das braucht es nicht zu sein, wenn du aufmerksam hinsiehst. Erzähle mir doch nicht, daß die Menschen, mit denen du umgehst, nicht hin und wieder ein Kompliment verdienen. Was ist daran gekünstelt?

Mama legte immer großen Wert darauf, daß wir ihre Kochkünste lobten, und wenn das Essen auf den Tisch kam, sagten alle: »O Mama, das ist ja ausgezeichnet!«

Sie sagte dann: »Ich weiß, ich weiß, das braucht ihr mir nicht zu erzählen.« Aber wehe, wenn wir es nicht taten...

Und es tut niemandem weh, wenn man ihm sagt, »ich liebe dich«. Oft sagen die Leute – und besonders die Männer –, »sie weiß doch, daß ich sie liebe. Ich brauche ihr das nicht immer wieder zu sagen«. Ist das wirklich so? Wenn sie sich einmal von dir trennt, dann wirst du dich vielleicht fragen, warum. Es ist so einfach zu sagen, »ich liebe dich«. Und wenn du es nicht sagen kannst, schreibe es. Wenn du es nicht schreiben kannst, tanze es. Aber drücke es aus! Und zwar immer wieder. Es wird einem nie zuviel, es zu hören. Vielleicht wird jemand sagen, »oh, das brauchst du mir nicht zu erzählen; ich weiß...« Und doch hören wir es so gern.

Wir lernen die Dinge, die sich gegen uns selbst richten, nicht nur zu Hause, sondern auch in der Schule. Ich kann Ihnen das versichern, und Sie werden es mir bestätigen. Neulich sprach ich mit einem kleinen Jungen, und das Gespräch verlief so:

»Das kann ich nicht.«

Ich sagte: »Woher weißt du das?«

Er sagte: »Weil ich dumm bin.«

Ich sagte: »Woher weißt du, daß du dumm bist?«
»Die Lehrerin hat es mir gesagt.«

Welche Hoffnung gibt es denn noch, wenn die Lehrer einem schon sagen, daß man dumm ist? Ich meine, wir sollten unseren Kindern Mut machen und ihnen sagen, »du hast alle Voraussetzungen, etwas zu lernen. Deine Fähigkeiten haben sich irgendwo versteckt, und wir werden sie gemeinsam finden.« Unsere Kultur lehrt uns ständig, mißtrauisch zu sein, den Menschen nicht zu vertrauen und nicht zu glauben. Sie lehrt uns, alles mögliche zu fürchten. Wir bauen immer höhere Mauern, um uns voreinander zu schützen! Ich möchte nicht vor *dir* geschützt werden. Ich will vielmehr mitten in dich eintauchen. Ich möchte dich erleben und nicht vor dir geschützt werden. Ich werde vertrauen. Wenn ich dabei ein paar Rückschläge erlebe, dann macht mir das nichts aus. Aber ich will nicht an dir vorbeigehen. Niemals. Das erschreckt mich am meisten. Aber wir hören es immer wieder: »Du kannst deinem Nachbarn nicht vertrauen.« Wir kennen unsere Nachbarn nicht einmal, und das ist eine Schande. Wie kommt das? Wir sagen auch unseren Kindern, daß sie mißtrauisch sein müssen. Und so entfernen wir uns immer weiter voneinander. Es wird Zeit, daß wir anfangen, kleine Brücken zu bauen.

Vor vielen, vielen Jahren beschloß ich, mich in der Welt umzusehen. So verkaufte ich alles; alle die Dinge, die die Menschen im allgemeinen für wichtig halten. Ich verkaufte meinen Wagen, meine Anzüge usw., um das notwendige Geld für eine Reise nach Asien zusammenzubekommen. Ich wollte die andere Hälfte der Welt sehen, von der ich noch nichts wußte. Weinten die Menschen dort auch? Umarmten sie einander? Waren sie mir ähnlich? Ich mußte das wissen. Ich hatte das unersättliche Verlangen, in die Welt hinauszugehen und in Indonesien in irgendeiner kleinen Hütte zu sitzen. Ich wollte in Nepal einen hohen Berg besteigen. Und obwohl alle meine Bekannten meinten, ich sei verrückt, und wenn ich zurückkäme, würde ich keine Arbeit finden und so weiter, sagte ich: »Glaubt ihr das wirklich? Ich werde überleben.« Und ich habe überlebt, wie Sie sehen.

Ich besuchte z. B. auch Bali. Ich erinnere mich noch an meine

Ankunft in Bali. Was können wir alles aus anderen Kulturkreisen lernen! Ich hatte mein kleines Haus erst vor knapp zwei Stunden bezogen, als wenigstens 7 oder 8 Menschen mich besuchten. Sie brachten mir Geschenke; ein Stück Batik, Blumen zur Verschönerung meiner Wohnung. Geschenke! Ich besaß nichts, was ich ihnen hätte geben können. Weil es bei uns so ist, hatte ich das Gefühl, ich müßte ihnen Gegengeschenke anbieten. Ich begriff nicht, daß sie mich beschenkt hatten, ohne etwas dafür zu erwarten. Deshalb gab ich ihnen von meiner Unterwäsche und auch ein paar T-Shirts. Wenn ich zurückdenke, finde ich das sehr dumm: diesen wunderbaren Menschen in indonesischen Batikgewändern T-Shirts zu geben! Sie sagten mir auch, daß sich alle Dorfbewohner jeden Abend gegen 6 oder 7 Uhr am Fluß versammelten, um dort gemeinsam zu baden. Die ganze Dorfgemeinschaft kam hier zusammen, Großmama, Großpapa und die kleinen Babys. Alle tummelten sich im Fluß und badeten. Der einzige, der Hemmungen hatte, war *ich*. Ich saß am Flußufer und wußte nicht, was ich tun sollte. *Kommt deine Schwester auch ins Wasser?* Die Leute sahen mich völlig verständnislos an. Warum nicht?

Und dann erinnere ich mich an den Heiligen Abend. Die meisten dieser Leute kannten die Weihnachtsgeschichte noch nicht. Ich dachte, es wäre nett, wenn ich sie ihnen erzählte. Ich sagte: »Heute ist Weihnachten.«

Und sie sagten: »Was ist Weihnachten?«

Also erzählte ich ihnen die Weihnachtsgeschichte. Wenn man diese Geschichte in einem nicht-christlichen Land erzählt, dann ist es etwas ganz Besonderes. Sie hörten mir aufmerksam zu, und meine Erzählung schien ihnen zu gefallen. »Ist das nicht großartig?!« Aber eines konnten sie nicht begreifen, und das ist wirklich interessant: »Warum haben sie Maria nicht in die Herberge aufgenommen?«

»Nun, sie hatten keinen Platz in der Herberge.«

»Was soll denn das heißen? Wieviel Platz braucht denn eine einzige Frau? Es ist *immer* Platz in der Herberge.«

Versuche einmal, ihnen das klarzumachen. Sie gebar ihr Kind in einem Stall und legte es in eine Krippe. Noch als ich in den Bus stieg, um zurück nach Jakarta zu fahren, fragte mich eines der Kinder: »Ich kann immer noch nicht verstehen, warum ihr sie nicht aufgenommen habt.«

Es gibt tatsächlich Menschen, die ihre Nachbarn nicht kennen. Sie leben schon seit 12 Jahren im gleichen Haus. Irgend jemand kommt an die Tür, und wir fürchten uns zu öffnen. Was ist mit uns los? Das Traurige daran ist, daß wir, wenn wir in diesen Vorurteilen befangen sind, alles Neue durch diese Vorurteile, durch unser Mißtrauen und unsere Befürchtungen filtern und uns nicht ändern. Eine solche Einstellung hindert uns daran, all das zu werden, was wir sind. Ich kann nur sagen, gebt diese Vorurteile auf, denn wenn ihr das nicht tut, wird eure Welt sehr eng, voller Mißtrauen und Häßlichkeiten sein.

Als junger Mann habe ich, weil ich zwei Sprachen beherrschte, amerikanische Touristen als Reiseleiter durch Italien begleitet. Auf diese Weise konnte ich meine Verwandten besuchen und wurde noch dafür bezahlt. Dabei lernte ich auch Städte wie Venedig kennen. Das war wunderschön. Sie müssen diese Stadt unbedingt auch besuchen. Ich führte die Touristen nicht nur zum Canale Grande und zu den anderen bekannten Sehenswürdigkeiten, sondern fuhr mit ihnen auch in die kleinen Nebenkanäle. Es gibt in Venedig eine sehr hübsche kleine Insel. Man erreicht sie mit dem Vaporetto. Nehmen Sie keine Gondel. Das ist teuer. Der kleine Vaporetto ist gewissermaßen ein seetüchtiger Omnibus. Ich brachte nun diese Touristen auf die Insel, und der mit dieser Besichtigung verbundene Fußmarsch bereitete ihnen einige Unbequemlichkeiten. Wissen Sie, was einer von ihnen mir sagte? »Alle diese Häuser müßten einmal anständig *gestrichen* werden.« Wissen Sie, wie die Italiener diese Insel nennen? Sie nennen sie die Insel der Regenbogen. Die Farben an den Hauswänden sind im Lauf der Jahre zu den herrlichsten Pastelltönen verblichen. An manchen Stellen lösen sie sich von den Wänden. Aber im Wasser spiegelt sich das Purpur, das Gelb und das Grün. Diese Menschen konnten die Schönheit eines solchen Anblicks nicht erkennen. Sie sahen nur, daß die Häuser in Venedig neu angestrichen werden mußten.

In Süditalien liegt ein Ort mit Namen Positano, und dort gibt es eine große Treppe. Sie heißt Scalinatella. Ist das nicht ein wunderschöner Name? Und es ist eine große, lange Treppe. Es machte mir besondere Freude, die Touristen die vielen Stufen hinunterzuführen. Aber wenn sie die Hälfte hinter sich gebracht hatten, beschwerten sie sich und sagten: »Die Leute hier sind auch zu ungeschickt. Was sie brauchen, ist ein guter Lift!« Wir sollten wirklich darauf achten, daß wir unsere vorgefaßten Meinungen nicht überallhin mitnehmen; denn dann sehen wir in allem nur das Häßliche. Wir filtern es durch unsere eigene Häßlichkeit und sehen nicht, was wirklich da *ist*. Wir sehen das, was wir *hineinprojizieren*. Wir betrachten alles Neue mit Mißtrauen und fürchten uns vor der Wirklichkeit. Und welche Folgen hat das? Wir verbauen uns die Schönheit und das Leben. Wir sollten aufhören, uns selbst im Wege zu stehen. Verlaßt dieses in alte Gewohnheiten eingefrorene Selbst. Erkennt, daß der Mensch etwas Heiliges ist.

Du bist ein Geschenk Gottes. Deshalb laß dich von neuem geboren werden. Schenke deinem wirklichen Ich die Freiheit. Gib alle diese selbstzerstörerischen Ideen auf, die selbstzerstörerischen Vorurteile gegenüber anderen, die dich und mich daran hindern, einander näherzukommen. Lerne wieder, deinem Mitmenschen zu vertrauen. Lerne zu vergeben. Lerne zu glauben, daß die Ähnlichkeit zwischen uns größer und bedeutsamer ist als das, was uns trennt.

Ich weiß nicht, wo du mich einordnest, aber glaube mir, ich bin nirgends anders als du. Ich bin ebenso verwirrt und ebenso einsam wie du. Ich kenne die gleiche Verzweiflung, und ich weine ebenso oft. Und ich habe nicht mehr Antworten als du. Ich habe nur aufgehört, nicht zu beantwortende Fragen zu stellen. Ich bin vollauf damit beschäftigt, mich am Prozeß des Lebens zu beteiligen. Ich suche nicht einmal mehr nach Antworten. Ich genieße die Vorstellung, einfach nur dazusein. Ich bekomme Briefe von Menschen, die mich fragen, warum es den Tod gibt. Warum gibt es den Schmerz? Warum müssen Kinder sterben? Warum all dieses Elend und diese Verzweiflung? Und ich antworte ihnen: »Woher, zum Teufel, soll ich das wissen?« Bedeutendere und klügere Menschen als ich haben sich diese Fragen schon seit Jahrhunderten gestellt. Ich weiß nicht, warum. Ich weiß aber, daß irgend jemand vor sehr vielen Jahren gesagt hat, manchmal beschäftigen wir uns so intensiv mit den Fragen, daß wir keine Zeit mehr haben, die Antworten zu leben. Ich bin sehr intensiv damit beschäftigt zu leben. Ich möchte alles erfahren und alles wissen. Ich will alles erfahren, was das Leben mir zu bieten hat. Ich fürchte mich nicht vor dir. Denn ich weiß, unter der Tünche, hinter der du dich versteckst und die dein wirkliches Selbst nicht zum Vorschein kommen läßt, liegt eine Persönlichkeit, die mir gleicht, die Fragen stellt, die sich fürchtet, die allein und einsam ist, die sich freuen kann, die leben und sich vor ihrem Tode selbst erkennen will.

Aber wir gehen durch dieses Leben und tun so, als hätten wir alles, seien in jeder Richtung abgesichert und brauchten nichts mehr, während es doch so viel einfacher wäre, sagen zu können, »ich bin verwundbar, ich mache Fehler, ich bin unvollkommen, und manchmal fürchte ich mich auch. Mit anderen Worten, ich bin ein menschliches Wesen. Mehr will ich nicht sein; denn das ist das wertvollste an mir«.

Vor ein paar Jahren hat mir jemand einige Zeilen geschrieben, die mir sehr gefallen. Die Überschrift heißt: »Laß dich nicht von mir zum Narren halten.«

Du sollst wissen, wieviel du mir bedeutest und wie du die Persönlichkeit in mir zum Leben erwecken kannst, wenn du es willst. Du allein kannst die Mauer niederreißen, hinter der ich zittere. Du allein kannst hinter meine Maske schauen. Du allein kannst mich aus meiner Schattenwelt der Panik, Unsicherheit und Einsamkeit befreien. Deshalb gehe bitte nicht an mir vorüber. Ich weiß, es wird nicht leicht für dich sein. Wenn man von seiner eigenen Wertlosigkeit überzeugt ist, richtet man damit hohe Mauern auf. Und je näher du mir kommst, in desto blinderer Wut könnte ich zurückschlagen. Du siehst, augenscheinlich kämpfe ich ausgerechnet gegen das, was ich am meisten brauche.

Ist das nicht erstaunlich?

Aber man sagt mir, die Liebe sei stärker als alle Mauern, und darin liegt meine einzige Hoffnung. Deshalb reiße diese Mauern mit deinen starken, aber sanften Händen nieder; denn das

Kind in mir ist sehr sensibel und kann hinter Mauern nicht wachsen. Gib also nicht auf. Ich brauche dich.

Unsere Ähnlichkeiten sind größer als das, was uns unterscheidet. Wir alle fühlen das. Wir brauchen jene Brücken zwischen dir und mir, denn wir brauchen einander. Und dein wirkliches Du kann nur dann wirklich wachsen, wenn die Brücken, die zu mir, zu einem anderen oder zu dem dir am nächsten stehenden Menschen führen, intakt sind. Wir alle haben die gleichen Gefühle. Hört auf, einander zu mißtrauen. Das ist natürlich ein Glücksspiel. Aber schließlich ist alles ein Glücksspiel! Neulich abend verließ ich mein Büro, und im Parkhaus traf ich eine Frau. In diesem Parkhaus sind schon fürchterliche Dinge passiert. Sie mühte sich mit einem Autoreifen ab. Ich sah es, warf meine Aktentasche in den Wagen, ging hinüber und sgte: »Darf ich Ihnen helfen?« Es war, als wollte jemand sie schlagen! Sie sagte: »Nein, nein, ich werde schon allein damit fertig, vielen Dank.«

Ich sagte: »Ich würde Ihnen wirklich gerne helfen.«

»Nein danke. Nein!« Ich dachte, mein Gott, was ist das für eine Welt, in der wir vor Angst zusammenfahren, wenn jemand sagt, »darf ich Ihnen helfen«?

Wir dürfen uns nicht länger mit der Vorstellung im Wege stehen, wir seien nicht klug genug, um zu wissen, was für uns das beste ist. Lernt wieder, auf die eigene innere Stimme zu hören und euch selbst zu vertrauen. Nur du allein weißt, was für *dich* gut ist. Papa sagte immer: »Wenn du nicht dein Leben führst, Felice, dann wird ein anderer es für dich führen.« Und das ist wahr. Wenn du an der Vorstellung festhältst, du seist unfähig, das vollkommene Du in dir zu entwickeln, dann wird ein anderer die Zügel in die Hand nehmen, und du wirst auf Irrwege geraten. Laß dich nicht auf das Spiel ein, »folge dem Guru«. Müssen wir denn immer wieder sagen, »wenn ich das tue, was dieser Mensch sagt, dann wird es mir gutgehen«? Weißt du, was geschehen wird, wenn du diesem Menschen folgst? Du wirst so werden wie er. Aber nur er kann sein, was er ist. Du wirst *dich* verlieren. Lehrer und Gurus können dir den Weg weisen, aber nur *du* allein kannst ihn gehen. Sie können dir nur Alternativen anbieten.

Mißtraue jedem, der sagt, »dies ist *der* Weg«. Es gibt *viele* Wege. Dein Weg ist ebenso gangbar wie der meine, vorausgesetzt, daß er zur Güte, zur Freundlichkeit, zur Schönheit, zur Freude, zum Wachstum und nicht zur Zerstörung führt. Höre auf dich und vertraue dir. Es gibt so viele Ratgeber, die von den Leuten gefragt werden, was sie in diesem oder jenem Fall tun sollen. Wie soll dieser Mensch wissen, was er gerade *dir* sagen muß? Es ist sehr interessant, diese Spalten in den Zeitungen und Zeitschriften zu lesen, nicht wahr? Und du denkst, »das ist ein kluger Rat«! Wenn mir jemand schreibt und fragt, »was soll ich tun«? dann sage ich: »Hören Sie auf sich selbst. Die Antworten auf Ihre Fragen können nur *Sie* geben. Sie sind bereits das vollkommene Selbst. Ich weiß nicht, wie dieses Selbst aussieht. Aber wenn Sie den Kontakt zu sich selbst aufnehmen, dann werden *Sie* es wissen.« Erkenne, daß du es weißt, und höre darauf, was du weißt. Dann handele entsprechend.

Lerne, deiner eigenen Stimme zu vertrauen. Lerne, darauf zu hören. Lerne zu glauben. Versuche es! Du wirst es nie erfahren, wenn du das nicht wagst. Und wenn du es tust, dann weißt du, daß du mit dir selbst im Einklang bist und alles, was du tust, für dich das Richtige ist. Es ist nicht das, was eine Psychologin, die für eine Zeitung arbeitet, dir rät. Ihre Ratschläge zu lesen ist sehr lustig. Es ist so, als lese man »Peanuts«. Aber es wäre doch wirklich traurig, wenn du dich auf »Peanuts« verlassen müßtest. Allerdings glaube ich, ich wäre mit »Peanuts« viel besser dran als mit der oben erwähnten Psychologin; denn »Peanuts« erteilt uns manchmal sehr kluge Ratschläge. Doch im Ernst, mißtraue den Menschen, die behaupten, die richtigen Lösungen für deine Probleme zu haben. Niemand kann deine Fragen an deiner Stelle beantworten. Freue dich, wenn jeder die richtigen Antworten für sich selbst hat. Aber übernimm du die Verantwortung für dein Leben und stelle fest, was dann geschieht. Das Wunderbare dabei ist, daß du dann nicht nur dich selbst befreist, sondern auch andere entlastest; denn dann bist du verantwortlich für alles, was du tust, für jede Entscheidung, die du triffst. Und fürchte dich nicht davor, Fehler zu machen. Wir leben in einer Gesellschaft des Perfektionismus. Vergiß es!

Ich spreche sehr oft über Julia Child. Ich mag sie sehr gern, und ich würde auch an sie schreiben. Ich sehe mir ihre Sendungen an, weil sie so interessante Dinge macht: »Heute abend machen wir einen Eierauflauf.« Dann schlägt sie den Eierschaum, würzt ihn mit allen möglichen Zutaten und läßt irgend etwas auf den Boden fallen. Sie wischt sich das Gesicht mit ihrem Handtuch ab und benimmt sich ganz menschlich. Schließlich schiebt sie ihren Auflauf in die Backröhre und unterhält sich eine Zeitlang mit ihrem Publikum. Nach einiger Zeit holt sie ihr Machwerk wieder aus dem Ofen, und das Ding fällt in sich zusammen. Und wissen Sie, was sie dann tut? Sie nimmt sich nicht das Leben und begeht nicht Harakiri mit ihrem Küchenmesser. Sie sagt, »nun, man kann nicht jedesmal gewinnen. Guten Appetit!« Das gefällt mir! So sollten wir unser Leben führen. Du kannst nicht immer der Gewinner sein, aber »guten Appetit. Setzen wir uns!«

Aber ich kenne Menschen, die sich heute noch wegen der Fehler, die sie vor 20 Jahren begangen haben, Vorwürfe machen. »Das hätte ich nicht tun dürfen« und »jenes hätte ich tun müssen«. Schade, daß du es nicht getan hast. Aber wer weiß, welche Überraschungen dir das Morgen bringen wird? Lerne zu sagen, »guten Appetit!« Setze dich und beschäftige dich mit den Dingen, die heute geschehen. Das Leben ist ein Picknick. Und du darfst ein paar Fehler machen. Niemand hat behauptet, du seist vollkommen. Durch einen Fehler kann das Leben sogar noch interessanter werden. Du hast das Essen anbrennen lassen, also gehst du *aus*.

Und dann diese verrückten Vorstellungen vom Alter, mit denen wir uns selbst im Wege stehen! Ich habe vorhin schon gesagt, wie traurig es ist, daß wir in unserer Gesellschaft den alten Menschen einen sonderbaren Platz anweisen. Wenn du eine bestimmte magische Altersgrenze erreicht hast, dann bist du plötzlich zu nichts mehr nütze. Das darf nicht geschehen! Glaube nicht daran. Du willst dir mit 87 Jahren ein mit Pailletten besticktes rotes Kleid kaufen und dir die Haare rot färben lassen? Und du möchtest Rollschuhlaufen? Tue es! Ich hasse diesen Ausdruck »Senioren«. Es ist viel besser, als Mann oder als Frau bezeichnet zu werden; denn das entspricht den Tatsachen. Wir haben vergessen, daß Galilei zum Beispiel mit 74 Jahren sein letztes Buch geschrieben hat. Michelangelo war 71, als er zum Aufseher der Sixtinischen Kapelle ernannt wurde, Grandma Moses hat im Alter von 71 Jahren ihr erstes Bild gemalt. Die folgende Geschichte über Duke Ellington gefällt mir besonders gut. Im Alter von 66 Jahren lehnten die Preisrichter es ab, ihm den Pulitzer-Preis zu verleihen, und er sagte – und das ist doch herrlich –, »nun, der liebe Gott wollte nicht, daß ich in so jugendlichem Alter schon berühmt werde«. Großartig! Er starb mit 75. Pablo Casals hat mit 85 Jahren noch ein Konzert im Weißen Haus gegeben. Die bewundernswerte Susan B. Anthony war bis zu ihrem 80. Lebensjahr Präsidentin der Frauenrechtsbewegung und marschierte immer noch mit ihrer Trommel durch die Straßen. Mit 52 Jahren war sie verhaftet worden, weil sie für sich das Wahlrecht in Anspruch nahm. Sie ging ins Wahllokal und sagte, »ich will wählen. Was soll das heißen, Frauen haben kein Stimmrecht?« Sie mußte eine ganz neue Erfahrung machen – sie kam ins Gefängnis!

Es gibt noch vieles zu tun. George Bernard Shaw brach sich mit 96 Jahren das Bein. Wissen Sie, wie das geschah? Er fiel von einem Baum, auf den er geklettert war, um ihn zu veredeln. Laßt euch also nicht einsperren! Hört auf mit dem Unsinn!

Du kannst noch heute abend den Entschluß fassen, diese irrsinnigen Ideen, mit denen du dir selbst im Wege stehst, aufzugeben, um alles zu sein, wozu Gott dich geschaffen hat; denn das ist das mindeste, was du für Gott tun kannst. Wie kannst du es wagen zu sterben, bevor du geworden bist, was du bist! Und du kannst es werden, wenn du dich bewußt dafür entscheidest. So leicht ist das. Auf diese Weise entsteht immer wieder etwas Neues, und wir haben in jedem Augenblick die Möglichkeit, uns zu wandeln. »Einem alten Hund kann man keine neuen Tricks beibringen.« Ich kann diesen dummen Spruch nicht hören! Ich habe alten Hunden manchen neuen Trick beigebracht. Du hast die Wahl. Das Leben stellt dich immer wieder vor Entscheidungen, die *du* treffen mußt. Du kannst dich für ein glückliches oder ein trauriges Leben entscheiden. Du kannst albern sein oder ungeheuer seriös. Aber übernimm die volle Verantwortung für deine Entscheidung!

Wenn du dich langweilst, wenn du dich fürchtest, wenn dir deine Umgebung nicht mehr gefällt, dann gehe so schnell wie möglich woanders hin! Wer sagt denn, daß du immer am gleichen Ort bleiben mußt? Solange Herz und Verstand noch funktionieren und du deine Vitalität nicht verloren hast, kannst du gehen, wohin du willst. Du kannst dir die Umgebung aussuchen, die zu dir paßt. Schaffe dir eine neue Umwelt. Fange schon morgen damit an. Du wirst sehen, dann ist alles anders. Und *tue etwas,* denn nur durch dein Handeln wird etwas bewirkt. Darüber zu reden ist nur der Anfang. Die Einsicht ist nur die halbe Lösung. Die andere Hälfte besteht darin, daß du deinen Entschluß handelnd verwirklichst.

Entscheide dich für das Leben. Entscheide dich für die Liebe. Entscheide dich für die Anteilnahme. Entscheide dich für die Hoffnung. Entscheide dich für den Glauben an das Morgen. Entscheide dich für das Vertrauen. Entscheide dich für die Güte. Es liegt an dir. Es ist deine Wahl. Du kannst dich auch für die Verzweiflung und für die Trübsal entscheiden. Du kannst dich dafür entscheiden, anderen Menschen das Leben schwerzumachen. Und du kannst dich für die Bigotterie entscheiden. Aber wozu? Das wäre sinnlos, und es wäre Selbstzerfleischung. Aber ich muß noch einmal sagen: Wenn du beschließt, selbst die volle Verantwortung für dein Leben zu übernehmen, dann wird es nicht leicht sein, und du wirst lernen müssen, Risiken einzugehen. Das Risiko ist der Schlüssel zu jedem Neubeginn.

Ich möchte Ihnen folgendes vorlesen: »Wer lacht, riskiert es, als Narr angesehen zu werden.« Was ist schon dabei? Ich gebe offen zu, daß die Leute Buscaglia für nicht ganz normal halten. Sicher ist er ein wenig verrückt! Aber ich genieße das Leben, während »normale« Menschen manchmal vor Langeweile sterben.

»Wer weint, riskiert, für sentimental gehalten zu werden.« Ich scheue mich nicht, zu weinen. Ich weine bei jeder Gelegenheit. Ich weine vor Freude, ich weine vor Verzweiflung. Manchmal weine ich, wenn ich die Arbeiten meiner Schüler lese. Ich weine, wenn ich glückliche Menschen sehe. Ich weine, wenn ich Menschen sehe, die sich lieben. Es macht mir nichts aus, für sentimental gehalten zu werden. Ich weine gern. Das Weinen tut meinen Augen gut.

»Wer sich um andere kümmert, riskiert, in ihre Probleme hineingezogen zu werden.« Was gibt es Wichtigeres, als am Leben anderer Menschen teilzunehmen? Ich möchte nicht allein auf einer

Insel stehen. Wenn du und ich uns zusammenfinden, dann hat das so sein sollen. Wir sollten uns bemühen, Freude daran zu haben.

»Wenn du deine Gefühle zeigst, riskierst du, das Menschliche in dir zu offenbaren.« Nun, ich freue mich, das Menschliche in mir offenbaren zu können. Es gibt eine Menge schlimmerer Dinge, die offenbar werden könnten, als das Menschliche.

»Wer den Menschen seine Ideen und Träume mitteilt, riskiert, diese Menschen zu verlieren.« Dagegen ist nichts einzuwenden. Man kann nicht jeden für sich gewinnen, und nicht jeder wird dich lieben. Es wird immer Leute geben, die sagen, »das ist ein Taugenichts. Komm, Mabel, wir haben genug gehört. Laß uns nach Hause gehen«! Dagegen läßt sich nichts sagen. Man kann es nicht jedem recht machen.

Das Folgende habe ich schon oft erzählt und auch darüber geschrieben. Viele von Ihnen haben es schon tausendmal gehört, aber mir gefällt es so gut. In meinem Liebesseminar hat mir eine Studentin einmal gesagt: »Ich weiß, warum ich so verzweifelt bin. Ich möchte von jedem geliebt werden, und das ist unmöglich. Ich könnte der köstlichste, wohlschmeckendste Pfirsich der Welt sein und mich jedem anbieten. Aber es gibt Menschen, die gegen Pfirsiche allergisch sind. Sie sähen es lieber, wenn ich eine Banane wäre.« Und oft werden wir für andere, die einem Pfirsich den Vorzug geben würden, zur Banane. Was ist das für ein unappetitlicher Obstsalat! Ist es nicht viel besser, diesen Leuten zu sagen, »es tut mir leid, daß ich keine Banane sein kann. Ich würde Ihnen gern diesen Gefallen tun, aber ich *bin* ein Pfirsich.« Und weißt du was? Wenn du lange genug wartest, wirst du einen Pfirsichliebhaber finden. Dann kannst du als Pfirsich durchs Leben gehen und brauchst keine Banane zu sein. Wenn du ein Pfirsich bist, dann kostet der Versuch, eine Banane zu sein, zuviel Energie!

»Wer liebt, riskiert es, nicht wiedergeliebt zu werden.« Auch das ist in Ordnung. Du liebst, um zu *lieben,* und nicht, um etwas dafür zu bekommen, sonst ist es keine Liebe.

»Wer hofft, riskiert, enttäuscht zu werden« und »wer etwas versucht, riskiert einen Fehlschlag«. Aber wir müssen Risiken eingehen; denn das größte Risiko im Leben ist es, *nichts* zu riskieren. Wer nichts riskiert, tut nichts, hat nichts und ist nichts. Vielleicht kann er Leid und Kummer vermeiden, aber er kann nicht lernen, fühlen, sich verändern, wachsen, leben oder lieben. Gefesselt an seine starren Überzeugungen und Vorurteile ist er ein Sklave. Er hat auf das Größte und Schönste verzichtet, und das ist seine individuelle Freiheit. Nur wer etwas wagt, ist frei.

Wenn du dich versteckst, wenn du dich selbst verlierst, weil du dich von selbstzerstörerischen Ideen leiten läßt, dann ist das wie sterben. Laß das nicht zu. Du bist vor allem anderen dafür verantwortlich, daß du alles wirst, was du bist, und zwar nicht nur, weil du dich selbst, sondern auch, weil du mich damit reicher machst.

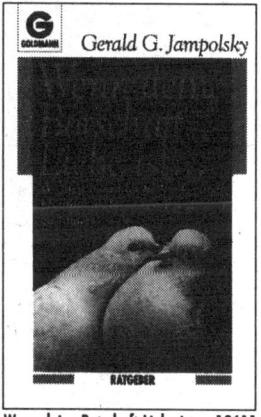

GOLDMANN

Alexander Lowen

Angst vor dem Leben   11477

Bioenergetik für jeden   13588

Körperausdruck und
Persönlichkeit   12402

Narzißmus   12314

Goldmann · Der Taschenbuch-Verlag

GOLDMANN

Natur und Wissenschaft

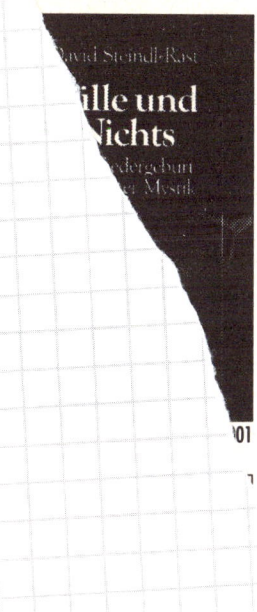

...01

Die Medizin der Chinesen   12309

DIE NEUE ORDNUNG DES KOSMOS

Prinzip Chaos   11469

UNSER HINDERNISLAUF ZUR ERKENNTNIS

Kritik des gesunden Menschen-
verstandes   11690

Goldmann · Der Taschenbuch-Verlag

GESUNDER KÖRPER – GESUNDER GEIST

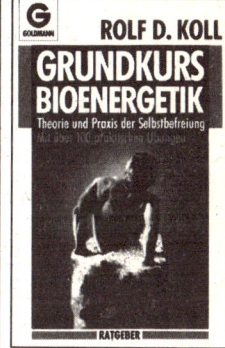